Sophie Herbst

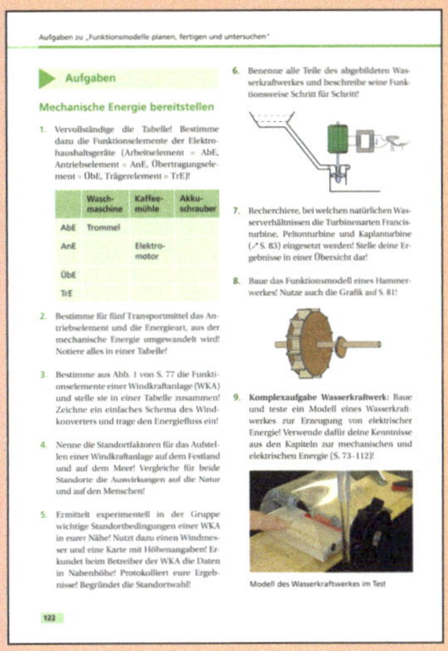

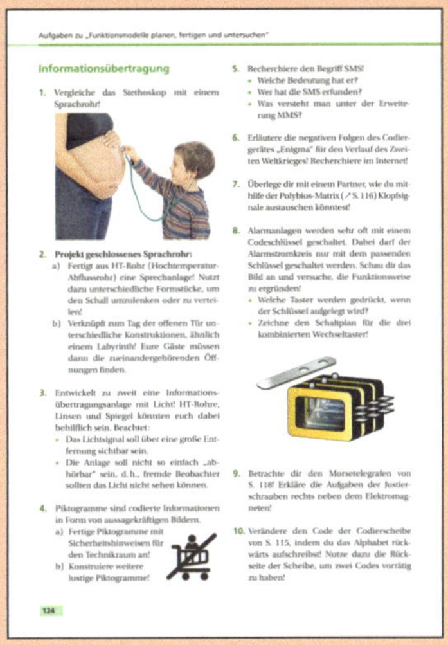

Aufgabenseiten

Die Aufgaben am Ende der Hauptkapitel helfen dir, die Inhalte des Buches anzuwenden, technische Fertigkeiten zu erlangen und den Umgang mit dem Computer zu erlernen.

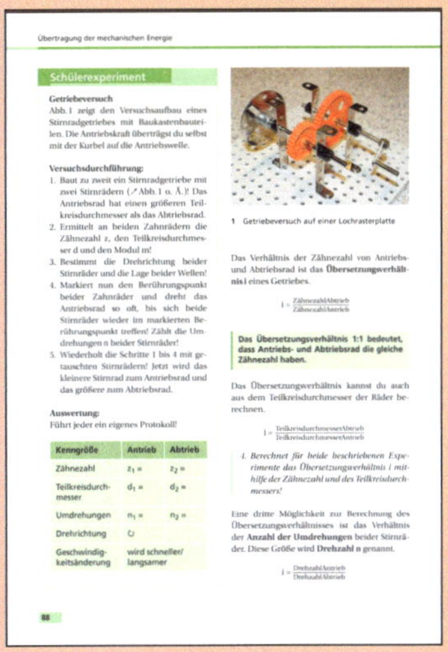

Projekte und Schülerexperimente

In kleinen Projekten und Schülerexperimenten kannst du deine Kenntnisse aus dem Unterricht technisch anwenden.

ltsverzeichnis am Anfang und das **Register** am Ende des Buches nutzen.

Technik

Lehrbuch für die Klassen 5/6
Sachsen-Anhalt

Herausgeber

Volker Torgau

Duden Schulbuchverlag
Berlin · Mannheim

Autoren
Dr. Lutz Engelmann
Kathrin Fischer
Prof. Dr. Elke Hartmann
Bernhard Koerber
Ingo-Rüdiger Peters
Kerstin Schacht
Cornelia Stork
Volker Torgau

Redaktion Dr. Lutz Engelmann, Dr. Astrid Kalenberg
Gestaltungskonzept und Umschlag Britta Scharffenberg
Einband Barbara Fischer
Layout Dr. Lutz Engelmann, Marlis Konrad
Grafik Dr. Lutz Engelmann, Marlis Konrad, Gabriele Lattke, Walther-Maria Scheid, Sybille Storch, Volker Torgau
Titelbild G. Brad Lewis/Science Faction/Corbis

www.duden-schulbuch.de

1. Auflage, 5. Druck 2018

Alle Drucke dieser Auflage sind inhaltlich unverändert und können im Unterricht nebeneinander verwendet werden.

Druck: Grafisches Centrum Cuno GmbH & Co.KG, Calbe

ISBN 978-3-8355-6047-5

PEFC/04-31-1370

PEFC zertifiziert

Dieses Produkt stammt aus nachhaltig bewirtschafteten Wäldern und kontrollierten Quellen

www.pefc.de

Inhaltsverzeichnis

Bildquellenverzeichnis

ADAC: 73/2a; Adam Opel AG: 69/2d; AEG Hausgeräte GmbH: 97/1b; akg-images: 93/1; akg-images/Bildarchiv Monheim: 75/2; Alpina Farben GmbH, Ober-Ramstadt: 48/1; Archiv Stadtwerke Hannover AG: 109/r. o.; BackArts GmbH: 48/1; K. Bahro, Berlin: 126/1, 128/2b, 69/2a; Bayer AG: 70/1a; Biedermann, A., Berlin: 34/2; Bosch: 90/3; Corel Photos Inc.: 74/1; Cornelsen Experimenta: 63, 99/2; DB AG/Wolfgang Klee: 66/1a; Duales System Deutschland AG: 11/1b; Duden Paetec GmbH: 79/r. m.; Kathrin Fischer, Eisleben: 25/1, 25/2, 25/3, 25/4, 65/1; Fotoarchiv Panorama: 80/1; Fotolia/Agita Leimane: 74/2; Fotolia/Carina Hansen: 70/1b; Fotolia/Maksim Toome: 90/1; Fotolia/Natalia Lisovskaya: 86/2; Fotolia/Pixelwolf2: 92/1; Fotolia/pureshot: 66/1c; Fotolia/Rebel: 79/1; Fotolia/Sergey Eshmetov: 87/1; Fraport AG: 73/1b; G. Brad Lewis/Science Faction/Corbis: U1/m.; Elke Hartmann, Halle: 83/r. m., 85/2, 86/1, 88/1, 95/3, 96/1, 122/r. u., 123; Hemera Photo Objects: 46/1; Intel GmbH, München: 128/2a; iStockphoto: 75/1b, 98/4, 100/2a; iStockphoto/A. Kocieniewski: 75/1a; iStockphoto/Alistair Scott: 102/r. o.; iStockphoto/Bart Sadowski: 69/2b; iStockphoto/Christian Lagereek: 66/1b; iStockphoto/Christian Seeling: 78/2; Istockphoto/J. Manuel Diaz: 124/li.; iStockphoto/Lise Gagne: 113/2; John Foxx Images: 45/4, 89/2; A. Kalenberg, Berlin: 94/1; M. Konrad, Falkenrehde: 3, LEMO SOLAR Lehnert Modellbau Solartechnik GmbH: 107/m. r., 108/li. o., 108/li. m., 108/r. o., 108/r. m., 108/r. u.; G. Liesenberg: U1/li., U4, 129/2; B. Mahler, Fotograf, Berlin: 129/3, 99/1a, 101/1; H. Mahler, Fotograf, Berlin: 5, 127/2; Mannesmann Dematic AG: 103/2b; Mannesmann Dematic AG, Wetter: 103/2a; Metabowerke GmbH, Nürtingen: 39/1, 69/1a, 69/1b, 71/2, 73/2b: Meyer, L., Potsdam: 99/1b; Michael Neunzig: 111/1; NTL Austria: 97/2, 98/2, 101/2b; Osram GmbH: 100/2b; panthermedia: 73/1a; panthermedia/A. Herrmann: 66/2; panthermedia/Monika Guthy: 74/o.; Photo Disc Inc.: 81/1, 125/1; picture-alliance/dpa: 79/2, 109/2; Raddiscount: 12/r. o.; Uwe Schmidt: 115/li.; SCHOTT, Mainz: 109/1; SCHOTTEL GmbH: 91/1; Siemens AG/München: 3/u., 101/2a, 105/r. u.; Cornelia Stork, Elsnigk: 34/1; V. Torgau, Halle: 6, 7/1, 7/2, 7/3, 8/1, 9/1, 9/2, 11/li. o., 11/1a, 11/2a, 11/2c, 12/1, 12/li.o., 13/1a, 13/1b, 22/1, 30/1, 33/1, 33/2, 33/3, 33/4, 33/5, 33/6, 33/7, 33/8, 35/1, 38/1, 42/4, 43/1, 48/2, 49/1, 49/2, 50/1, 50/2, 51/1, 52/1, 53/1, 53/2, 53/4, 56/1, 58/2, 62/2, 98/3a, 98/3b, 99/3, 104/1, 103/2, 107/1, 109/li. o., 110/1, 113/1, 114/1, 114/2; ULTRA PRÄZISION MESSZEUGE GmbH: 36/1b; Volkswagen AG: 71/1; W&Z-Computer-Vertrieb GmbH: 36/1a; Wäschepflegemuseum Rainbach i. M: 97/1a; Westfalia Werkzeugcompany GmbH & Co KG: 102/1a, 102/1b, www.fotos-direkt.de: 69/2c

1

Konstruieren und Fertigen

Wir bauen ein Knobelspiel

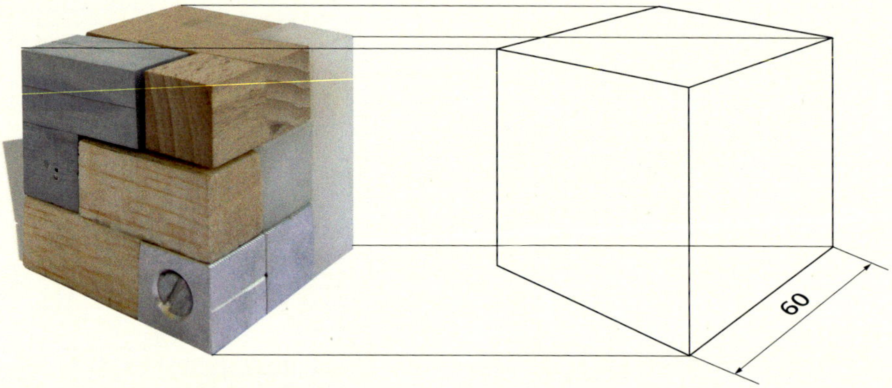

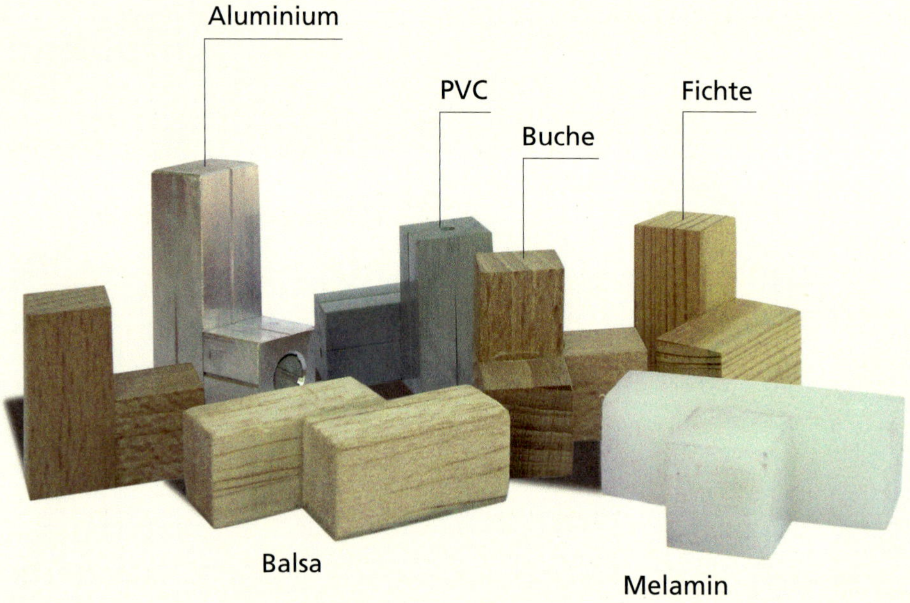

Produktplanung

Ihr möchtet im Technikunterricht ein Knobelspiel fertigen. Die Wahl fiel auf den Somawürfel. Damit lassen sich viele weitere Figuren puzzeln.

Die Vorlage zeigt die sieben Teile aus verschiedenen Werkstoffen.
Nun gilt es herauszufinden, aus welchem **Werkstoff** wir die Teile fertigen.

1. *Ordne die Werkstoffe des Somawürfels nach Werkstoffgruppen in die Tabelle ein!*

Holz	Kunststoff	Metall

Um euch für den richtigen Werkstoff entscheiden zu können, müsst ihr die Verarbeitungs- und Gebrauchseigenschaften der Werkstoffgruppen kennen.
Auf den unteren Bildern seht ihr ausgewählte Werkstoffe und die notwendigen Trennwerkzeuge (Sägen). Mitunter kann man mit der gleichen Säge unterschiedliche Werkstoffe bearbeiten.

Unter **Verarbeitungseigenschaften** eines Werkstoffs versteht man z. B.:
- den Aufwand beim Bearbeiten,
- die Trennbarkeit,
- die Fügemöglichkeit,
- die Umformbarkeit,
- die Beschichtbarkeit,
- die Werkzeugauswahl,
- schadstoffarme Bearbeitung.

Unter **Gebrauchseigenschaften** eines Werkstoffs versteht man:
- die Haltbarkeit,
- das Aussehen,
- die Beschaffenheit,
- die Wasserfestigkeit,
- die Luft-Dichtigkeit,
- geringes Gewicht,
- pflegeleicht,
- die Entsorgungsmöglichkeiten.

2. *Sammelt Informationen zu den Eigenschaften der Werkstoffe! Nutzt verschiedene Informationsquellen.*

3. a) *Bildet Forschergruppen, die an den Stationen Holz, Metall und Kunststoff die Verarbeitungseigenschaften erkunden!*
   b) *Untersucht besonders das Trennen und Fügen!*
   c) *Fertigt eine Übersicht an!*

1 Holz

2 Kunststoff

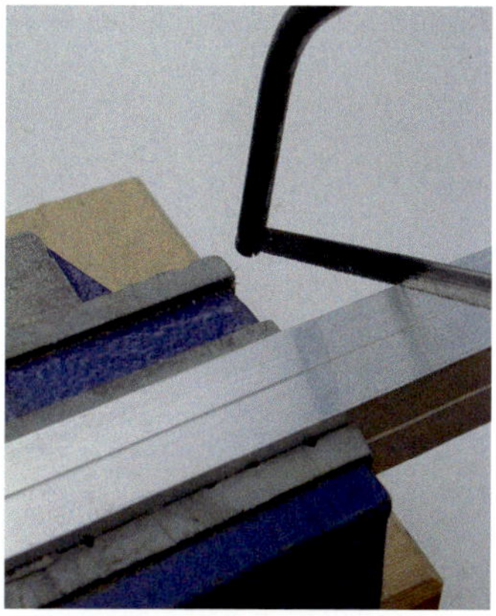

3 Metall

Werkstoffe

Holz – ein natürlicher Werkstoff

Der **Holzwerkstoff** gehört mit zu den ältesten Werkstoffen des Menschen. Wir finden ihn noch heute in den **Fachwerkhäusern** oder in unseren modernen Möbeln.
Im Zeitraum zwischen dem 11. und 14. Jahrhundert wurden zahlreiche Wälder gerodet, um Platz für Ansiedlungen zu schaffen, um Baustoffe zu erhalten und um den Energiebedarf zu decken. Du erkennst es noch an den Ortsnamen, wie z. B. Wernigerode (Harz).
Heute werden mehr Bäume gepflanzt als gefällt. Unser Waldbestand nimmt wieder zu. Um den Holzverbrauch zu verringern, werden konstruktive Maßnahmen - wie Verbundplatten mit Papierwaben - genutzt.

Holz ist ein natürlicher, nachwachsender Werkstoff.

1. *Suche auf der Deutschlandkarte nach Ortsnamen mit der Silbe „rode"!*

2. *Erkundige dich im Biologie- und Geografieunterricht nach weiteren Bedeutungen des Waldes!*

1 Kanthölzer auf dem Baumarkt

Hölzer einer Fachwerkwand

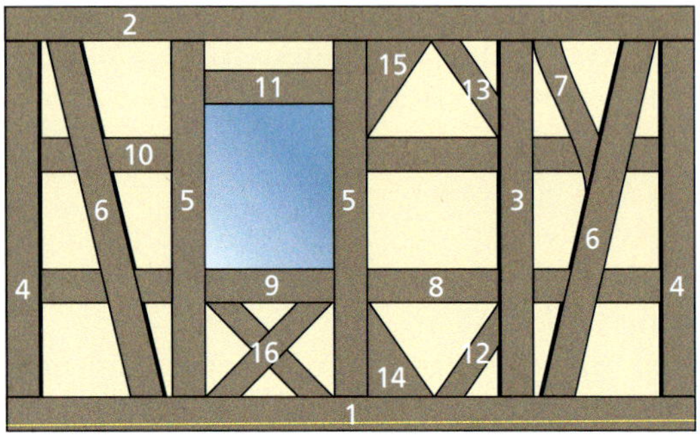

1	Schwelle	9	Brüstungsriegel
2	Rähm	10	Fachriegel
3	Ständer	11	Sturzriegel
4	Eckständer	12	Fußband
5	Fensterständer	13	Kopfband
6	Strebe	14	Fußwinkelholz
7	Gegenstrebe	15	Kopfwinkelholz
8	Riegel	16	Andreaskreuz

Holzarten

Holzarten werden in Weich- und Harthölzer unterschieden.

Je langsamer ein Baum wächst, desto dichter ist sein Fasergewebe. Damit nimmt seine Härte zu. **Hartholz** ist sehr stabil, dafür aber schwer zu bearbeiten. In der Schule werden hauptsächlich **Weichhölzer** eingesetzt. Holzwerkstoffe werden auch nach ihrer Farbe und Maserung ausgesucht.

Holzart	Beispiel
Hartholz	Buche, Eiche, Nussbaum
Weichholz	Kiefer, Fichte, Birke, Pappel, Linde, Balsa

„Holz arbeitet"

Wenn trockenes Holz Feuchtigkeit aufnimmt, wird es größer, es **quillt.** Das Holz kann sich verziehen. Wir merken es, wenn Türen klemmen. Bei Feuchtigkeitsabgabe zieht sich das Holz wieder zusammen, es **schwindet.** Stuhlbeine werden locker.

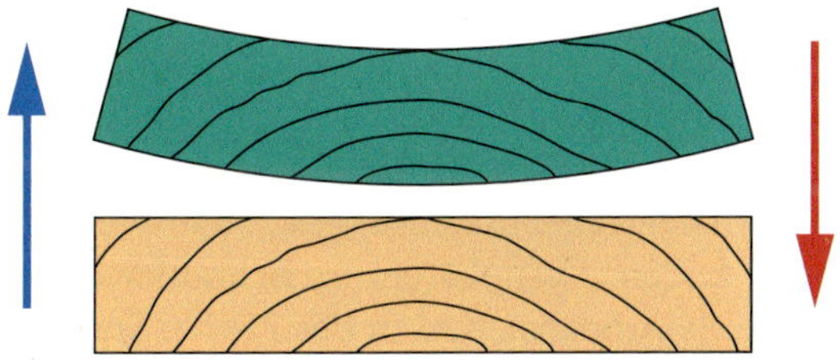

Wähle zum Bearbeiten stets gut getrocknetes, gerades Holz.

3. *Schau dir die Bilder des Kiefernzapfens an! Wann war es feucht, wann war es trocken? Könntest du ihn als Wetteranzeiger benutzen?*

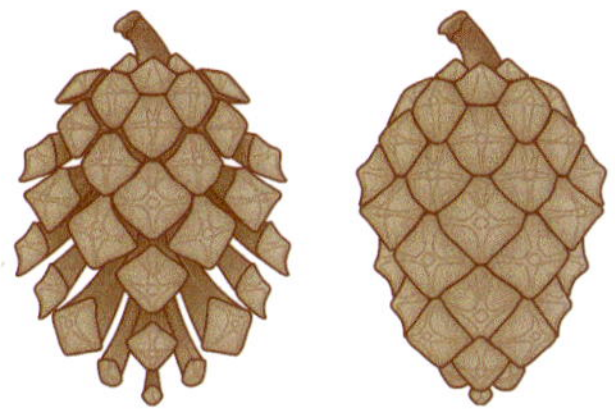

Holzwerkstoffe

Vollholz

Aus dem Baumstamm werden im Sägewerk **Vollhölzer** gesägt.

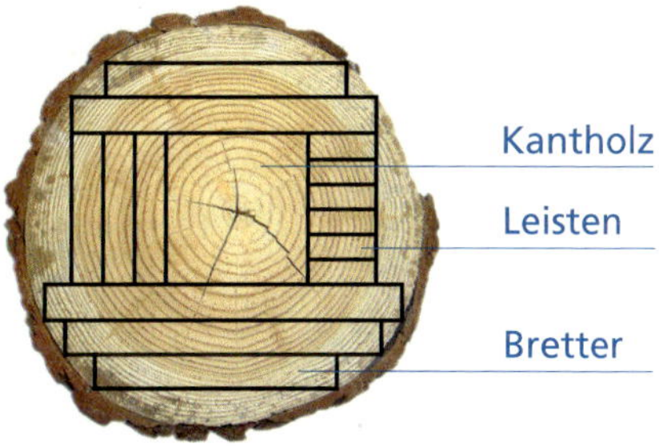

Profilholz

Profilhölzer werden mit Fräsmaschinen aus Leisten hergestellt. Neben sehr komplizierten Formen für Bilderrahmen gibt es auch die Grundformen:

- Quadratleiste,
- Rechteckleiste,
- Rundstab,
- Dreikantleiste,
- Viertelstab,
- Winkelleiste.

4. *Skizziere die Querschnittsformen der Profilleisten! Überlege dir Anwendungen für die Leisten!*

1 Gut abgelagertes Holz mit Schwindungsrissen

2 Verschiedene Formen von Profilleisten

Furnier

Furniere sind blattdünne Holzplatten. Sie werden mit Messern aus dem Vollholz geschält oder geschnitten. Mit **Edelfurnieren** werden Oberflächen verschönert und aufgewertet.

Sperrholz

Aus kreuzweise verleimten Furnieren werden **Sperrholzplatten** gefertigt (↗Abb. 1). Dabei wird eine hohe Festigkeit erreicht und das Arbeiten des Holzes vermindert.

Verbundplatten

Tischlerplatten gehören zu den Verbundplatten. Sie bestehen aus einer Mittellage von unterschiedlich angeordneten, verleimten Holzleisten und quer zur Faserrichtung aufgeleimten Furnieren (↗Abb. 2).

Weitere Verbundplatten können als Mittellage Papierwaben besitzen. Sie sind dann sehr leicht und dennoch stabil. Diese **Leichtbauplatten** werden oft als Tischplatten oder Regale eingesetzt.

Faserplatten

Ähnlich dem Papier werden **Faserplatten** aus **Holzfasern** gepresst. Bei genügend hohem Pressdruck wird dabei oft kein Bindemittel benötigt. Sie werden als Rückwände für Schränke oder als Böden für Schubkästen verwendet.

Besondere Faserplatten sind **MDF** (mitteldichte Faserplatten). In Plattenstärken von 6 bis 25 mm werden sie in der Möbelindustrie eingesetzt. Sie besitzen glatte Oberflächen, sind formstabil und lassen sich exakt bohren und fräsen.

Spanplatten

Aus gröberen Spänen werden **Spanplatten** hergestellt. Sie werden mit Zusatz von Bindemittel verpresst. Die Stabilität erhöht sich mit Zunahme der Spangröße. Dagegen wird die Oberfläche rauer und muss geschliffen werden. Wir finden Spanplatten in Schrankwänden oder als Arbeitsplatten in der Küche. Sie sind dann meist mit Folien, Lacken, Kunststoffen oder Furnieren beschichtet.

Beim Kauf von Spanplatten solltet ihr auf die **Kennzeichnung E 1** achten. Dies bedeutet eine geringe Ausdünstung von Schadstoffen.

5. *Vergleiche das Quellverhalten je einer Leiste aus Vollholz und Faserplatte!*

6. *Teste die Belastungsfähigkeit verschiedener Holzwerkstoffe!*

7. *Erkunde auf einem Baumarkt das Holzwerkstoffangebot!*

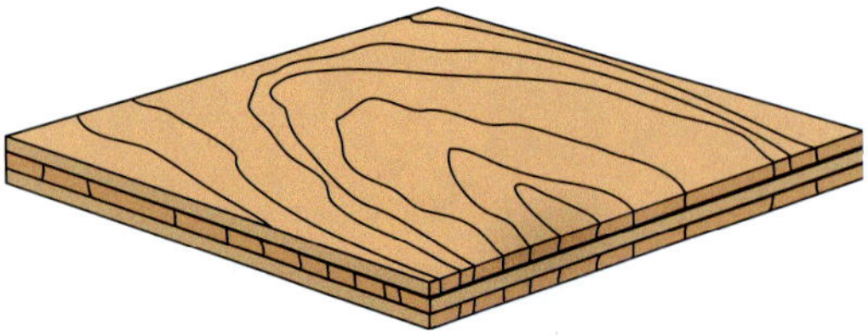

1 Sperrholz besteht aus mindestens drei kreuzweise verleimten Furnierschichten.

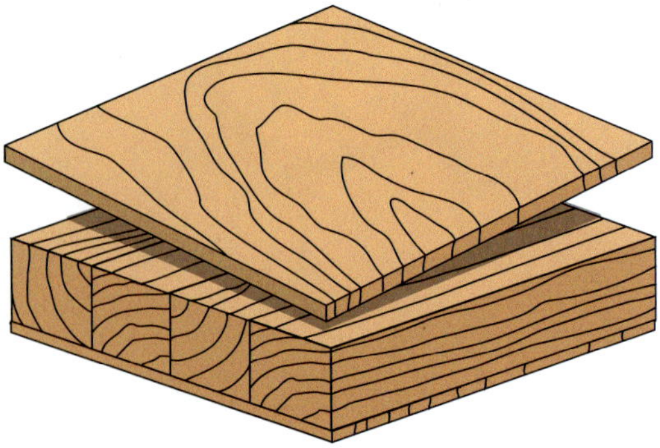

2 Tischlerplatten bestehen aus einer Leistenlage und zwei aufgeleimten Furnieren.

Kunststoff – ein chemischer Werkstoff

Kunststoffe sind besondere Werkstoffe aus chemischen Herstellungsprozessen. Im Chemieunterricht werdet ihr später für sie die Bezeichnung **Polymere** verwenden.
Mit unterschiedlichen Mischungen und Herstellungsverfahren lassen sich bestimmte Eigenschaften einstellen. Die Forschung entwickelt ständig neue Kunststoffe.
Kunststoffe sind sehr langlebig und im Gegensatz zu natürlichen Werkstoffen zersetzen sie sich sehr langsam. Sie können nur bedingt wiederverwendet werden.

Kunststoffe müssen sinnvoll eingesetzt und sachgerecht entsorgt werden, um die Umwelt zu schonen.

Kunststoffarten

Die ständig wachsende Zahl von Kunststoffen lässt sich in drei Hauptgruppen einteilen.

Duroplast

Duroplaste sind Werkstoffe, die während der Produktion ihre Form erhalten und dann nicht mehr plastisch verformbar sind.

Duroplast	Handelsname	Beispiel
Phenoplast	Pertinax Bakelit	Platten Topfgriff
Kunstharz	Epoxid Silicon	Gussmasse Dichtmasse
Aminoplast	Melamin Resopal	Schneidbrett Spanplatte

Thermoplast

Thermoplaste werden durch Erwärmen formbar. Die wichtigsten Thermoplastwerkstoffe sind PVC, PP, PE, PET, PS und PMMA. Die Großbuchstaben sind Abkürzungen für komplizierte chemische Bezeichnungen.
Aus **PVC** bestehen Rohre, Fensterrahmen, Schaumplatten und Kunstleder (↗ Abb. 1).
Aus **PP** bestehen Abflussrohre, Kabelummantelungen, Trinkhalme und Flaschenverschlüsse (↗ Abb. 1). **EPP** sind geschäumte PP-Platten, die wir für crashsichere Flugmodelle verwenden können.
Folien, z. B. Müllsäcke oder Laminierfolien, bestehen hauptsächlich aus PE, Kunststoffflaschen aus **PET.** Die Preform (der Rohling) wird mit Wärme und Druckluft in eine Flaschenform geblasen (↗ Abb. 2).

8. Begründe, warum Thermoplastwerkstoffe gut wiederverwertbar sind!

1 HT-Rohr (Hochtemperatur), grau, PP; KG-Rohr (Kanalgrundrohr), orange, PVC; Müllsäcke, PE

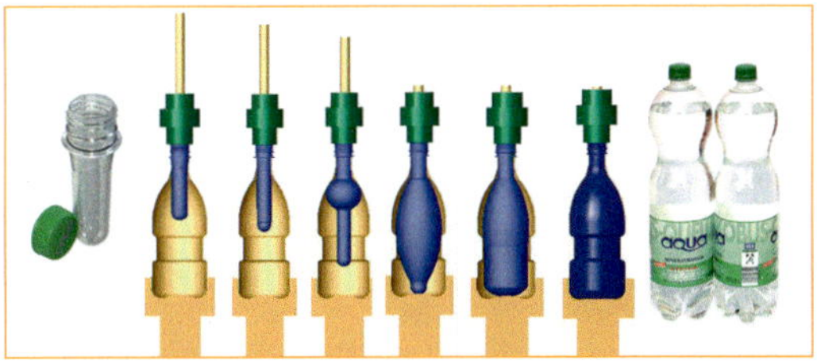

2 Herstellung einer PET-Flasche

PS kennt ihr als geschäumten Werkstoff unter dem Namen **Schaumpolystyrol.** Er wird zur Dämmung von Bauwerken eingesetzt. Die härteren blauen oder grünen **EPS**-Platten lassen sich sehr gut mit einem Heizdraht für den Modellbau bearbeiten.

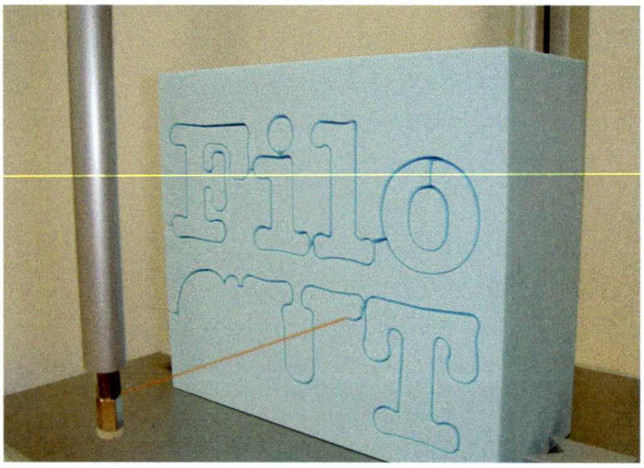

PMMA (Acrylglas) ist ein durchsichtiger Kunststoff, der im Gegensatz zu Glas sehr gut bearbeitet werden kann. Er findet Verwendung als Doppelstegplatte, Brillenkunststoffglas, Lichtleiter oder farbig für Leuchtwerbung.

9. *Suche nach Kunststoffkennzeichnungen auf Kunststoffgegenständen! Fertige eine Tabelle an!*

10. *Begründe die gesetzliche Kennzeichnungspflicht von Kunststoffprodukten!*

1 Solarmodul aus PMMA

Elastomer

Elastomere sind elastisch verformbare Werkstoffe. Sie ändern ihre Form, solange sie belastet werden. Zu ihnen gehören verschiedene künstliche Kautschukarten. Anwendungen sind Schwämme, Gummibänder, Matratzen und Fahrradreifen.

Eigenschaften von Kunststoffen

Die **Gebrauchs- und die Verarbeitungseigenschaften** von Kunststoffen sind sehr vielfältig und lassen sich mit Verfahren und Zusatzstoffen beeinflussen.

Eigenschaft	Beispiel
wärmeverformbar	Thermoplast
temperatur-formbeständig	Duroplast
transparent	PMMA, PET
farbig	PVC, PP, PMMA
leicht	Schaumplatte
fest	Aminoplast
schlecht wärmeleitend	PVC-Fensterrahmen
wärmeisolierend	PS-Dämmung
glatt, nicht kratzfest	PMMA
langlebig	alle Kunststoffe
elektrischer Nichtleiter	PP-Kabelisolierung

11. *Untersuche weitere Eigenschaften, wie Wasserdurchlässigkeit, Biegefestigkeit, Reißfestigkeit, Druckfestigkeit!*

Metalle

Metalle sind wegen ihrer besonderen Eigenschaften wichtige Werkstoffe für die Technik. Sie sind:

- gut wärmeleitend,
- sehr gute elektrische Leiter,
- sehr stabil,
- gieß- und umformbar,
- schweiß- und lötbar,
- metallisch glänzend.

Einteilung der Metalle

Metalle werden eingeteilt in:

- **Schwer-** und **Leichtmetalle,**
- **Edelmetalle** und **unedle Metalle** oder
- **Eisen-** und **Nichteisenmetalle (NE).**

Beispiel	Dichte	Beständigkeit
Eisen, Blei, Kupfer, Zink, Zinn	schwer	unedel
Gold	schwer	edel
Aluminium, Magnesium	leicht	unedel

Werden unterschiedliche Metalle oder ein Metall und ein Nichtmetall in der Schmelze gemischt, entstehen **Legierungen** mit neuen Eigenschaften, wie größere Härte oder niedrige Schmelztemperatur.

Legierung	Mischung aus
Stahl, Gusseisen	Eisen, Kohlenstoff
Messing	Kupfer, Zink
Bronze	Kupfer, Zinn
Dural ®	Aluminium, Cu, Mg, Mn, Si

Verbundwerkstoffe

Verbundwerkstoffe bestehen aus mindestens zwei verschiedenen Werkstoffen. Damit besitzen sie andere Eigenschaften als die einzelnen Werkstoffe.
Beispiele dafür sind Keramik, Polymerbeton, Spanplatten, Faserwerkstoffe, aber auch Sperrholz.
Es ergeben sich Eigenschaftskombinationen, wie:

- stabil und wärmedämmend,
- reißfest und elastisch oder
- leitfähig und isolierend.

Leider ergeben sich Nachteile bei der Entsorgung dieser Materialien, weil die Werkstoffe nur schwer wieder getrennt werden können. Eine Möglichkeit ist es, den Verbund zu erhalten, das Material zu zerkleinern und in neue Formen zu pressen.

12. Fertige eine Tabelle über Metalle und ihre Verwendung an!

Metall	Verwendung

1 Aluminium und EPS, Kupfer und Epoxidharz

Entscheidungsmatrix

Nachdem wir einige Werkstoffarten kennengelernt haben, muss eine Entscheidung zur Auswahl getroffen werden. Folgende Kriterien könntet ihr für die **Planung des Knobelspiels** beachten:

- Aussehen,
- Gebrauchseigenschaften,
- Verarbeitungseigenschaften,
- Bearbeitungsaufwand,
- Beschaffbarkeit, Beschaffungskosten,
- Umweltverträglichkeit.

Die Kriterien beeinflussen einander. So können wir mit Buchenholz stabile Teile mit sehr glatten Oberflächen fertigen. Buchenholz ist aber sehr hart und benötigt einen höheren Bearbeitungsaufwand. Die Stäube sind gesundheitsschädlich. Messing sieht sehr hochwertig aus, ist aber teuer und schwerer zu bearbeiten. Acrylglas zerkratzt leider sehr schnell.

Um sich zu entscheiden, hilft euch eine Entscheidungsmatrix (siehe unten). In der Tabelle legt ihr Kriterien fest und vergebt Punkte, deren Anzahl von den Werkstoffen abhängig ist.

Natürlich werdet ihr Unterschiede in eurer Bewertung feststellen, über die ihr reden solltet. Bei 5 verschiedenen Materialien können maximal 5 Punkte vergeben werden. Manchmal ist die Entscheidung schwierig, z. B. bei der Entsorgung. Alle drei Holzwerkstoffe haben ja den gleichen Entsorgungsaufwand. Das könnte auch auf die Fügbarkeit zutreffen. Wenn ein Kriterium besonders wichtig ist, müssten die Punkte gewichtet werden. Am einfachsten ist es dann, sie doppelt zu zählen.
Die Auswahl ist auf Fichtenholz gefallen. Es belegt zwar nicht immer Platz 1, ist aber preisgünstig, ein natürlicher Werkstoff und einfach zu bearbeiten. Mit ihm lernt ihr in den nächsten Abschnitten die Bearbeitungsverfahren von Holzwerkstoffen kennen.

Die Planung ist aber noch nicht abgeschlossen. Wir benötigen Zeichnungen der einzelnen Teile und einen Plan für den Ablauf der Arbeitsschritte mit den nötigen Werkzeugen.

Kriterien	Fichte	Buche	Balsa	Aluminium	PVC
Aussehen	4	5	1	3	2
Oberfläche	2	3	1	5	4
Haltbarkeit	2	4	1	5	3
Trennaufwand	4	2	5	1	3
Schleifaufwand	4	2	5	1	3
Fügbarkeit (Kleben)	5	3	4	1	2
Beschichtbarkeit	4	5	3	2	1
Materialkosten	5	4	2	1	3
Entsorgung	4	4	4	2	1
Gesamtpunktzahl	**34**	**32**	**26**	**21**	**22**
Platzierung	1	2	3		

Fertigungsunterlagen

Arbeitsvorbereitung

Planung der Arbeit – Produktfindung/Produktentwicklung

Bevor wir ein Produkt herstellen können, müssen wir von Anfang an sorgfältig planen. Darum sind vor Beginn der Arbeit folgende **Planungsschritte** genau zu durchdenken:

1. Welchen Zweck soll das Produkt erfüllen?
2. Wie groß muss das Produkt sein und welche Form soll es haben?
3. Aus welchem Material soll es bestehen?
4. Welches Werkzeug und welche Maschinen braucht man für die Herstellung des Produktes?
5. Welche Arbeitsschritte muss ich ausführen?

Nach diesen Denkaufgaben müssen wir unsere Vorstellungen aufschreiben.

1. Denken,
2. Notieren,
3. Umsetzen!

Folgendes gehört alles zur **Arbeitsvorbereitung,** bevor wir mit der praktischen Umsetzung, also der Herstellung, beginnen können:
1. eine **technische Zeichnung** (bei mehrteiligen Gegenständen mit Stückliste) und
2. ein **Arbeitsablaufplan.** Er ist die Grundlage für die Produktion. In ihm werden die Reihenfolge der Fertigung sowie die zu verwendenden Arbeitsmittel festgelegt.

Die technische Zeichnung und Skizze

In einer **technischen Zeichnung** kann man die Größe und die Form eines Gegenstandes ablesen. Bei mehrteiligen Gegenständen finden wir die Angaben zu den Einzelteilen in der dazugehörigen Stückliste (↗ S. 31). Wir fertigen technische Zeichnungen fast ausschließlich auf kariertem Papier an, da es uns beim Zeichnen unterstützt (↗ Abb. 1, S. 16).

Eine **Skizze** dagegen ist eine nicht in allen Einzelheiten ausgeführte, meist freihändige Darstellung (↗ Abb. 1).

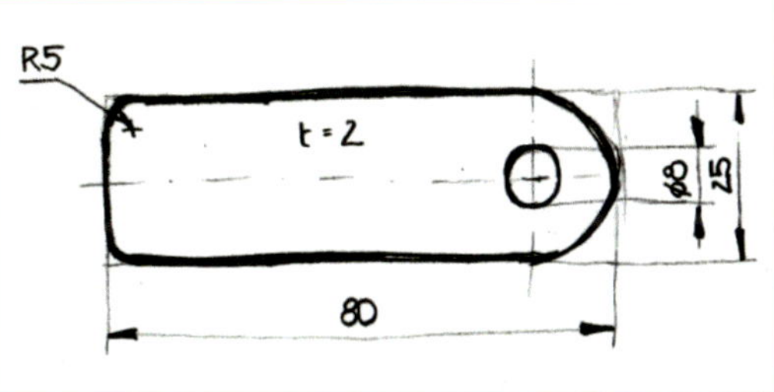

1 Skizze eines Schlüsselschildes

Standards

Beim Zeichnen müssen bestimmte **Standards** eingehalten werden, die international festgelegt sind. Standards sind Normen, z. B. für Blattgrößen, Linienarten sowie Regeln zum Bemaßen. Deshalb können technische Zeichnungen überall auf der Welt gelesen und vor allen Dingen auch verstanden werden.

Zeichnungslesen

Zeichnungslesen ist das Erkennen und Verstehen der Angaben auf einer technischen Zeichnung.

Das Erkennen der Form ist das Kernstück des Zeichnungslesens.
Um sich über die Form eines Gegenstandes verständigen zu können, ist es notwendig, sie eindeutig zu beschreiben. Dazu gibt es
- geometrische und
- technische Formbegriffe,

die in einer Tabelle auf S. 17 für dich zusammengestellt wurden.

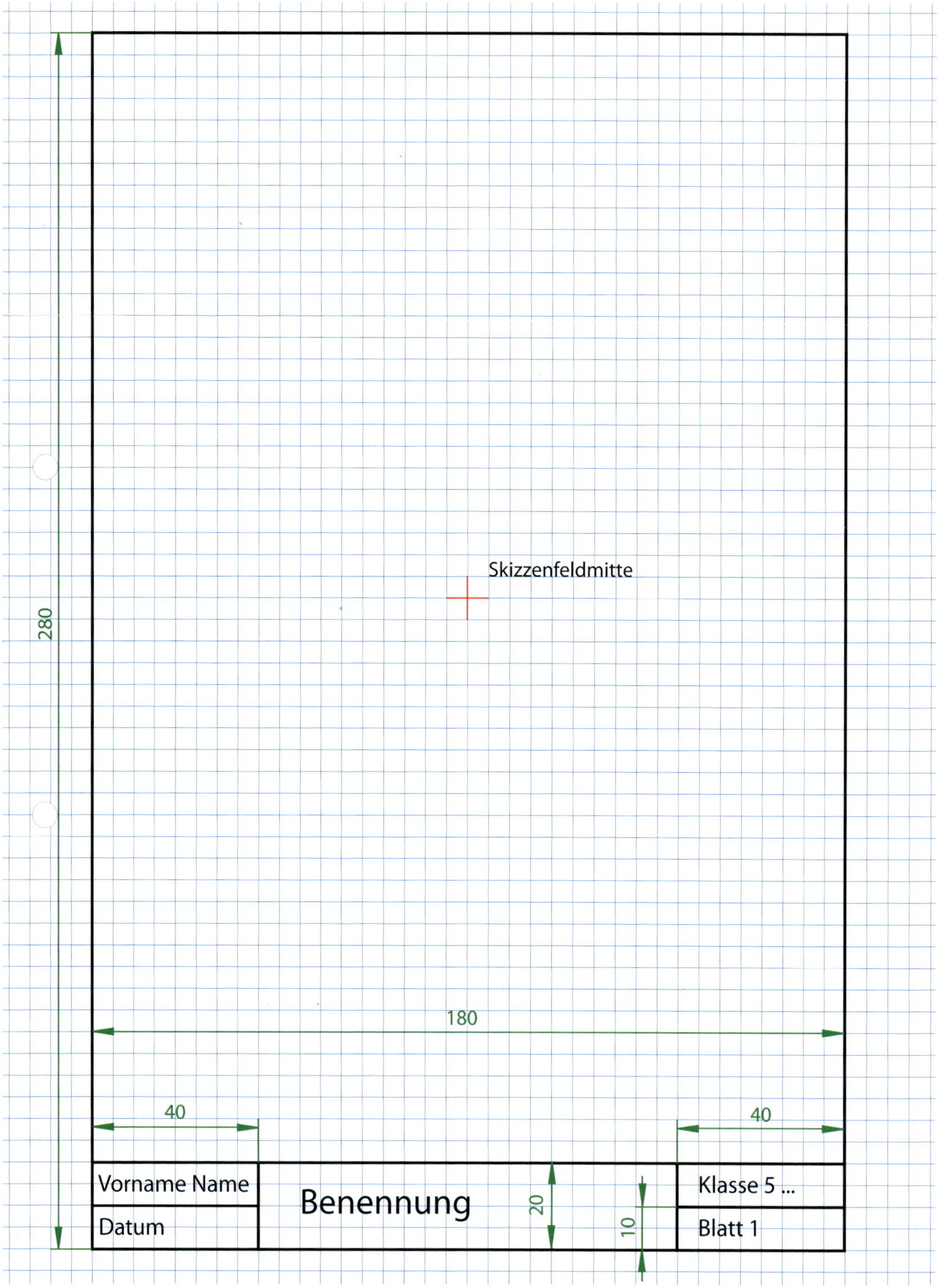

1 Zeichenblatt mit Bemaßung und Beschriftung

Geometrische und technische **Formbegriffe:**

Formbegriff	Form
Quader mit rechteckigem Querschnitt (Platte, Tafel, Brett)	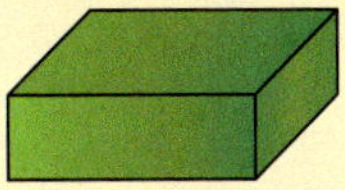
Quader mit quadratischem Querschnitt (Stab, Leiste, Pfeiler)	
Prisma mit trapezförmigem Querschnitt (Stab, Stange, Schiene)	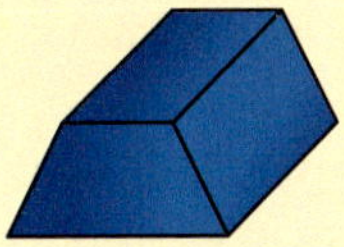
Prisma mit dreieckigem Querschnitt (Stab, Stange, Schiene)	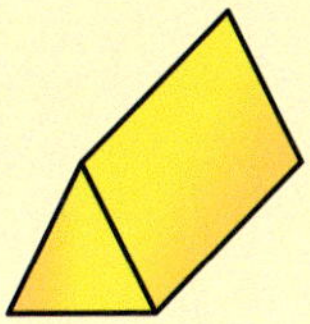
Zylinder (Welle, Achse, Stab, Draht, Säule)	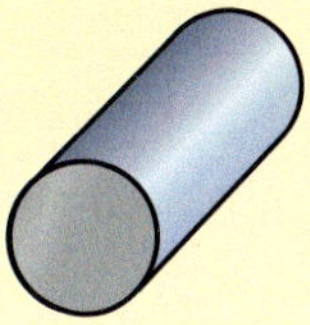
Kegel (Spitze, Dorn)	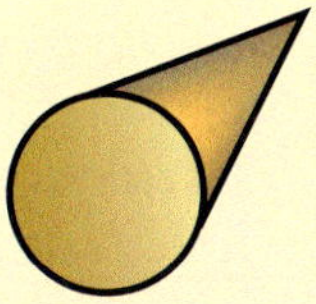

Das Beschreiben der Form beginnt zweckmäßig mit dem Benennen des Teiles. Jede Form ist mit einem **geometrischen Begriff** (z. B. Zylinder, Kegel) und mit einem **technischen Begriff** (z. B. Zapfen, Durchbruch) zu beschreiben. Dabei wird gedanklich entweder eine Teilform nach der anderen von der Grundform „abgebaut" oder „angesetzt".

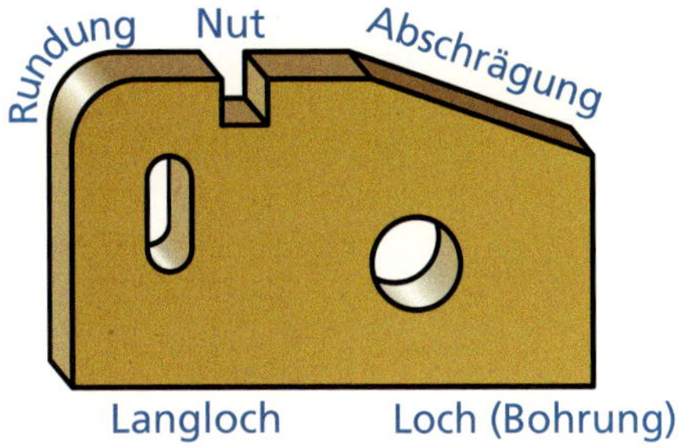

1 Begriffe für Teilformen

2 Buchstütze

1. Beschreibe die Zeichnung der Buchstütze aus Abb. 2!

Die Formate

Die verschiedenen Größen der **Zeichenblätter** sind standardisiert, oder – wie man ebenfalls sagen kann – genormt. Den Standard dafür finden wir in der Deutschen Industrie-Norm **(DIN)**. Deshalb werden die verschiedenen Blattgrößen mit DIN A4, DIN A3 usw. bezeichnet.

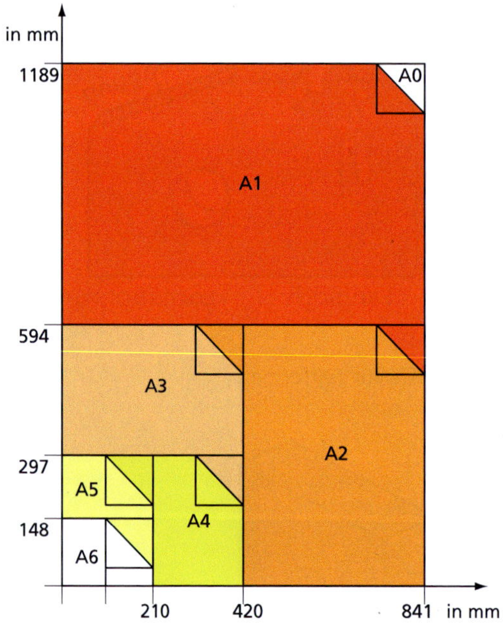

1 Papierformate

Das Ausgangsformat der Reihe A ist das Format DIN A0 – ein Rechteck mit dem Flächeninhalt von 1 m^2. Je zwei benachbarte Formate entstehen durch Verdoppeln oder Halbieren, deshalb sind sie sich ähnlich. Das ist ganz wichtig, weil z. B. Briefumschläge oder Drucker ebenfalls die Größen aufweisen, die den genormten Formaten entsprechen.

2. *Lies die Maße für das DIN-A3-Format ab!*

3. *Falte ein DIN-A4-Blatt zweimal in der Mitte quer! Ermittle dadurch die Maße eines DIN-A5- und DIN-A6-Blattes!*

4. *Für Profis! Errechne die Fläche eines DIN-A0-Blattes genau!*

Zeichengeräte und Hilfsmittel

Wollen wir technische Zeichnungen in guter Qualität anfertigen, benötigen wir Zeichengeräte und Hilfsmittel. Einiges davon gibt es schon sehr lange, wie z. B. die Bleistiftmine. Sie enthält keine Spur von giftigem Blei, sondern ungiftigen Grafit und Ton. Aus Versehen hielt man ursprünglich den Grafit für Blei (weil die Stoffe fast gleich aussehen) und nannte den Bleistift daher ursprünglich „Bleyweißstefft“. Als der Chemiker CARL WILHELM SCHEELE (1742–1786) den Irrtum aufdeckte, hatte sich der Name **Bleistift** bereits durchgesetzt und deshalb wurde der Name beibehalten.

Die Härte der Mine wird durch das Mischungsverhältnis von färbendem Grafit und hellem Ton bestimmt – ein hoher Grafitanteil macht die Mine weich und dunkel, ein niedriger Grafitanteil macht sie hart und hell. Je härter die Mine ist, desto schwerer lässt sie sich schreiben. Die Linie wird schmaler und die Linienfarbe heller. So ein harter Stift hält sehr lange, wenn du ihn nicht fallen lässt. Denn durch die Härte ist er spröder: Er bricht schneller.

Die **Härtegrade der Bleistifte** werden wie folgt unterschieden:

- B für Black (schwarz bzw. weich),
- M für Medium (mittel),
- HB für Half Black (mittelhart),
- F für Firm (fest) und
- H für Hard (hart).

Diese sind bisher aber noch nicht genormt.

Auch ein **Zirkel** leistet gute Arbeit beim Zeichnen. Er wird genutzt für das Antragen von Radien bzw. für kreisförmige Darstellungen, z. B. Bohrungen.

Ein weicher **Radiergummi,** der schon krümelt, wenn man fest darüberstreicht, kann ebenfalls benutzt werden. Damit werden überflüssige Linien entfernt oder Zeichnungen korrigiert.

Für das Radieren gilt: so wenig wie möglich und nur so viel wie nötig!

Am besten ist aber, man braucht den Radiergummi erst gar nicht.

Weitere Zeichengeräte und Hilfsmittel findest du in der folgenden Tabelle:

<table>
<tr><th>Zeichengeräte und Hilfsmittel</th><th>Einsatz</th></tr>
<tr><td>Bleistifte in verschiedenen Härtegraden – hart (H von engl. hard)

</td><td>für schmale Linien, z. B. zum Vorzeichnen und Bemaßen
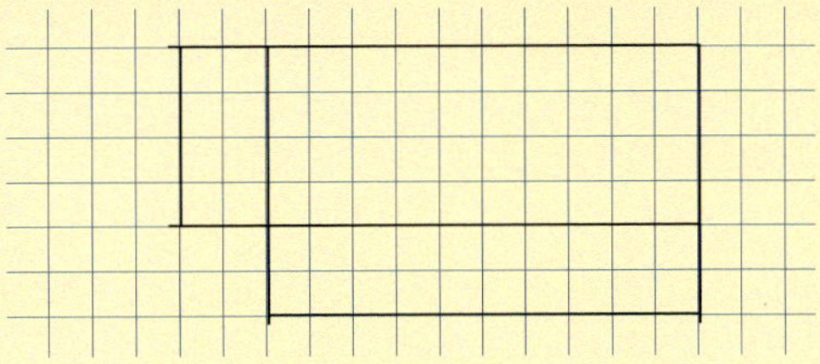</td></tr>
<tr><td>Bleistifte in verschiedenen Härtegraden – weich (B von engl. black)
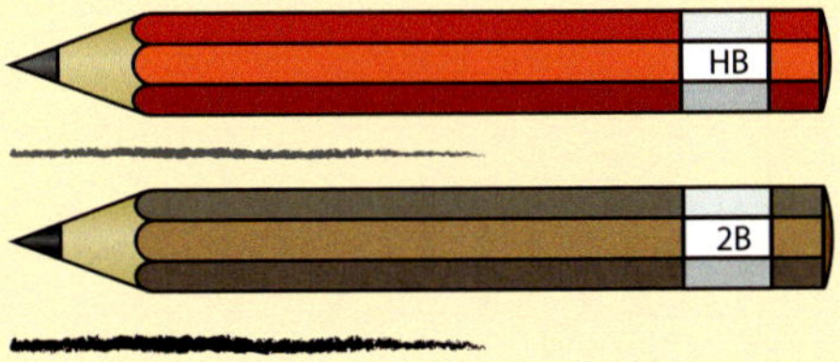
</td><td>für breite Linien, z. B. zum Nachziehen, für die Schrift und die Maßpfeile
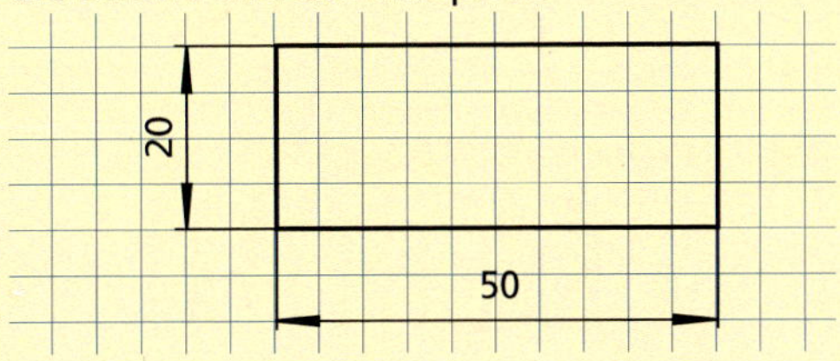
</td></tr>
<tr><td>zwei ungleiche Dreiecke (rechtwinklig und gleichschenklig)
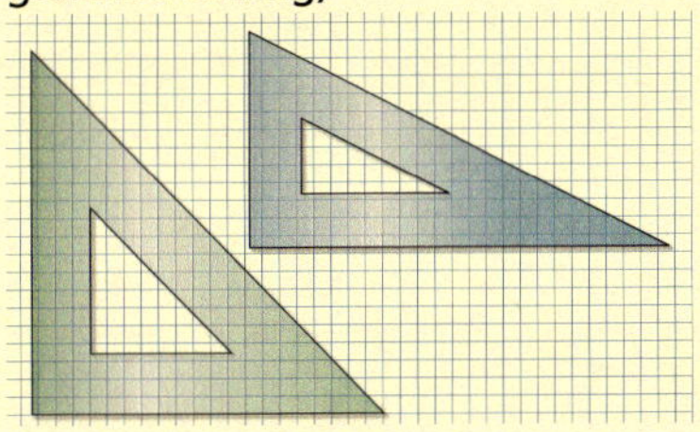</td><td>für das Antragen von Winkeln, z. B. 45° und 90°
</td></tr>
<tr><td>Lineale in unterschiedlichen Längen
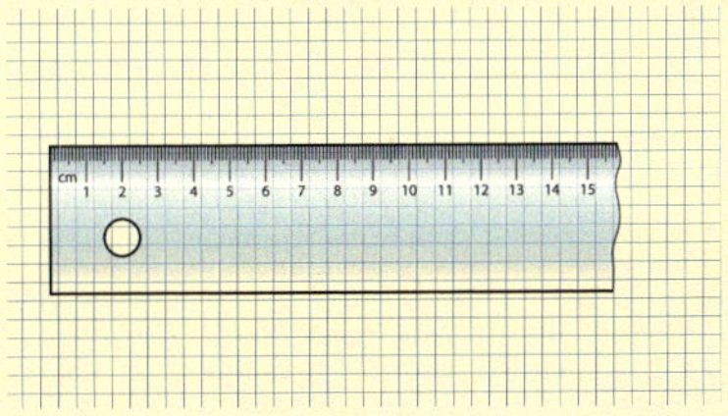
</td><td>zum Abmessen und Zeichnen
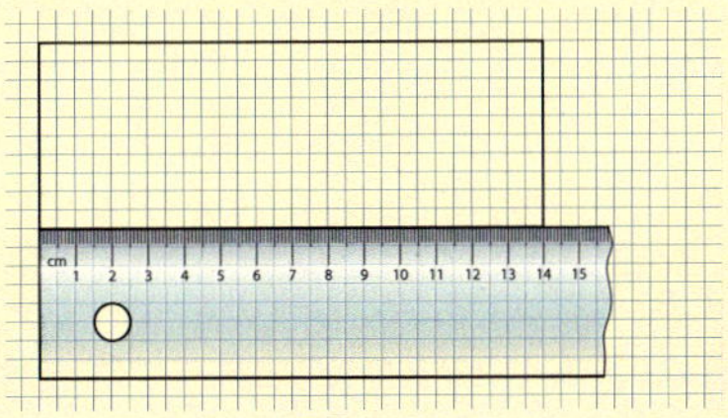
</td></tr>
<tr><td>eventuell Schablonenen (z. B. Loch-, Kreis- oder Radienschablonen)
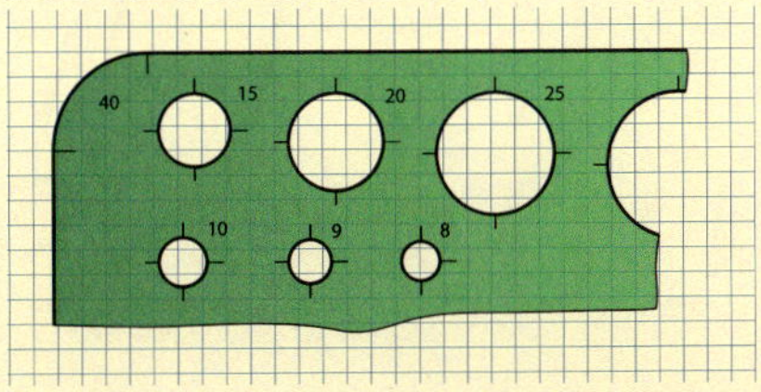
</td><td>für die Darstellung von Bohrungen und Rundungen
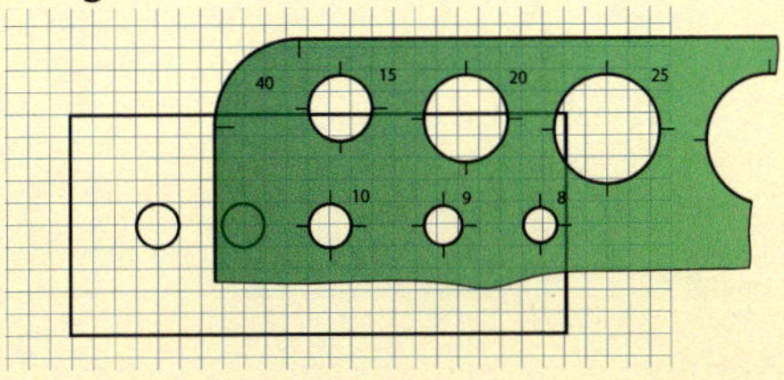
</td></tr>
</table>

Das Schriftfeld

Jedes Zeichenblatt muss ein **Schriftfeld** enthalten, aus dem du ablesen kannst,

- wie das Werkstück benannt wird,
- welche Besonderheiten die Zeichnung hat,
- wer die Zeichnung angefertigt hat.

Die Normschrift

Damit jeder die Schrift auf einem Zeichenblatt gut lesen kann, führt man sie in **Normschrift** nach DIN 6776 aus.

Bei der Normschrift sind nicht nur die Formen der Schriftzeichen festgelegt worden, sondern auch die Schrifthöhen, das Verhältnis der Kleinbuchstaben zu den Großbuchstaben, die Strichdicke und die Schriftneigung.
Die Normschrift wird auch als **Standardschrift** bezeichnet.

5. *Schreibe die Buchstaben und Zahlen aus Abb. 1 oben in Normschrift ab!*

6. *Fülle das Schriftfeld von S. 16 auf einem vorbereiteten Zeichenblatt mit Normschrift aus!*

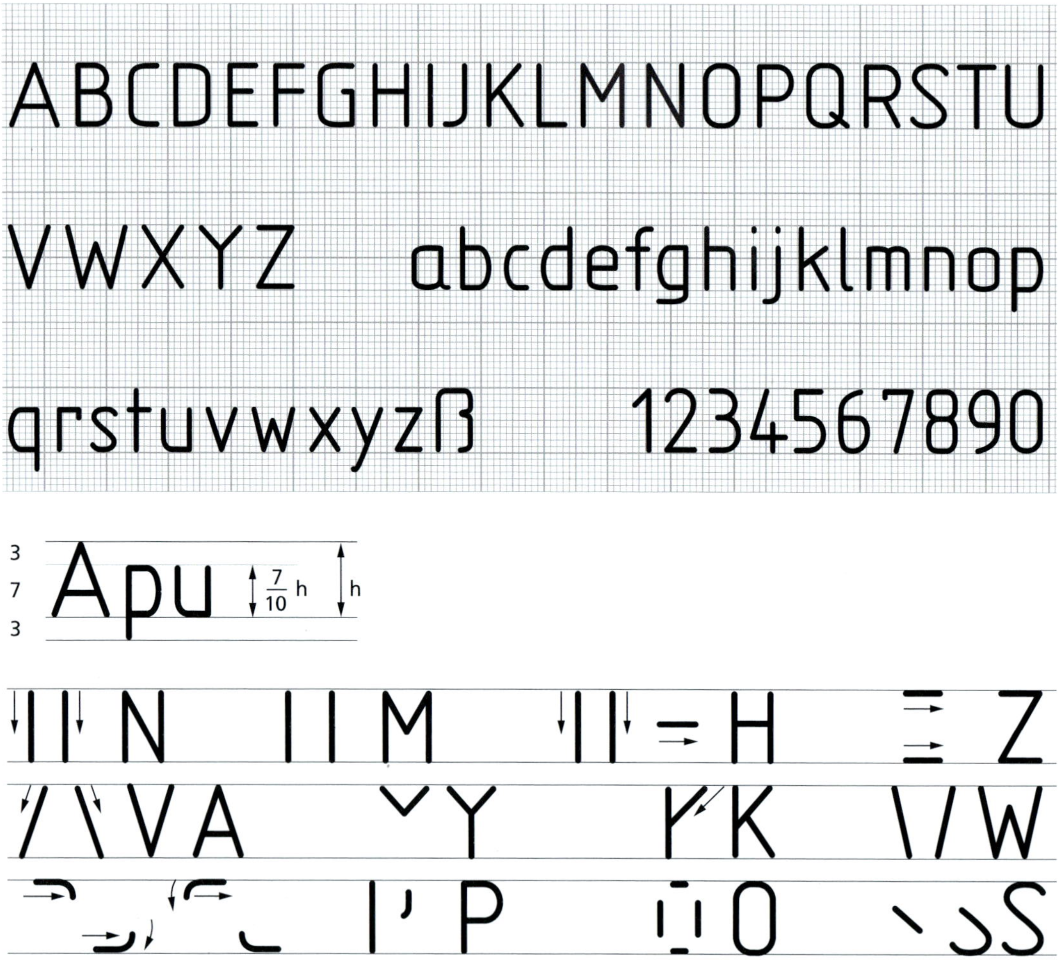

1 Normschrift

Die Linienarten

Jede Zeichnung besteht aus verschiedenen **Linienarten,** die sich durch Form und Breite unterscheiden und jeweils eine bestimmte Bedeutung haben:

Bedeutung	Anwendung	Linienart
sichtbare Körperkanten	bei Körperkanten, die zu sehen sind 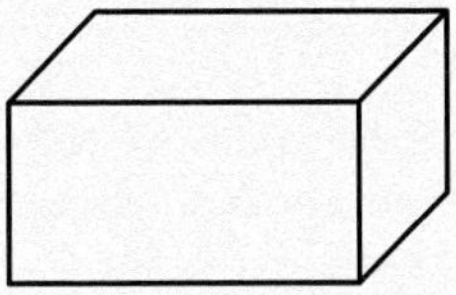	breite Volllinie
verdeckte Körperkanten	bei Körperkanten, die nicht zu sehen sind 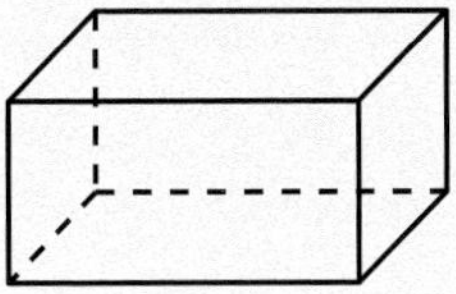	schmale Strichlinie
Maßhilfslinien, Maßlinien	bei der Maßeintragung 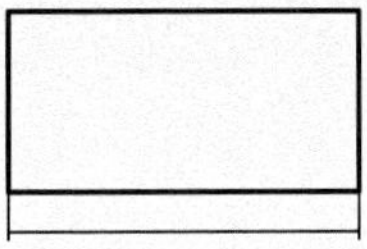	schmale Volllinie
Symmetrieachsen	bei gleichen Werkstückhälften 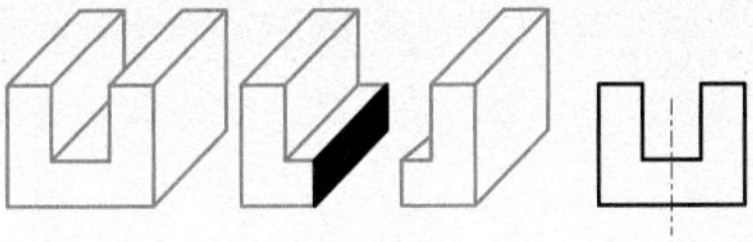	schmale Strich-Punkt-Linie
Biegelinien	bei Kanten, die gebogen wurden 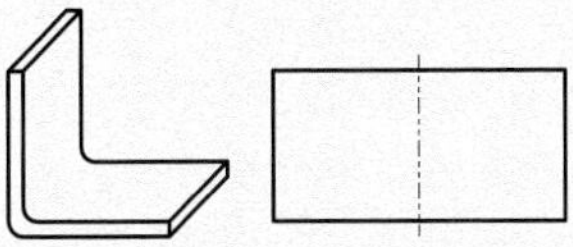	schmale Strich-Punkt-Punkt-Linie
Bruchlinien	bei Werkstücken, die so lang sind, dass die Darstellung unterbrochen wird 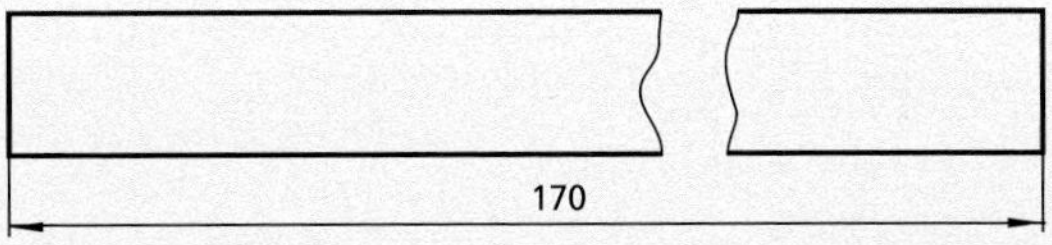	schmale Freihandlinie

Zeichnen flacher Werkstücke in einer Ansicht

Vor Beginn des Zeichnens musst du die Mitte des Zeichenfeldes ausmessen, um das Zeichenblatt gut einzuteilen.

Ebene Maschinen- oder Konstruktionsteile werden als **flache Werkstücke** bezeichnet. So ein flaches Werkstück ist z. B. ein Knotenblech, das im Stahlbau verwendet wird. An stählernen Eisenbahnbrücken, Baggern usw. sind die Stabenden oft mit Knotenblechen vernietet.

1 Foto vom Knotenblech

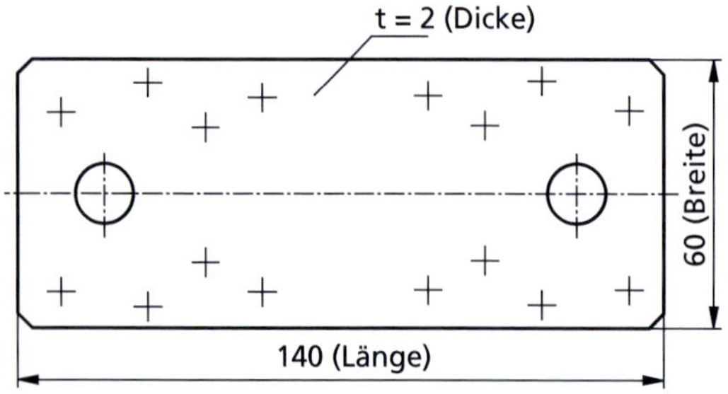

2 Zeichnung vom Knotenblech

Um das Werkstück herstellen zu können, müssen seine Abmessungen (Länge, Breite, Dicke usw.) angegeben werden.

Bemaßung einfacher Werkstücke

Bei der **Maßeintragung** unterscheiden wir Maßhilfslinien, Maßlinien, Maßlinienbegrenzung (z. B. Maßpfeile) und Maßzahlen.

Weil alle Maße in Millimetern (mm) angegeben werden, ersparen wir uns dadurch die Angabe der Maßeinheiten in der Zeichnung.

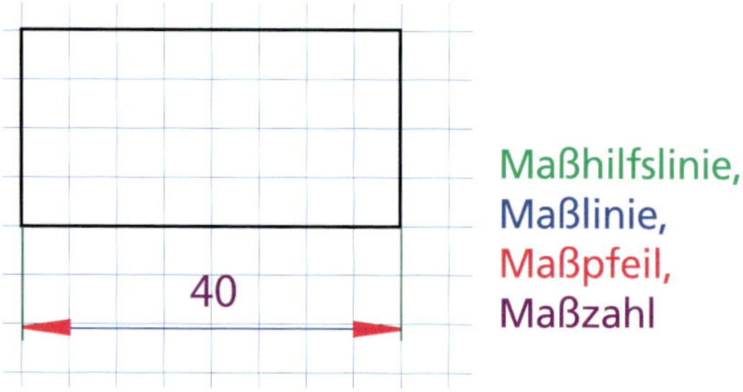

3 Elemente der Maßeintragung

Die Maßhilfslinien (MHL)

Maßhilfslinien sind schmale Volllinien, weshalb wir dafür einen harten Bleistift verwenden. Sie werden außerhalb der Körperkanten angeordnet, wodurch die Übersichtlichkeit erhöht wird.
Maßhilfslinien gehen etwa 2 mm über die Maßlinie hinaus.

Die Maßlinien (ML)

Auch für **Maßlinien** nehmen wir einen harten Bleistift, denn Maßlinien sind ebenfalls schmale Volllinien.
Ihr Abstand zur Körperkante beträgt 10 mm und untereinander mindestens 5 mm.

Maßlinien dürfen sich nicht schneiden.

Die Maßlinienbegrenzungen

Die Enden der Maßlinien kennzeichnen wir durch **Maßpfeile (MPF).** Dabei gehen die Spitzen der Maßpfeile bis an die sichtbaren Körperkanten oder an die Maßhilfslinien heran (↗ Abb. 1).
Gezeichnet werden sie mit weichem Bleistift etwa 5 mm lang und schmal.

Die Maßzahlen (MZ)

Die **Maßzahlen** stehen in der Mitte und etwa 1 mm über der Maßlinie. Sie werden mit einem weichen Bleistift sehr sauber und deutlich in Normschrift geschrieben.
Wir müssen sie so eintragen, dass sie bei waagerechten Maßlinien von unten und bei senkrechten Maßlinien von rechts zu lesen sind.
Das hängt auch davon ab, wo sich das Schriftfeld der Zeichnung befindet.
Beim Hochformat (für schmale Werkstücke oder unterbrochene Darstellungen) befindet sich das Schriftfeld unten (↗ Abb. 1).
Beim Querformat (für breite Werkstücke) befindet es sich in der rechten unteren Ecke des Zeichenblattes (↗ Abb. 2).

Maßzahlergänzende Zeichen

Gewisse grafische Zeichen ergänzen die Maßzahl, um auf eine bestimmte Form des Werkstückes hinzuweisen.
Das sind z. B.

- das Zeichen t für die Dicke bzw. Tiefe,
- das Zeichen ∅ für den Durchmesser,
- das Zeichen □ für ein Quadrat oder
- das Zeichen R für den Radius.

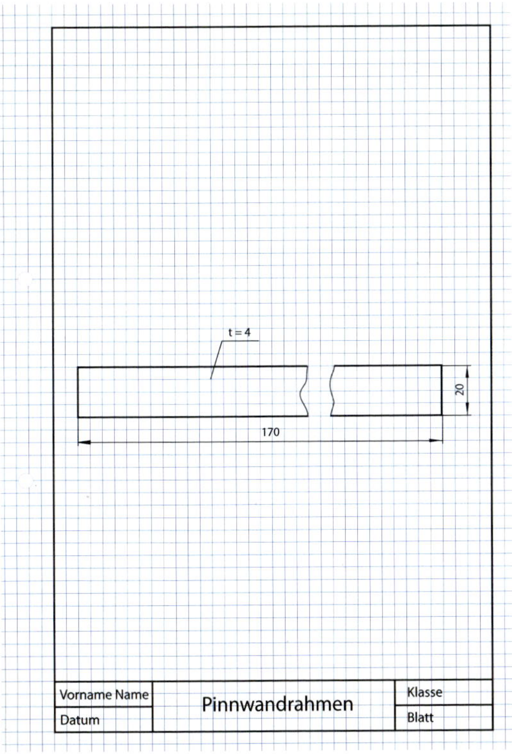

1 Schriftfeld im Hochformat

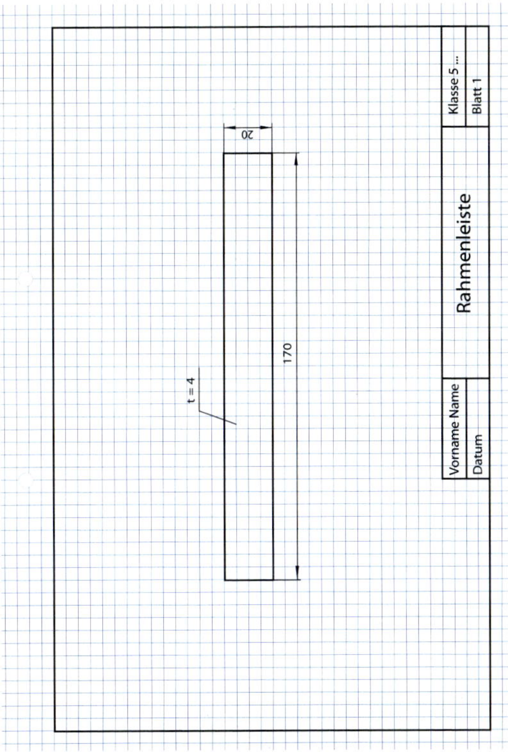

2 Schriftfeld im Querformat

Die Tiefenangabe t

Bei Werkstücken, die nur in einer Ansicht dargestellt werden, wird die **Dicke/Tiefe** von z. B. 6 mm mit dem Schriftzug t = 6 meistens innerhalb des Werkstückes eingetragen.

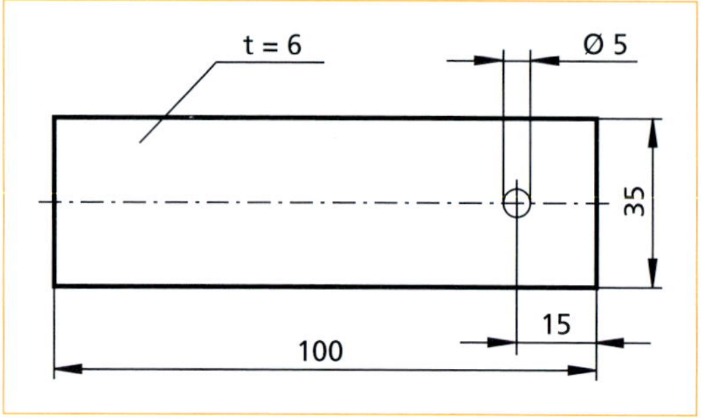

1 Beispiel für eine Tiefenangabe

Das Durchmesserzeichen ∅

Gegenstände, deren Außen- oder Innenformen kreisförmige Querschnitte haben, kommen sehr häufig vor. Damit wir diese Kreisformen eindeutig erkennen können, werden sie vor der Maßzahl mit dem **Durchmesserzeichen** ∅ versehen.

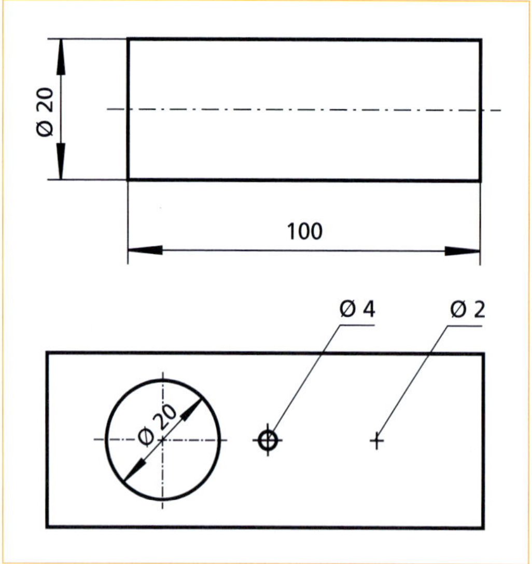

2 Beispiel für Durchmesserzeichen (oben Zylinder, unten Bohrungen)

Das Quadratzeichen □

Auch quadratische Formen kommen an vielen technischen Gegenständen vor. Sie werden mit einem **Quadratzeichen** □ vor der Maßzahl gekennzeichnet.

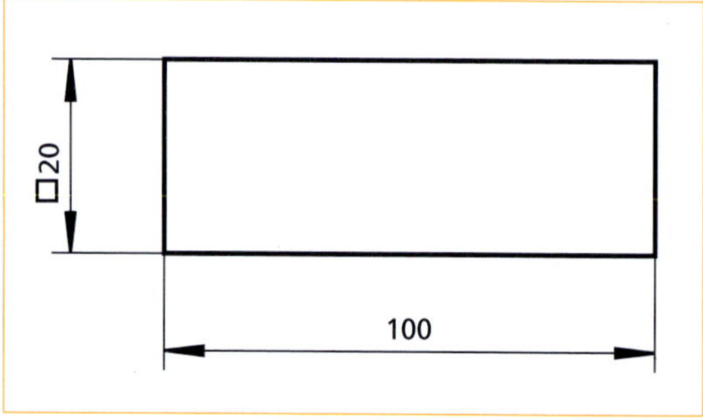

3 Beispiel für ein Quadratzeichen

Der Radius R

Rundungen kennzeichnen wir vor der Maßzahl mit dem **Radiuszeichen R.**
Die Maßlinie erhält einen Maßpfeil am Bogen von außen oder innen.

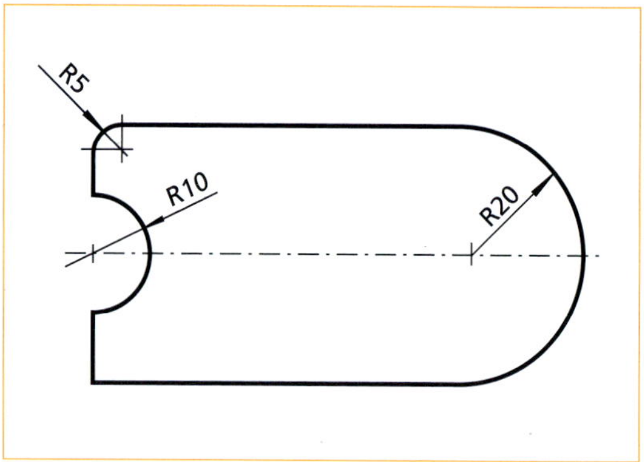

4 Beispiel für das Radiuszeichen

7. *Zeichne das Schlüsselschild aus Abb. 1, Seite 15, auf ein vorbereitetes Zeichenblatt ab!*

8. *Fülle dazu das Schriftfeld in Standardschrift aus!*

Der Maßstab M

Die meisten Gegenstände sind so groß (z. B. das Haus in Abb. 1), dass sie in ihrer natürlichen Größe nicht auf ein Zeichenblatt passen. Deshalb stellen wir sie verkleinert dar (↗ Abb. 2).

In der Zeichnung müssen dann immer die Originalmaße und der dazugehörige **Maßstab** eingetragen werden.

Bei der Maßstabsangabe nennt uns die erste Zahl das **Maß in der Zeichnung** und die zweite Zahl das **Originalmaß.** Festgelegte Maßstäbe für Verkleinerungen sind z. B. 1 : 2, 1 : 5, 1 : 10.

9. *Überlege, wo du Abbildungen in einem verkleinerten Maßstab schon gesehen hast!*

Fans der großen Eisenbahn würden auch gern mit ihr spielen. Das geht aber nur, wenn sie verkleinert ist, sonst könnte sich das kaum jemand leisten. So wurde die **Modelleisenbahn** erfunden.

Für Modelleisenbahnen gibt es festgelegte Maßstäbe für die einzelnen **Spurweiten.** Das sind von der kleinsten beginnend:

- Spur Z (nach dem letzten Buchstaben im Alphabet) – Maßstab 1 : 220,
- Spur N (neun Millimeter) – M 1 : 160,
- Spur TT (Table-Top) – M 1 : 120,
- Spur H0 (Halb-Null) – M 1 : 87,
- Spur 0 (Null) – M 1 : 45,
- Spur I (Eins) – M 1 : 32,
- Spur II (Zwei) – M 1 : 22,5 im Vergleich zur
- Normalspur der DB (Deutschen Bahn), die eine Spurweite von 1 435,00 mm hat.

1 Foto eines Hauses

2 Zeichnung eines Hauses

3 Modell der Schmalspur-Lokomotive 20 des Mansfelder Bergwerksbahn e. V.

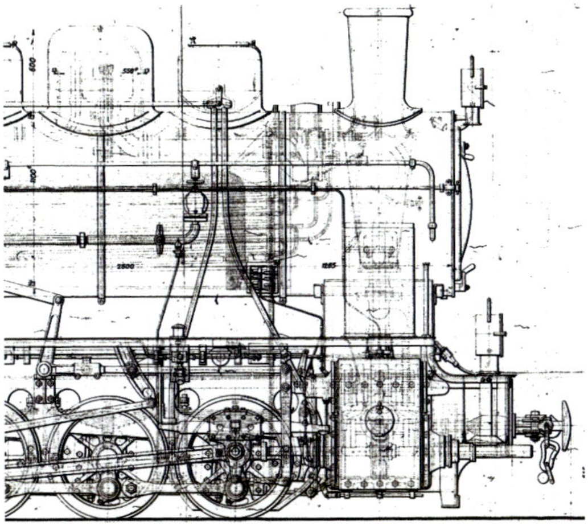

4 Ausschnitt einer Zeichnung der Schmalspur-Lokomotive 20 des Mansfelder Bergwerksbahn e. V.

Feinmechaniker oder Uhrmacher arbeiten mit sehr kleinen Teilen. Wegen ihrer Kleinheit können sie nicht in natürlicher Größe gezeichnet werden. Sie müssen vergrößert dargestellt werden. Der Einfachheit halber hat man auch hier Maßstäbe für Vergrößerungen festgelegt, z.B. 2:1, 5:1 sowie 10:1.

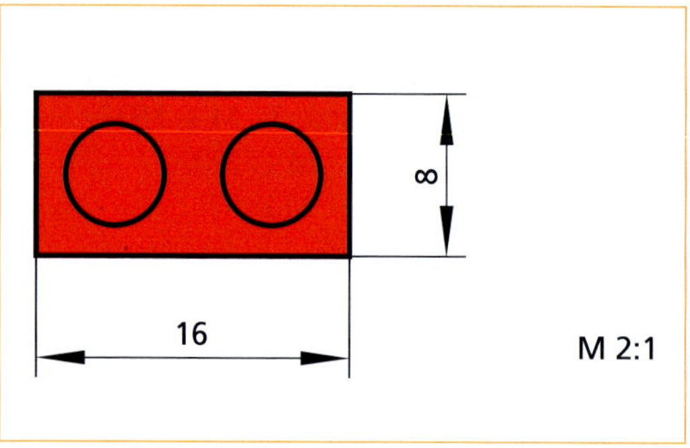

1 Baustein, zweifache Vergrößerung

Vergrößerungsmaßstab	Maßstab, durch den die Abbildung größer wird als der Gegenstand	100:1	200:1	500:1
		10:1	20:1	50:1
		–	2:1	5:1
Maßstab 1:1	Maßstab, durch den die Abbildung genauso groß wird wie der Gegenstand	1:1		
Verkleinerungsmaßstab	Maßstab, durch den die Abbildung kleiner wird als der Gegenstand	–	1:2	1:5
		1:10	1:20	1:50
		1:100	1:200	1:500
		1:1000	1:2000	1:5000

10. Übernimm die Tabelle in dein Heft und ergänze die Abbildungsgrößen:

Gegenstandsgröße	40	8	27,8	100	500	3500
Maßstab	2:1	50:1	10:1	1:20	1:5	1:100
Abbildungsgröße	80					

11. Das Originalmaß beträgt 250 mm. Wie groß muss die Strecke dann bei einem Maßstab von 1:5 auf der Zeichnung dargestellt werden?

12. Das Originalmaß beträgt 50 mm. Wie groß muss die Strecke dann bei einem Maßstab von 2:1 auf der Zeichnung dargestellt werden?

13. Übernimm die Tabelle in dein Heft und ergänze zu den Gegenstandsgrößen die Abbildungsgrößen für die Maßstäbe 1:2, 5:1 und 100:1!

Gegenstandsgröße	40	0,6	□ 8	∅ 15	90°
Abbildungsgröße M 1:2					
Abbildungsgröße M 5:1					
Abbildungsgröße M 100:1					

Bemaßung symmetrischer Teile

Bei symmetrischen Teilen brauchen wir nicht alle Körperkanten zu bemaßen, wenn wir die Darstellung des Körpers oder der Fläche von der Mittellinie (Symmetrieachse) aus vornehmen können.

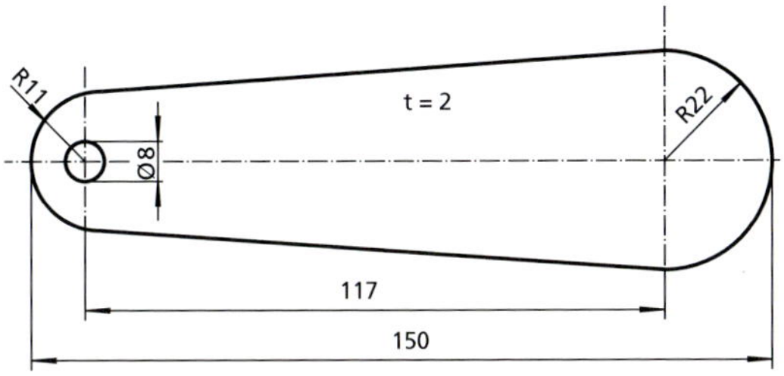

1 Schuhanzieher

14. Welche symmetrischen Gegenstände fallen dir auf, wenn du dich im Raum umschaust?

15. Suche dir ein symmetrisches Teil aus, das du anschließend auf einem vorbereiteten Zeichenblatt darstellst! Überlege vorher, welchen Maßstab du benötigst.

Die Maßeintragung – Zusammenfassung

Die **Maßeintragung** ist ebenfalls standardisiert. Folgende Regeln musst du dabei einhalten:

- **Maßlinien verlaufen parallel zu den Körperkanten.**
- **Maßlinien dürfen sich nicht schneiden (Maßhilfslinien dagegen schon).**
- **Maßlinien und Maßhilfslinien sind schmale Volllinien.**
- **Maßzahlen müssen von unten und rechts lesbar sein.**
- **Formkennzeichen stehen vor der Maßzahl und beschreiben die Formen des Gegenstandes näher, z. B. t die Dicke, ∅ den Durchmesser, □ ein Quadrat und R den Radius.**
- **Alle Maße werden in Millimetern angegeben.**
- **Bei maßstäblichen Darstellungen wird immer das Originalmaß eingetragen und**
- **Jedes Maß ist nur ein Mal in die Zeichnung einzutragen!**

Räumliche Darstellung

Schwierig ist es, Werkstücke räumlich abzubilden. Entweder geschieht es

1. mit der Darstellung in der Perspektive – was du aus dem Geometrieunterricht kennst – oder
2. in mehreren Ansichten, was dir schon beim Falten eines Würfels begegnet ist.

16. Überlege, wo eine räumliche Darstellung von Gegenständen anschaulicher und damit wichtiger ist!

Die Frontaldimetrie

Bei der Darstellung in der Perspektive gibt es viele verschiedene Möglichkeiten. Davon ist die **Frontaldimetrie** die einfachste.
Dabei wird der Gegenstand zwar schräg betrachtet, aber die Vorderseite **(Front)** des Werkstückes wird wie das Original unverzerrt dargestellt.
Und das **di metrie** (zwei Maße) bedeutet, dass nur die Tiefenlinien – die nach hinten zeigen – im Winkel von 45° und im Maßstab 1 : 2 (also nur halb so lang) gezeichnet werden (↗Abb. 2).

Bei der Frontaldimetrie ist es wichtig, dass wir parallel verlaufende Linien auch unbedingt parallel ausführen müssen.

Halten wir den Standard nicht ein, ist die Zeichnung leider nicht mehr für jedermann lesbar.

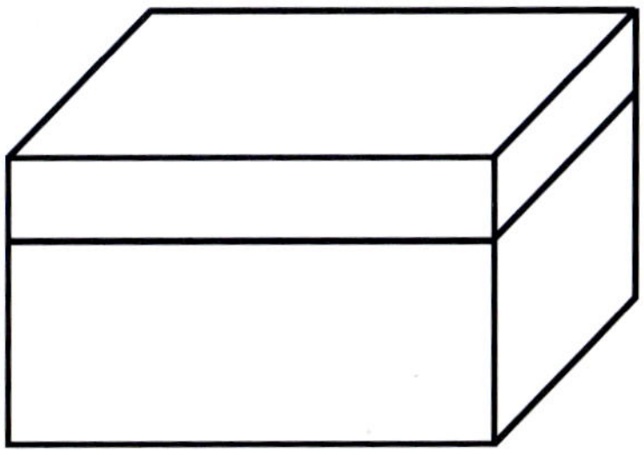

2 Frontaldimetrie eines Kartons

Das alles klingt sehr kompliziert, ist es aber gar nicht, denn du hast sicher schon einen Würfel oder einen Karton gezeichnet. Dabei hast du diese Darstellung sicher unbewusst gewählt. Oder hast du doch nur ein Rechteck gezeichnet?

17. *Zeichne ein abgepacktes Stück Butter (250 g) in Frontaldimetrie auf ein vorbereitetes Zeichenblatt!*

18. *Zeichne das einfache, stufige Werkstück aus Abb. 1, S. 29, in Frontaldimetrie auf ein vorbereitetes Zeichenblatt!*

Die Methode E

Die zweite Möglichkeit - die Darstellung in mehreren Ansichten - ist die europäische Methode, die als **Methode E** bezeichnet wird.

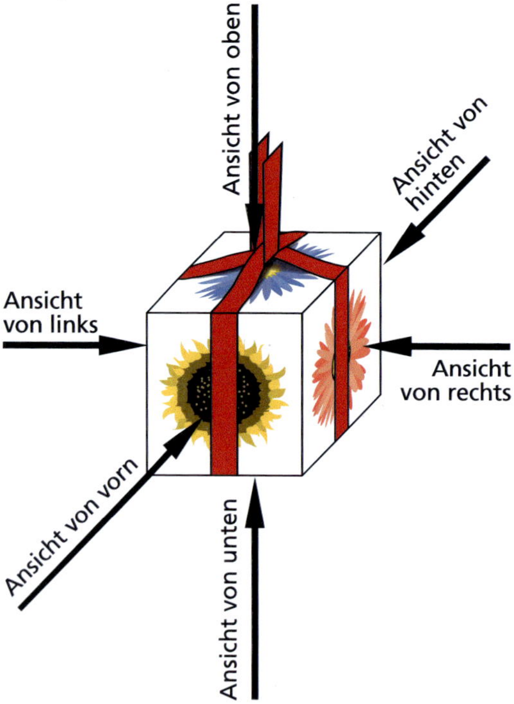

1 Hängende Schachtel mit der Bezeichnung der sechs Ansichten

Bei der Erklärung hilft dir bestimmt Luisas Wunsch weiter:

Luisa möchte das Geburtstagsgeschenk für ihre Kusine Anna in einer selbst gebastelten Schachtel verpacken. Weil ihr Bruder Tim aber besser malen kann, soll er das für sie übernehmen. Dazu zeichnet sie ihre Entwürfe auf sechs verschiedene Blätter.

Woher weiß jetzt aber Tim, welches Bild auf welche Seite der Schachtel gemalt werden soll? Sie wickelt eine Schleife um die Kiste und hält sie hoch, damit er erkennt, wo welches Bild hingehört.

Nun legt sie sich ein Zeichenblatt auf den Tisch und stellt die Schachtel darauf.

Durch das Kippen der Schachtel entstehen folgende Ansichten:

1. Ansicht von vorn (AV),
2. Ansicht von links (AL),
3. Ansicht von rechts (AR),
4. Ansicht von hinten (AH),
5. Ansicht von oben (AO) und
6. Ansicht von unten (AU).

2 Darstellung der Schachtel nach Methode E

Die Anordnung der Ansichten

Die **Anordnung der Ansichten und ihre Lage** sind ebenfalls standardisiert:

- Die Ansicht von vorn soll das Werkstück möglichst in der Lage zeigen, in welcher man den größten Teil seiner Form erkennt.
- Die Ansicht von vorn muss mit den Seitenansichten und der Ansicht von hinten auf einer gedachten waagerechten Linie sein.
- Ihre Anordnung – von links beginnend – ist: Ansicht von rechts, vorn, links und hinten.
- Senkrecht untereinander müssen – von oben beginnend – die Ansichten von unten, vorn und oben liegen.
- Bei einem einfachen, stufigen Werkstück würde die Anordnung der Ansichten wie in Abbildung 1 aussehen.

Dabei sind folgende Standards zu beachten:

- Der Abstand zwischen den Ansichten muss ***immer gleich*** sein.
- Dabei muss natürlich die beschriebene ***Anordnung der Ansichten*** grundsätzlich eingehalten werden. Denn wir wissen schon, dass die Zeichnung sonst nicht mehr für jedermann lesbar ist.

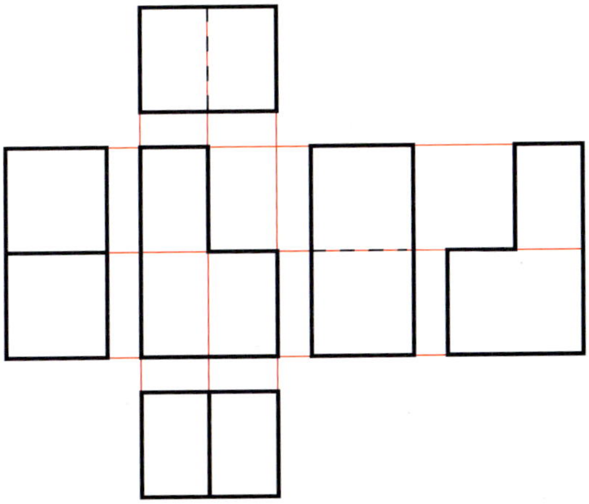

1 Methode E, Anordnung der sechs Ansichten mit Projektionslinien

Beachte bei der Anordnung der Ansichten auch die Einteilung des Zeichenfeldes!

Die Zeichenregel legt auch fest, dass grundsätzlich nur so viele Ansichten gezeichnet werden, wie notwendig sind, um ein Werkstück eindeutig in Form und Bemaßung darzustellen.
Erfahrungsgemäß reichen dazu zwei oder drei Ansichten aus: Ansicht von vorn, links und/oder oben.

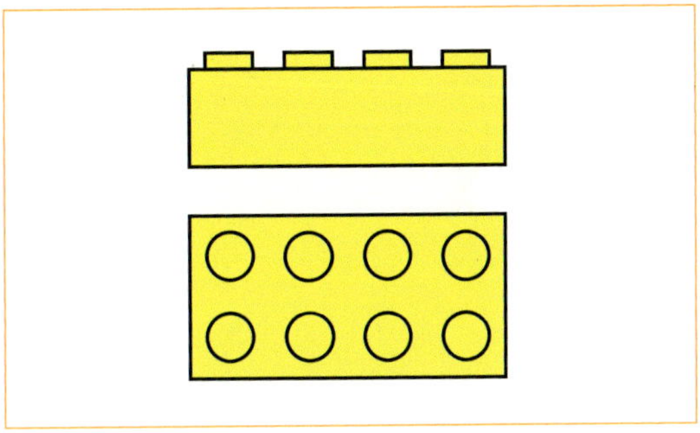

2 Methode E, notwendige Ansichten eines Bausteins

19. Wie viele Ansichten sind für die eindeutige Darstellung einer DVD notwendig?

20. Stelle einen Hammerkopf zeichnerisch in den notwendigen Ansichten auf einem vorbereiteten Zeichenblatt dar!

Darstellung und Bemaßung zylindrischer Werkstücke

Schaust du dir z. B. eine Dose von vorn an, siehst du ein Rechteck. Schaust du von oben darauf, siehst du einen Kreis.
Dabei erkennen wir, dass der Durchmesser der Dose genau die gleiche Abmessung hat wie die Breite des Rechteckes. Somit kämen wir bei der Darstellung des Zylinders mit nur einer Ansicht aus, wenn wir darin alle für die Herstellung notwendigen Maße eintragen können.

Damit man aus der Bemaßung erkennt, dass es sich um einen zylindrischen Körper handelt, wurde als Symbol für einen Kreis das Durchmesserzeichen ∅ gewählt. Es besteht aus einem Kreis und einem schrägen Strich, der den Kreis mittig teilt.

1 Fotos von einer Dose in zwei Ansichten

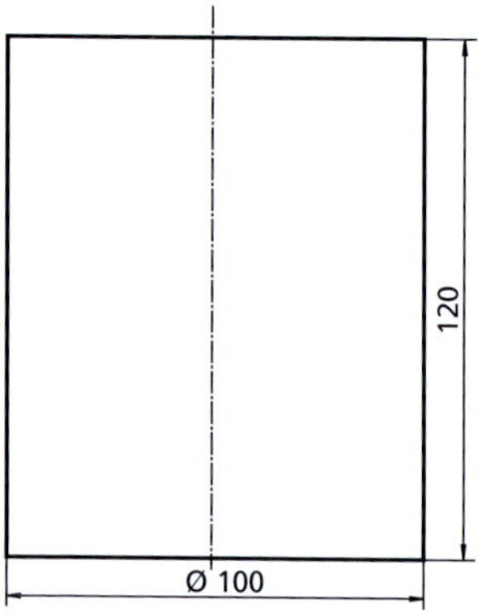

2 Zeichnung von der bemaßten Dose in einer Ansicht

Darstellung und Bemaßung von Werkstücken mit quadratischem Querschnitt

Um auch hierbei mit einer Ansicht auszukommen, hat man das **Quadratzeichen** □ eingeführt. Es ist ein kleines Quadrat und besagt, dass die zu ihm gehörende Maßzahl die Seitenlänge einer quadratischen Fläche angibt.

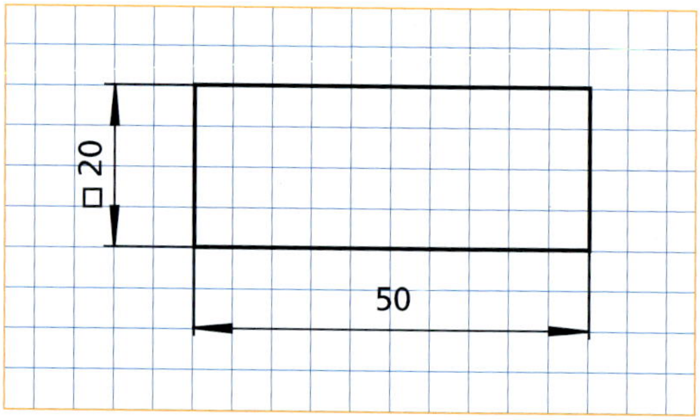

3 Bemaßter liegender Quader in einer Ansicht

Darstellung von Werkstücken mit verdeckter Körperkante

Manchmal ist es notwendig, Körperkanten, die hinter einem Werkstück oder innerhalb eines Werkstückes liegen, in die Zeichnung aufzunehmen. Das ist wichtig, damit die Darstellung eindeutig ist. In dem Falle werden die nicht sichtbaren Körperkanten, die man **verdeckte Körperkanten** nennt, durch eine Strichlinie dargestellt.

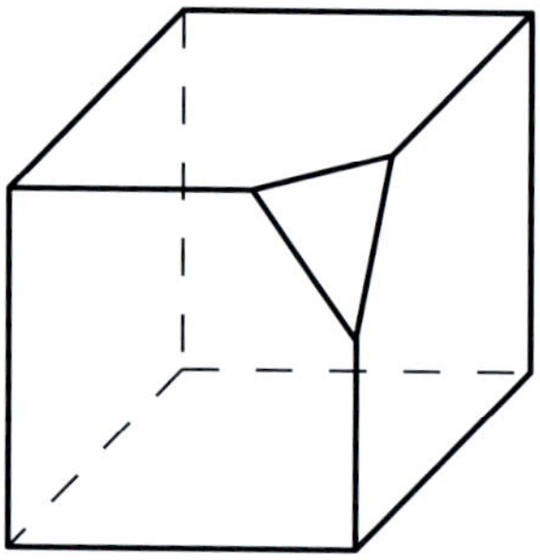

4 Körper mit verdeckten Körperkanten

Sinnbilder

Wenn wir komplizierte Bauteile zeichnerisch darstellen wollen, nimmt das sehr viel Zeit in Anspruch und hat oft zur Folge, dass die Zeichnung dann unübersichtlich wird. Für viele Elemente gibt es deshalb genormte **Sinnbilder,** die in Standards zusammengefasst sind, z. B. Sinnbilder für Getriebeteile oder Schaltzeichen der Elektronik.

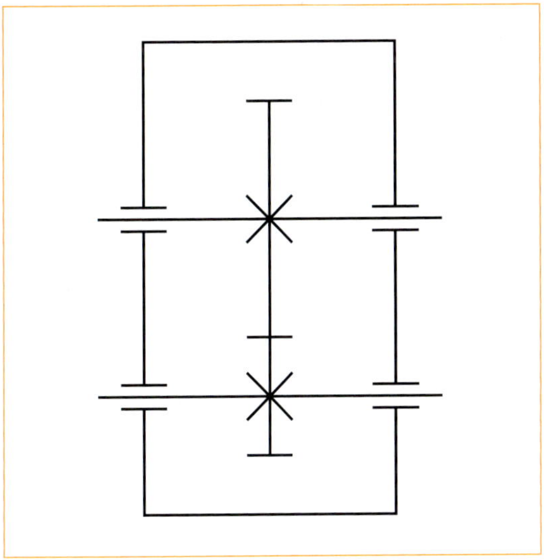

1 Zahnradgetriebe

Die Sinnbilder sind eindeutig, einfach und übersichtlich.

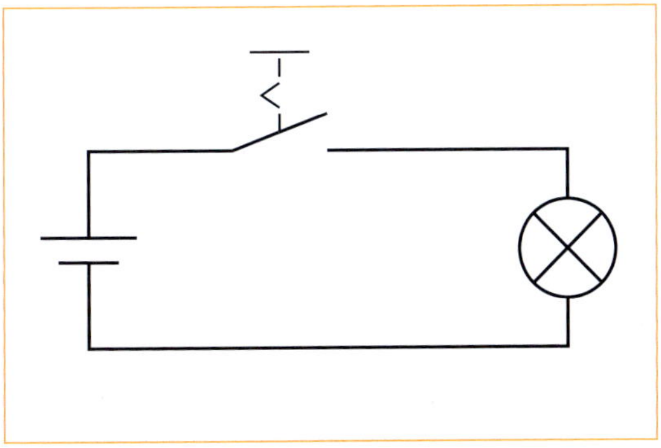

2 Einfache elektrische Schaltung

Die Stückliste

Bisher kennen wir nur die technische Zeichnung, auf der ein Werkstück abgebildet ist, weshalb diese auch **Einzelteilzeichnung** genannt wird.
In ihr finden wir die erforderlichen Ansichten und Angaben, z. B. zur Herstellung des Produktes.

Sollte das Erzeugnis aber aus mehreren Teilen bestehen, benötigen wir eine sogenannte **Zusammenbauzeichnung.**

Die Zusammenbauzeichnung informiert über die Anordnung und Verbindung der Bestandteile entsprechend ihrer Funktion.

Die Kennzeichnung der Teile erfolgt durch Positionsnummern, die in der separaten **Stückliste** aufgeführt sind.
Zu jedem nummerierten Teil ist darin aufgelistet,

- wie oft wir es brauchen,
- wie es genannt wird,
- aus welchem Werkstoff es besteht und
- welche Abmessungen das Teil hat.

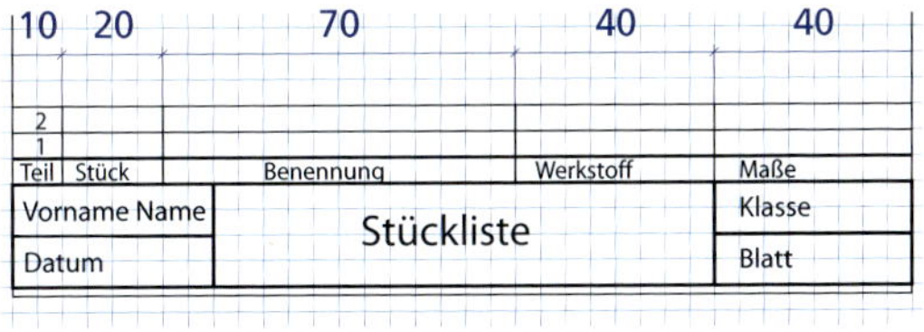

3 Bemaßte Stückliste

> **Die Stückliste wird immer von unten nach oben geführt, damit man sie noch ergänzen kann, wenn man ein Teil vergessen haben sollte.**

Auf der folgenden Seite ist eine technische Zeichnung für einen Pinnwandrahmen mit Stückliste abgebildet.

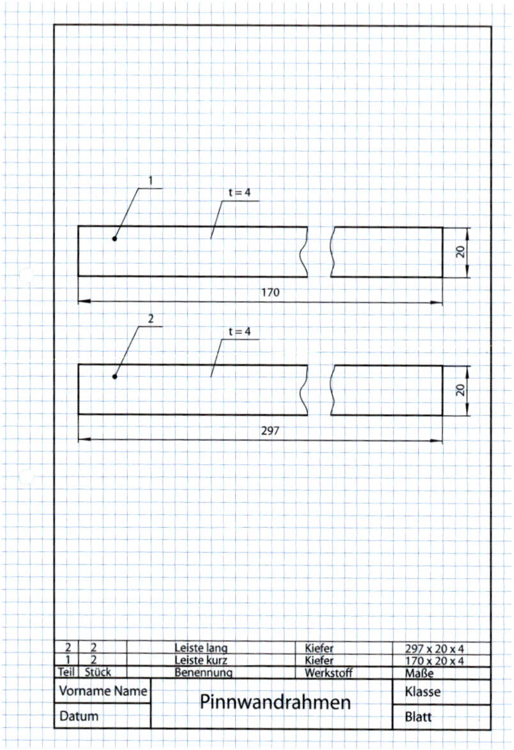

1 Pinnwandrahmen mit Stückliste

Der Arbeitsablaufplan

Aus der Zeichnung wissen wir, welche Maße das einzelne Werkstück oder die einzelnen Teile des Werkstückes haben.

Aus der Stückliste können wir entnehmen, aus wie vielen Einzelteilen das Werkstück besteht und welches Material wir nehmen müssen.

Nun gilt es nur noch, den **Arbeitsablaufplan** zu entwerfen. Dieser ist die Voraussetzung für die Herstellung von Produkten. Vorbedingung ist eine **technische Zeichnung** (bei mehrteiligen Gegenständen **mit Stückliste** – ↗ Abb. 1). Mit dem Arbeitsablaufplan legen wir die Reihenfolge der Arbeitsschritte bei der Fertigung sowie die zu verwendenden Arbeits- und Hilfsmittel fest.

Arbeitsablaufplan für die Herstellung einer Pinnwand:

Nr.	Arbeitsschritte	Arbeitsmittel	Bemerkungen
1	Prüfen und Anreißen der Länge der Rahmenleisten	Stahlmaßstab, Anschlagwinkel, Bleistift	
2	Sägen der Rahmenleisten auf Länge	Schraubstock, Sägevorrichtung, Feinsäge	Sägen am Riss
3	Schleifen der Rahmenleisten	Schleifpapier	
4	Prüfen der Rahmenleisten	Anschlagwinkel, Stahlmaßstab	Prüfen auf Winkligkeit
5	Schneiden der Korkwand	Cutter	Ausführung nur durch Lehrer!
6	Leimen der Korkplatte auf DIN-A4-Karton	Leim	Ränder der Fläche besonders gut leimen!
7	Leimen der Leisten auf die Korkwand	Leim	
8	Anreißen der Mitte am oberen Rand der Rückwand für die Öse	Stahlmaßstab, Anschlagwinkel, Bleistift	
9	Anbringen der Öse	Nagel, Hammer	

Fertigungsprozess

Arbeitsschutz

Die Bilder zeigen positives und leider auch negatives Verhalten in der Werkstatt.

1. *Diskutiert über die Fotos einer 5. Klasse im Technikunterricht!*

2. *Entwickelt daraus eine Raumordnung für euren Unterrichtsraum!*

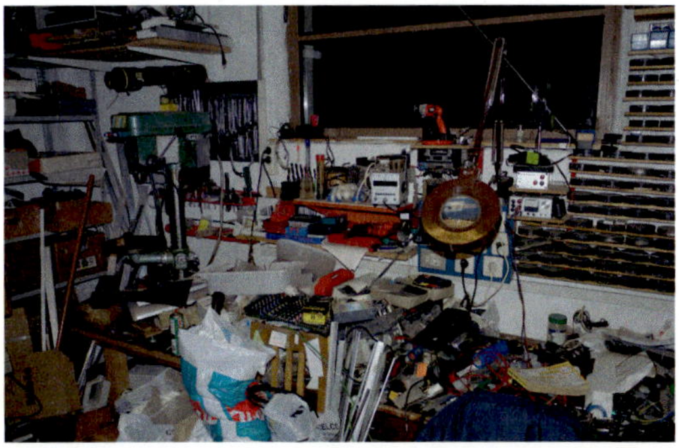

Pinnwandrahmen

Die Vorbereitung der Herstellung deines Pinnwandrahmens (↗ auch S. 32) ist nun fast abgeschlossen. Auf dem folgenden Bild kannst du schon einen Prototypen sehen.

1 Pinnwandrahmen

Überprüfe, ob du alle wichtigen Unterlagen – wie Zeichnung, Stückliste, Arbeitsplan – bereitgelegt hast!
Aber auch die nötigen Werkzeuge und Arbeitsmittel musst du zusammentragen, damit du mit der Herstellung deines Werkstückes zügig beginnen kannst.
Überprüfe vor Beginn deiner Arbeit die Werkzeuge auf eventuelle Schäden. Denke daran:

Arbeite nie mit defekten Werkzeugen oder defekten Maschinen!

Prüfverfahren

Mithilfe verschiedener Prüfverfahren kannst du die Maße der zur Verfügung stehenden Holzleisten kontrollieren und schauen, ob sie zur Herstellung des Rahmens geeignet sind.

Das Prüfen von Materialien und Werkstücken beginnen wir praktischerweise mit unseren eigenen Sinnen:

- Mit den Augen nehmen wir Farbe, Form, Risse, Kratzer und vieles andere wahr.
- Mit den Fingern tasten wir die Güte einer Oberfläche.

Prüfen heißt feststellen, ob ein Gegenstand die vorgeschriebenen Bedingungen erfüllt. Bei vielen Prüfverfahren werden Prüfzeuge verwendet.
Diese Verfahren wirst du während deiner verschiedenen Arbeitsschritte nutzen, um zu kontrollieren, ob die Endform deines Werkstückes mit deiner technischen Zeichnung übereinstimmt.

Prüfen durch Messen

Beim **Prüfen durch Messen** wird das Material oder das Werkstück kontrolliert, ob es den Maßen in deiner technischen Zeichnung entspricht. Dazu verwendet man in der Holzbearbeitung einen **Gliedermaßstab** (↗ Abb. 2). Dieser ist meistens 2 m lang. Dadurch ist er auch für größere Werkstücke geeignet. Er hat eine Genauigkeit von 1 mm. Durch Gelenke kannst du den Gliedermaßstab gut zusammenlegen. Leider können die Gelenke sich lockern, dadurch kann es zu Messungenauigkeiten kommen. Solche Ungenauigkeiten werden **Messfehler** genannt.

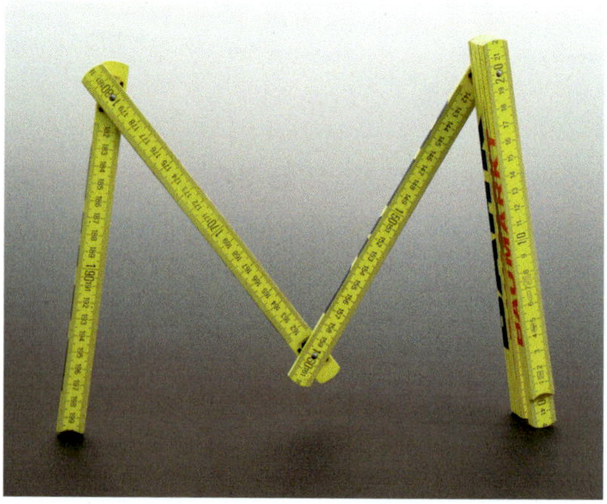

2 Gliedermaßstab

Für kleinere Werkstücke verwenden wir einen **Stahlmaßstab** (Stahllineal). Der Stahlmaßstab hat eine Länge von 300 mm. Er wird für viele Werkstoffe verwendet. Hier gibt es auch schon Lineale mit einer Messgenauigkeit von $\frac{1}{2}$ mm:

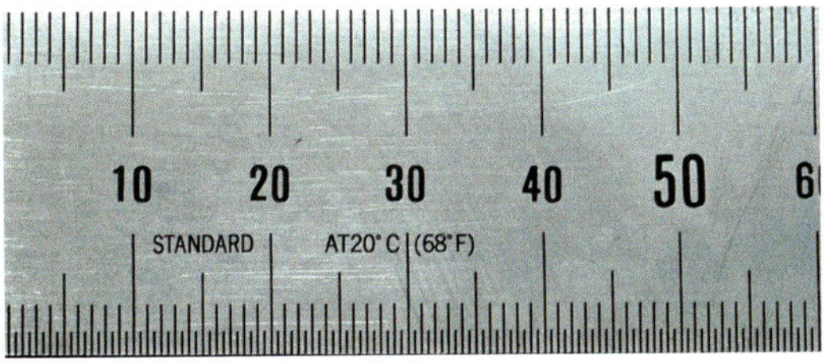

1 Stahlmaßstab

Beachte beim Messen folgende Regeln:
- **Der Nullstrich des Stahlmaßstabes muss mit der Kante des Werkstückes abschließen.**
- **Der Stahlmaßstab ist im rechten Winkel zur Kante des Werkstückes anzulegen, von der aus geprüft wird.**
- **Es ist immer senkrecht auf das abzulesende Maß zu sehen.**

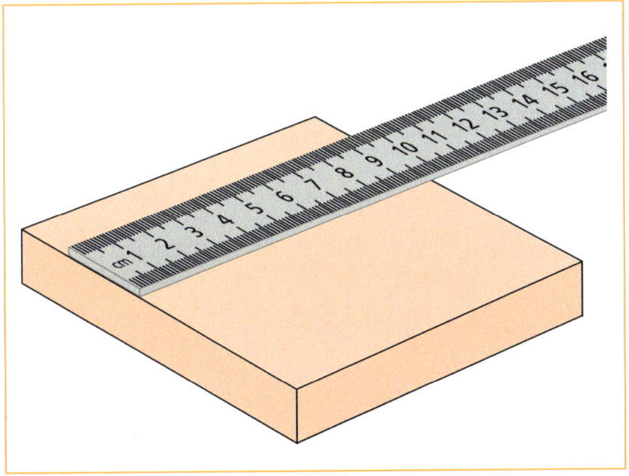

2 Anlegen des Stahlmaßstabes

Ein verstellbares Messgerät ist der **Messschieber.** Mit ihm können Werkstücke mit hoher Genauigkeit überprüft werden. Der Nonius gibt 0,1 mm an.

Die Millimeter werden auf der Hauptskala abgemessen (links vom Nullpunkt der Noniusskala). Die Zehntelmillimeter werden auf der Noniusskala abgelesen: Der Teilstrich auf dem Nonius, der mit einem Teilstrich der Hauptskala übereinandersteht, ergibt den Messwert. Hier kannst du dir den Nonius ganz genau ansehen:

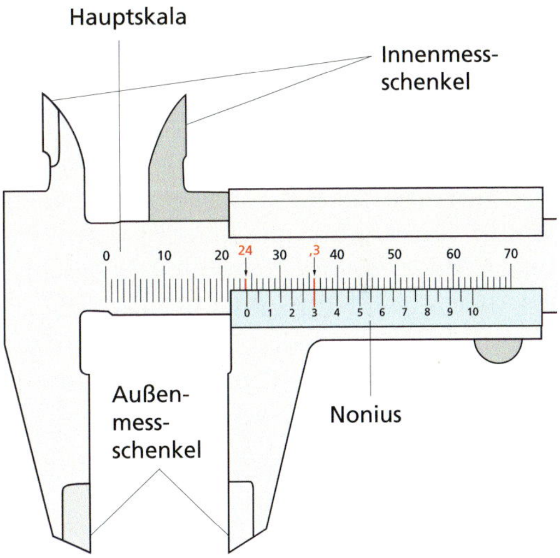

Messwert = 24 + 0,3 = 24,3

3 Ablesen am Messschieber

3. Lies den Messwert exakt ab!

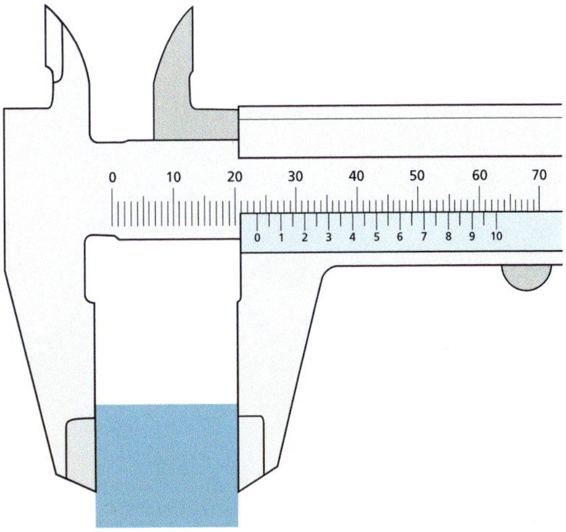

Prüfen durch Lehren

Lehren sind Vergleichsmuster für Maßhaltigkeit und geometrische Formen. Als Ergebnis erhalten wir eine qualitative Aussage über das Prüfobjekt - Gut oder Ausschuss (unbrauchbar)!
Beim **Vergleichen** wird die Form und Beschaffenheit eines Werkstückes mit Mustern kontrolliert.

4. Überprüfe, ob die Länge der Leiste für deinen Pinnwandrahmen ausreicht!

Der **Anschlagwinkel** ist eine Lehre mit einem Winkel von 90°. Mit diesem wird der rechte Winkel am Werkstück überprüft. Der Anschlag des Winkels wird fest an die **Bezugskante** gelegt. Diesen Anschlagwinkel benötigst du dann auch zum Anreißen, damit dein Werkstück rechtwinklig wird und die Einzelteile gut zusammenpassen.

5. Lege die Bezugskante für deine Leiste fest und markiere sie!

Die Bezugskante ist eine gerade Kante, von der aus die notwendigen Maße auf das Holz übertragen werden.

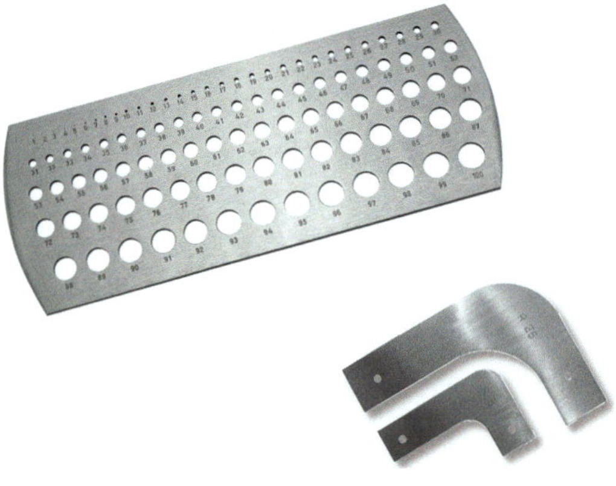

1 Lochlehre und Radiuslehre

2 Prüfen mit dem Anschlagwinkel

6. Überprüfe dein dir zur Verfügung stehendes Material zur Herstellung deines Werkstückes auf Rechtwinkligkeit!

Das Anreißen

Nach der Prüfung des Materials müssen die Maße aus deiner technischen Zeichnung auf das Holz übertragen werden. Das musst du mit großer Sorgfalt und Genauigkeit ausführen, damit du eine hohe Qualität für dein Werkstücks erreichst.
Zum Anreißen auf dem Werkstoff Holz benötigst du einen Bleistift, Stahlmaßstab und Anschlagwinkel.
Angerissen wird an der Nullkante des Stahlmaßstabes (↗ Abb. 2, S. 37). Das abzutragende Maß liegt an der Werkstückkante.

Beim Anreißen werden die Maße und die Form des Werkstückes aus der technischen Zeichnung auf den Werkstoff übertragen. Dazu benötigt man mindestens eine Bezugskante.

Grundregeln beim Anreißen:
- Lege den Anschlagwinkel zum Anreißen an die Bezugskante an, so erreichst du, dass Anriss und Bezugskante rechtwinklig zueinanderliegen.
- Ziehe die Risslinie ohne anzuhalten durch, so erhältst du einen sauberen und geraden Anriss.

- Halte den Bleistift so, dass seine Spitze am Anschlagwinkel anliegt.
- Übe beim Anreißen von Holz nur so viel Druck aus, dass im Werkstück keine Rillen entstehen. So bleiben bei Korrekturen des Anrisses keine Spuren zurück.
- Überprüfe deinen Anriss auf Maßhaltigkeit und Winkligkeit.
- Lege beim Anreißen mit Schablonen diese materialsparend auf den Werkstoff auf.

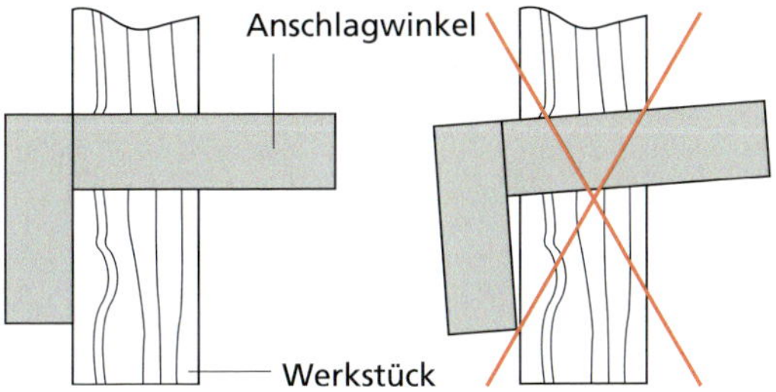

1 Tipps zum Anreißen

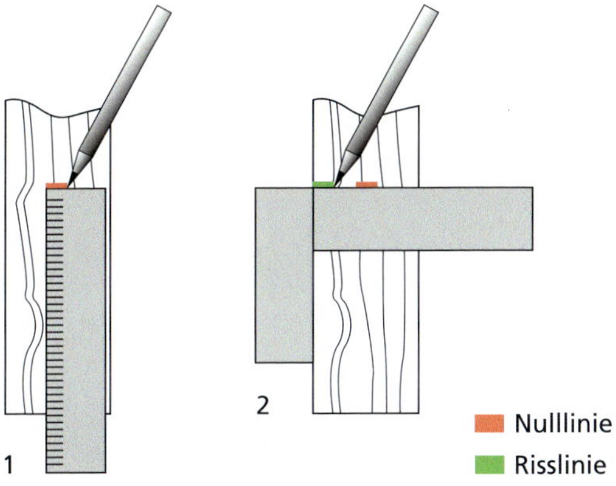

2 Vorgang Längenmaße anreißen

Durch **Körnen** wird der Mittelpunkt für Bohrungen an der Werkstückoberfläche festgelegt. Der Mittelpunkt der Bohrung wird zur Erleichterung des Bohrens kräftig angekörnt. Hierbei dringt die Spitze des Körners durch die einwirkende Kraft senkrecht in die Werkstückoberfläche ein. Die Spitze des Körners muss härter sein als der zu körnende Werkstoff.

Beim Körnen ist Folgendes zu beachten:
- **Körner schräg ansetzen und in Richtung Risslinien blicken, um den Mittelpunkt zu sehen.**
- **Körner senkrecht stellen und mit einem Hammerschlag körnen.**

3 Vorgang des Körnens

Arbeitsschutz beim Anreißen:
1. Spiele nicht mit Anreißwerkzeugen!
2. Verwende sie nur zum Anreißen!
3. Lege diese nach Benutzung sorgfältig ab, damit sie nicht vom Tisch rollen!
4. Stecke keine Anreißwerkzeuge in die Taschen deiner Bekleidung, du kannst dich daran verletzen!
5. Prüfe vor Beginn des Körnens, ob der Hammerstiel gut verkeilt ist!

Bevor es nun an die Bearbeitung deines Materials geht, musst du deine Holzleiste einspannen. Dies ist erforderlich, um dein Werkstück in einer bestimmten Lage festzuhalten und dir die Bearbeitung zu erleichtern. Hier gibt es verschiedene Arbeitsmittel.

Der **Schraubstock** befindet sich fast in jeder Werkstatt. Bestimmt hast du ihn bei deinem Opa schon gesehen. Damit du die Oberfläche des Holzes nicht beschädigst, musst du Spannbacken verwenden.

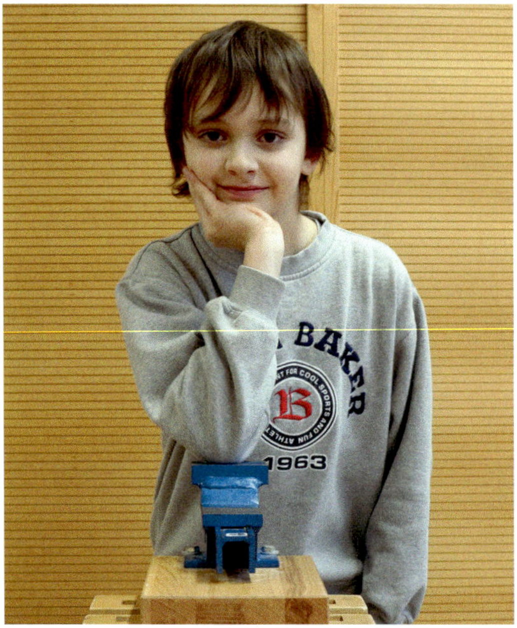

1 Richtige Höhe des Schraubstocks

Achte beim Spannen besonders auf Folgendes:
1. Überprüfe die richtige Schraubstockhöhe!
2. Der Schraubstock ist fest mit der Werkbank verbunden.
3. Spanne den Schraubstock nur mit den Händen!
4. Verwende für weiche Materialien Schutzbacken!
5. Spanne das Werkstück möglichst kurz ein, so federt es nicht bei der Bearbeitung!
6. Schließe nach Abschluss deiner Arbeit den Schraubstock so, dass ein kleiner Spalt bleibt!

Trennverfahren

Sicherlich hast du schon verschiedene Materialien getrennt. Sogar wenn du ein Zeichenblatt schneidest, wendest du ein **Trennverfahren** an. Du teilst das Papier mit der Schere. Es entstehen dabei keine Abfälle, im Gegensatz zum Sägen, wo Späne anfallen. Das **Scheren** ist ein **spanloses Trennverfahren.**

7. *Übernimm die Tabelle in deinen Hefter!*

Trennverfahren	Material	spanlos/ spanend	Werkzeug
Schneiden	Papier	spanlos	Schere
...	...	...	...

8. *Trage weitere Trennverfahren ein!*

„Max und Moritz, gar nicht träge, sägen heimlich mit der Säge, ritzeratze! voller Tücke, in die Brücke eine Lücke!“
Schon Wilhelm Busch wusste, was man mit dem gezahnten Werkzeug so alles anfangen kann.

Sägen von Holzwerkstoffen

Um deine Leisten für den Pinnwandrahmen auf die richtige Länge zu bringen, musst du sie **sägen.** Achte beim Sägen darauf, dass du dein Werkstück flach einspannst und im Abfall sägst.

9. *Bei welchem Werkstück wurde die Säge richtig angesetzt?*

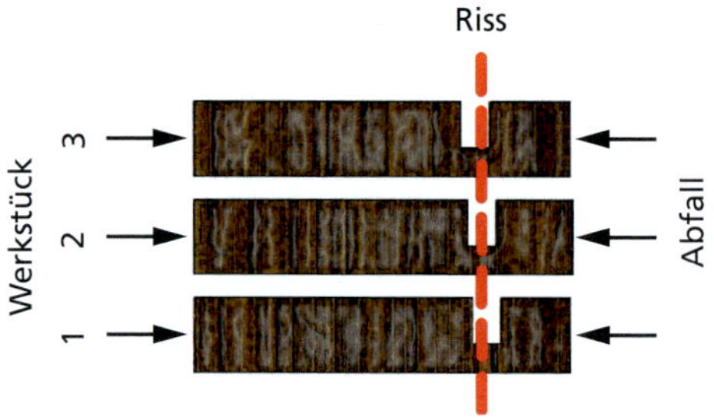

Wir sägen am Riss auf der Abfallseite, damit unser Werkstück maßhaltig wird.

10. *Übe das Sägen an Holzresten!*

Durch die vielen keilförmigen Zähne der Säge werden beim Eindringen des Sägeblattes in den Werkstoff Stoffteilchen abgetrennt.

Damit die Säge nicht im Sägeschnitt klemmt, sind die Zähne abwechselnd nach rechts und nach links gebogen. Das nennt man geschränkt. Bei Metallsägen werden die Sägeblätter gewellt (↗ Abb. 2).

Für die unterschiedlichen Arbeiten und Materialien gibt es verschiedene Sägen:
Die **Feinsäge** wird für Holzleisten mit schmaler Schnittfuge und begrenzter Schnitttiefe benutzt. Sie ist auch für Kunststoffe geeignet (↗ Abb. 3).
Der **Fuchsschwanz** wird für gröbere Holzarbeiten und längere und tiefere Schnitte verwendet (↗ Abb. 4).
Die **Laubsäge** ist für extra feine kurvenreiche Schnitte im Sperrholz oder in dünnem Lindenholz vorgesehen (↗ Abb. 5).
Eine **Gehrungssäge** benötigt man zum Sägen von Winkeln zwischen 45° und 90°. Das Sägeblatt verfügt über sehr kleine Zähne. Dadurch können mit ihr sehr präzise, splitterfreie Schnitte hergestellt werden. Gehrungsschnitte werden beispielsweise bei der Herstellung von Bilderrahmen oder bei Fußbodenleisten ange-

1 Die **Kettensäge** wird zum Schneiden dicker Äste oder Fällen von Bäumen eingesetzt.

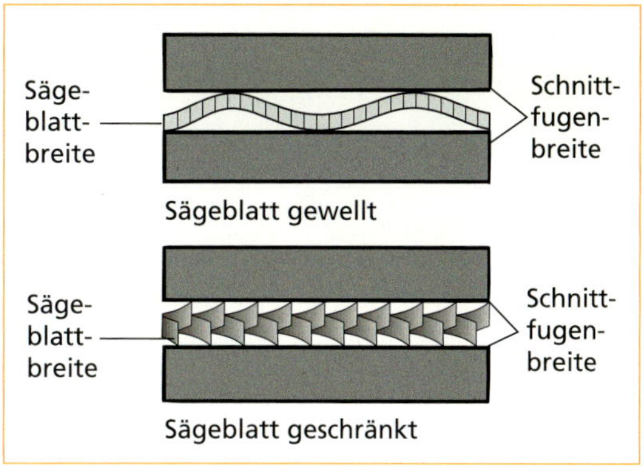

2 Sägeblatt gewellt und geschränkt

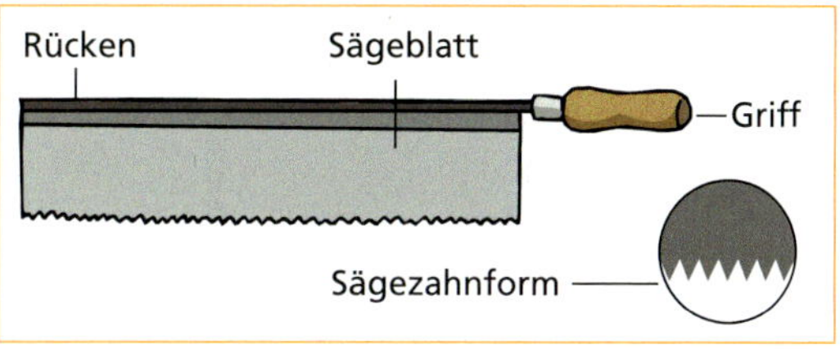

3 Feinsäge

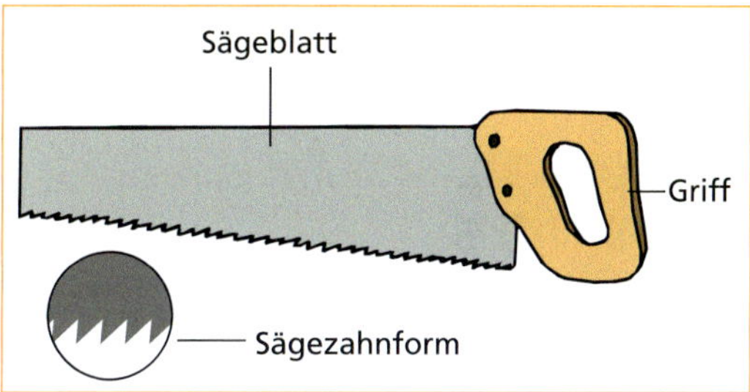

4 Fuchsschwanz

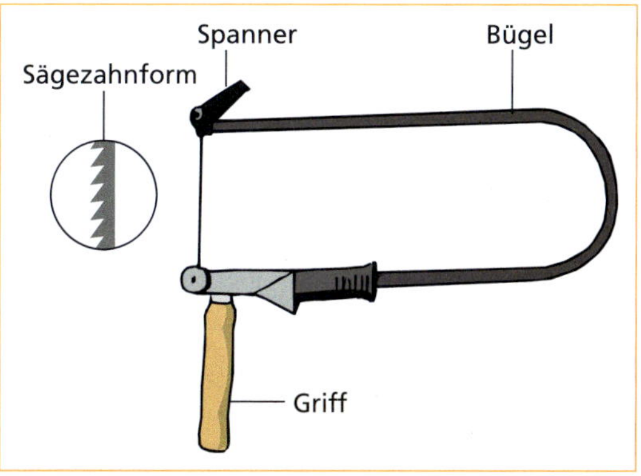

5 Laubsäge

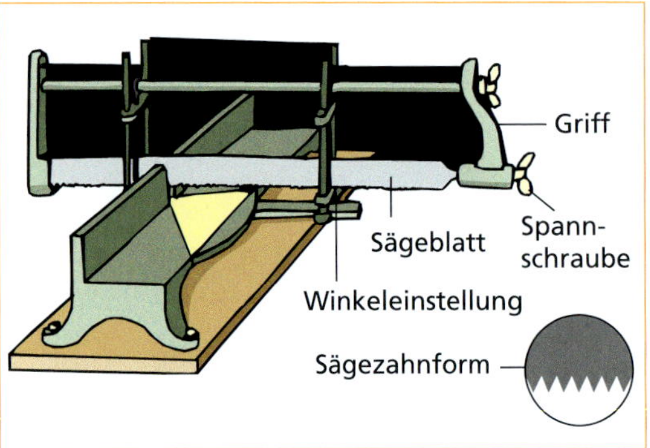

1 Gehrungssäge

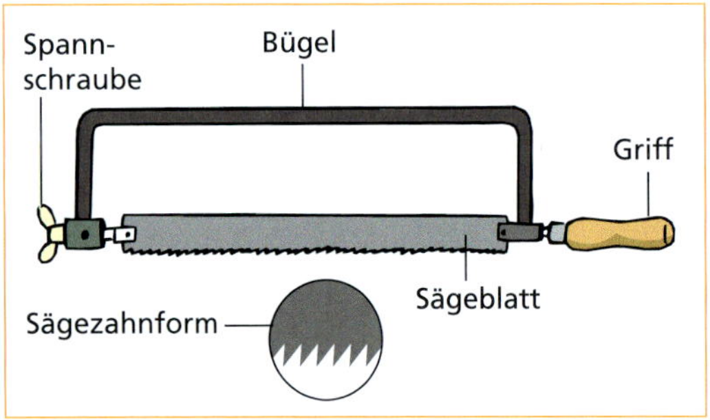

2 Handbügelsäge

4 Richtige Haltung beim Sägen

wandt. Die Leisten werden so genau auf Stoß geschnitten (↗ Abb. 1).

Die **Handbügelsäge** oder **Metallsäge** wird für alle Metalle und für feinere Schnitte in Kunststoffe eingesetzt (↗ Abb. 2).

Grundregeln für das Sägen:

- Halte die Säge nach vorn geneigt!

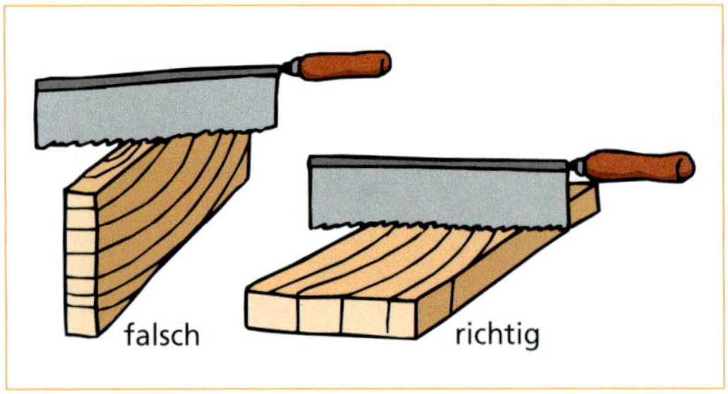

3 Richtiges Sägen

- Spanne dein Werkstück immer flach und nie hochkant ein!
- Ziehe die Säge dreimal zum Körper hin oder benutze (bei Metall) eine Dreikantfeile, um eine kleine Kerbe herzustellen (so erreichst du eine gute Führung der Säge)!
- Säge am Riss auf der Abfallseite, damit dein Werkstück maßgerecht wird!
- Nutze die gesamte Länge des Sägeblattes beim Sägen!
- Säge langsam und mit weniger Druck.

Arbeitsschutz beim Sägen:

1. Prüfe immer, ob der Griff an der Säge auch fest sitzt!
2. Prüfe, ob das Sägeblatt fest eingespannt ist!
3. Prüfe auch, ob das Werkstück fest eingespannt ist!
4. Entferne Späne nur mit dem Besen!

Das Feilen

Auf dem Feilenblatt sind viele keilförmige Zähne angebracht. Durch diese wird der Werkstoff von der Oberfläche abgetragen.

Feilen können nach ihrer Form und nach ihrer Hiebweite bzw. ihrer **Hiebart** eingeteilt werden (↗ Abb. 1).

Grundregeln für das Feilen:

- Spanne das Werkstück immer so tief wie möglich ein!
- Achte darauf, dass es fest eingespannt ist, und benutze Schutzbacken (bei weichen Werkstücken wie Holz), um Abdrücke zu vermeiden!
- Beim Arbeitshub wird Druck ausgeübt und beim Rückhub verringert!
- Nutze möglichst viele Zähne der Feile aus, also die gesamte Länge der Feile!
- Feile eine Fläche immer kreuzweise und zum Abschluss nur längs zum Werkstück! Bei Holz immer in Richtung der Holzfasern feilen!
- Beim Bearbeiten von Metallen entsteht oft ein scharfer Grat, der mit der Feile entfernt wird! Die Feile wird dabei im 45°-Winkel über die Kante geführt!

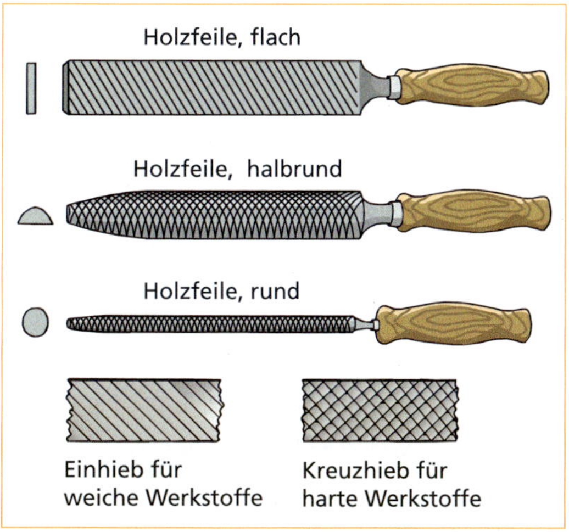

1 Feilenarten und Feilenhieb

2 Richtige Haltung beim Feilen

Arbeitsschutz beim Feilen:

1. Prüfe vor der Arbeit, ob das Feilenheft nicht gespalten ist und fest sitzt!
2. Entgrate die Kanten der gefeilten Flächen! Feilspäne werden nur mit dem Besen entfernt!
3. Reinige die Feile mit der Feilenbürste nur in der Hiebrichtung!

Das Bohren

Beim Bohren dringt ein Werkzeug mit keilförmiger Schneide durch kreisförmige Schnittbewegung in ein Werkstück ein. Dabei wird Werkstoff abgetrennt. Es entsteht ein Bohrloch.

Der Werkstoff bestimmt die Form und das Material des Bohrers. Das Material des Bohrers muss immer härter sein als das des Werkstoffes.

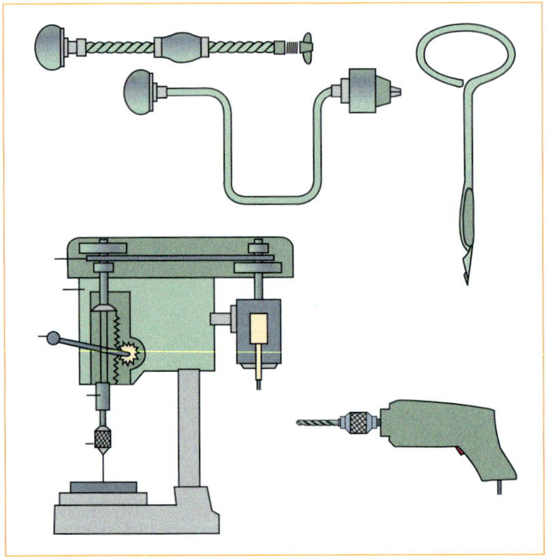

1 Bohrverfahren (Handbohren oben, Maschinenbohren unten)

Wir unterscheiden **Handbohren** und **Maschinenbohren.** Bohrmaschinen verfügen über einen eigenen Antrieb (↗ S. 67, 68).

Durchgangsbohrungen werden für Schraubverbindungen genutzt, um zwei Werkstücke zu fügen. **Grundbohrungen** werden besonders für nicht sichtbare Dübelverbindungen eingesetzt (↗ Abb. 1, S. 46).

Für Holzwerkstoffe benutzen wir den **Holzbohrer** oder für größere Löcher den **Forstnerbohrer** (↗ Abb. 2). Der **Spiralbohrer** ist ein Universalbohrer, der vorwiegend für Metalle eingesetzt wird (↗ Abb. 3).
Wenn du einen Spiralbohrer für Grundbohrungen verwendest, erkennst du im Bohrloch den Bohrkegel.

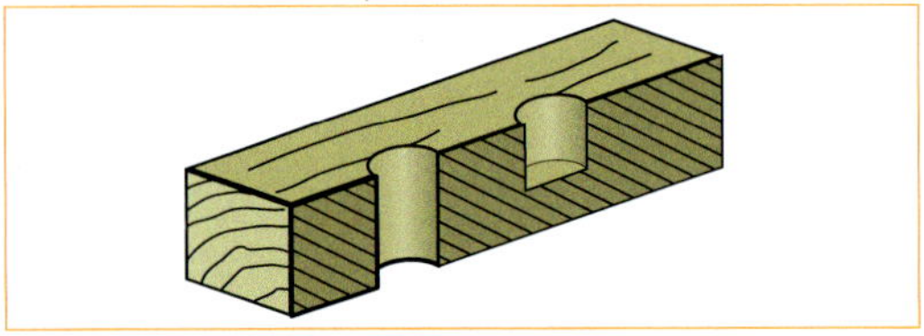

2 Durchgangsbohrung und Grundbohrung

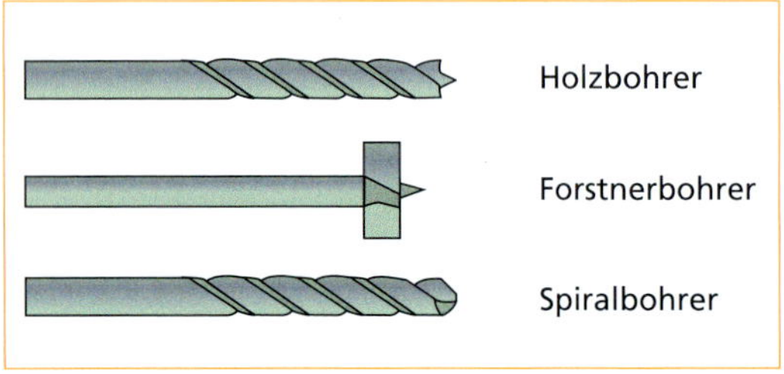

3 Bohrerarten

Grundregeln für das Bohren:
- Kennzeichne die Bohrungsmitte auf dem Werkstück!
- Stich die Bohrlochmitte vor oder körne sie an, damit die Bohrspitze nicht „verläuft"!
- Spanne das Werkstück fest ein!
- Verwende bei Durchgangsbohrungen immer eine Unterlage, damit der Rand sauber geschnitten wird! So bohrst du nicht in den Maschinenschraubstock oder Arbeitstisch!
- Große Bohrungen werden mit kleinerem Durchmesser vorgebohrt.
- Weiche Materialien und kleine Durchmesser benötigen hohe Drehzahlen!
- Hartes Material und große Durchmesser benötigen geringere Drehzahlen!
- Verwende beim Bohren von Grundbohrungen das Tiefenmaß an der Bohrmaschine!

4 Arbeitshaltung an der Bohrmaschine

Arbeitsschutz beim Bohren:
1. Trage unbedingt eine Kopfbedeckung!
2. Spanne das Werkstück immer fest ein!
3. Schalte erst die Bohrmaschine ein, wenn der Bohrer das Werkstück berührt!

Das Schleifen

Beim Schleifen entsteht durch das Hin- und Herbewegen von keilförmigen Schleifkörpern eine glatte Oberfläche des Werkstückes.

Zum Glätten von Oberflächen, zum Brechen und Entgraten von Kanten verwendet man **Schleifpapier** (↗ Abb. 1).
Auf der Oberfläche des Schleifpapiers befindet sich eine Vielzahl keilförmiger Schleifkörper. Diese tragen feinste Späne von der Werkstoffoberfläche ab. Dadurch erreicht man z. B. beim Werkstoff Holz eine glatte Oberfläche. Für unterschiedliche Schleifergebnisse wird Schleifpapier mit verschieden großer Körnung eingesetzt.
Die Körnung der Schleifpapiere gibt die **Rauigkeit** an. Je größer die Zahl auf der Rückseite des Schleifpapiers, desto feiner ist es. Für den groben Anschliff eignet sich Schleifpapier mit einer Körnung von 80. Zum Feinschleifen nimmst du Papier ab Körnung 120.

Kleinere Werkstücke werden auf dem Schleifbrett geschliffen. Große Werkstücke schleifen wir mit einem Schleifklotz aus Kork oder aus Holz mit einer weichen Auflage. So wird das Schleifpapier gut an die Oberfläche des Werkstücks gepresst. (↗ Abb. 2)

1 Schleifpapier mit Körnung 80, 120, 240

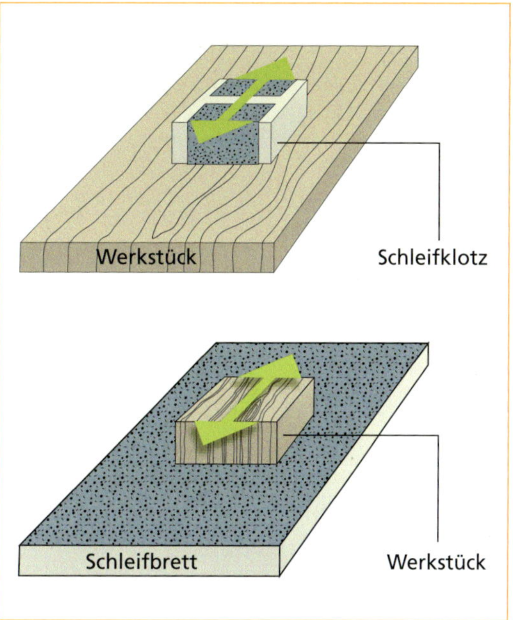

2 Vorgang beim Schleifen

Grundregeln für das Schleifen:
- Bei rauen Oberflächen beginnt man mit grobem Schleifpapier!
- Bei glatter Oberfläche benutzt man feines Schleifpapier!
- Schleife immer in die gleiche Richtung bzw. in Faserrichtung des Holzes!
- Schleife Hirnholz von außen nach innen!
- Bei Holz muss nach dem ersten Schliff das Werkstück gewässert werden (mit feuchtem Schwamm abreiben)! Anschließend noch einmal mit feinem Schleifpapier schleifen!

Arbeitsschutz beim Schleifen:
1. Entferne den Schleifstaub immer nur mit dem Handfeger!
2. Trenne Schleifpapier nie mit der Schere! Knicke und reiße es!

Fügeverfahren

Fügen ist das Verbinden von zwei oder mehreren Werkstücken durch Verbindungselemente oder durch einen formlosen Stoff.

Die verschiedenen Verbindungsarten können nach ihrer Lösbarkeit (lösbare und nicht lösbare Verbindungen) eingeteilt werden. Verbindungen können auch nach den Werkstoffen der Bauteile unterschieden werden.
Lösbare Verbindungen erlauben eine Trennung der gefügten Gruppe in Einzelteile, ohne dass die Verbindungselemente zerstört werden. Beispiele dafür sind Schraub-, Feder-, Keil- oder Stiftverbindungen.
Nicht lösbare Verbindungen können nur durch die Zerstörung der Verbindungselemente getrennt werden. Dazu zählen Löt-, Kleb- und Nietverbindungen.

Das Nageln

Durch Nageln werden zwei oder mehrere Holzteile miteinander verbunden.

Beim Eindringen der Nagelspitze werden die Holzfasern auseinandergedrängt. Diese pressen gegen den Nagelschaft und klemmen den Nagel fest.
Entsprechend dem Verwendungszweck muss eine passende Nagelart ausgewählt werden.

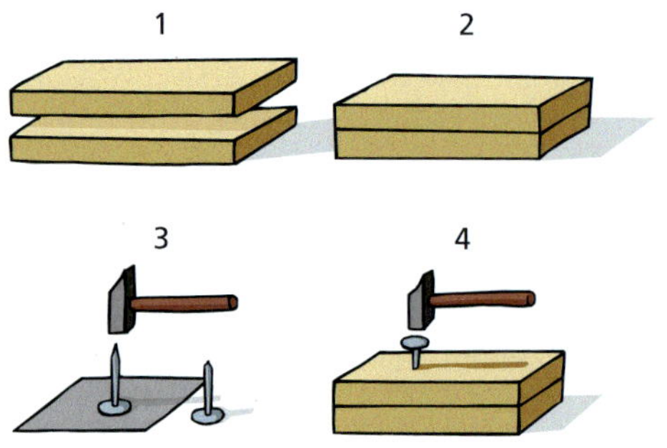

1 Vorgang des Nagelns

2 Nageleinschlag schwalbenschwanzförmig

3 Lösen der Nagelverbindung

Grundregeln für das Nageln:
- Nagelstelle anzeichnen!
- Nagelstelle vorstechen oder vorbohren!
- Nagel stauchen, damit das Holz nicht splittert (↗ Abb. 1)!
- Hammer am Stielende fassen und mit kleinen leichten Schlägen dem Nagel eine feste Führung geben!
- Den Nagel loslassen und mit wenigen kräftigen Schlägen ins Holz treiben! Die Länge des Nagels richtet sich nach der Dicke des zu fügenden Materials.
- Achte darauf, dass der Nagel nicht auf der anderen Seite herausragt! Verletzungsgefahr! Wenn du Holz nageln musst, schlage die Nägel schräg ein (↗ Abb. 2)!
- Löse die Nagelverbindung mit einer Kneifzange (↗ Abb. 3)!

Arbeitsschutz beim Nageln:
1. Prüfe, ob der Hammerstiel fest sitzt!
2. Bei kleinen Nägeln benutze eine Flachzange zum Halten!
3. Nägel leicht anschlagen, loslassen und dann bündig einschlagen.

Das Schrauben

Schraubverbindungen sind stabile und gut lösbare Verbindungen.

Je nach Zweck werden verschiedene Schraubenarten und Bauformen eingesetzt.

Bei den **Holzschrauben** dringt das Gewinde in den Werkstoff und die Holzfasern halten die Schraube fest.

Eine **zylindrische Schraube** wird zusammen mit einer Mutter verwendet. Die Schraube hat ein Außengewinde und die Mutter das dazugehörige Innengewinde. Um zwei Werkstoffe zu verbinden, wird die Schraube durch beide Durchgangsbohrungen gesteckt und mit der Mutter verschraubt. Wenn du die Mutter stark anziehst, werden beide Werkstücke miteinander verpresst und lassen sich kaum noch gegeneinander verdrehen. Wenn du eine **Flügelmutter** verwendest, kann du sie leicht mit der Hand anziehen.

Für bewegliche Verbindungen verwenden wir **Stoppmuttern.** Diese Muttern enthalten einen Kunststoffring, wodurch sie sich nur schwer anziehen lassen.

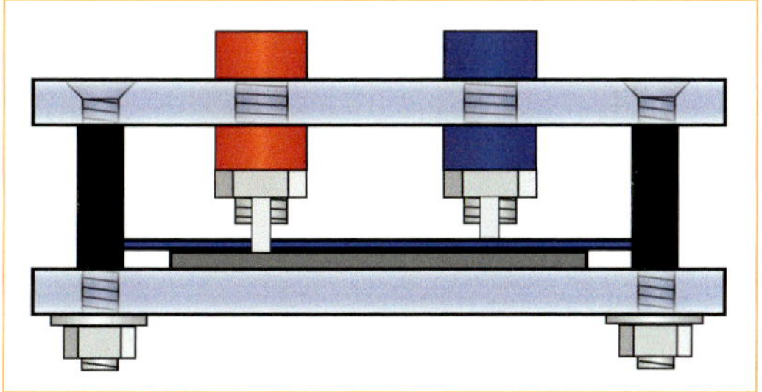

1 Verschraubtes Solarzellenmodul. Die Schrauben sind im Acrylglas versenkt.

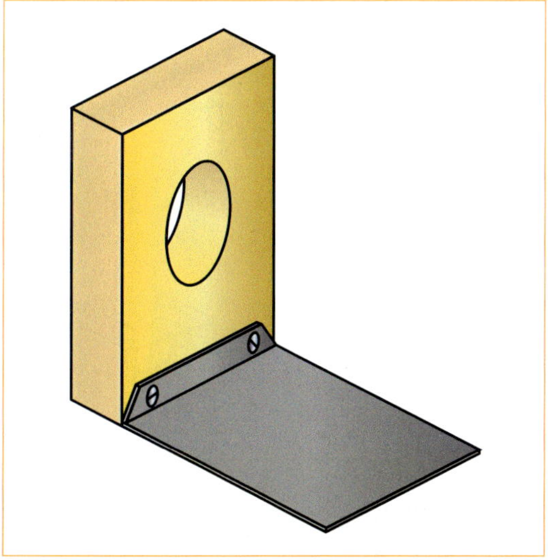

2 Das Blech der Buchstütze ist mit Holzschrauben am Holz befestigt.

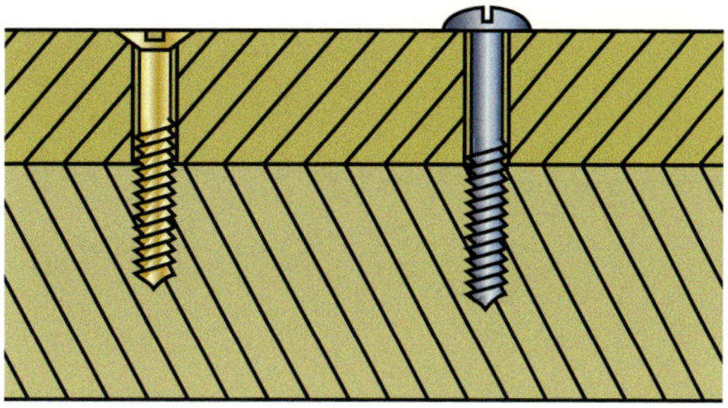

3 Die Durchmesser der Durchgangsbohrungen im oberen Brett müssen etwas größer als der Durchmesser des Schraubenschaftes sein. So können die Bretter mit ausreichendem Druck verschraubt werden.

4 Holzschrauben mit Kreuzschlitz

Grundregeln für das Verschrauben von Holz:

- Reiße die Bohrlöcher auf beiden Werkstückteilen an!
- Fertige im Werkstückteil, welches den Schraubenkopf aufnimmt, eine Durchgangsbohrung! Das andere Werkstückteil wird mit einem Grundloch ($\frac{2}{3}$ Durchmesser der Schraube) versehen!
- Wähle die richtige Größe des Schraubendrehers, sonst beschädigst du die Schraubenköpfe!

Arbeitsschutz beim Verschrauben von Holz:

1. Verwende nur einwandfreies Werkzeug!
2. Stecke den Schraubendreher nicht in die Tasche!
3. Benutze den Schraubendreher nur bestimmungsgemäß!
4. Benutze nur Schrauben, deren Schraubenkopf in Ordnung ist!
5. Die Klingenbreite des Schraubendrehers und das Maß des Schraubenschlitzes müssen übereinstimmen.

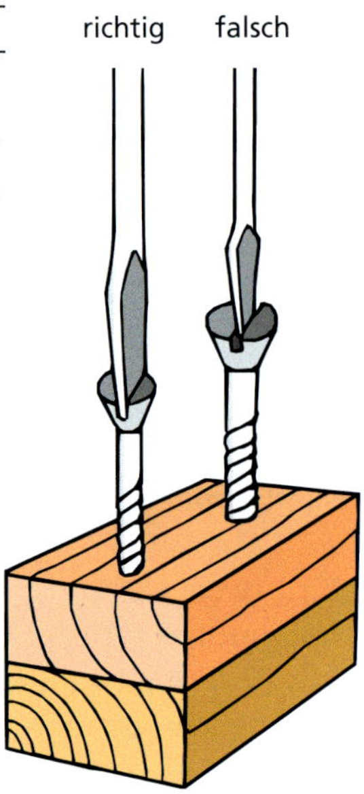

Das Dübeln

> **Das Dübeln ist ein Verfahren, um Holzteile unlösbar miteinander zu verbinden.**

Die Dübellänge und der Dübeldurchmesser hängen von der Werkstoffdicke ab. Durch das Eindrücken und Einkleben der Dübel in die Dübellöcher entsteht eine unlösbare Verbindung. Holzdübel, die verklebt werden, geben den Werkstückverbindungen eine extreme Haltbarkeit. Ihr könnt Dübel aus Rundhölzern auch selbst zurechtsägen.

Grundregeln für das Dübeln:

- Der Dübeldurchmesser ist bis zu einer Brettdicke von 20 mm die Hälfte der Brettdicke.
- Das Anreißen der Bohrlöcher muss sehr exakt erfolgen! Genauer wird es mit Schablone oder Bohrhilfe.
- Die Bohrlöcher sind senkrecht zu bohren!
- Die Tiefe der Bohrlöcher muss in beiden Teilen gleich sein!
- Entferne alle Bohrspäne, damit beide Werkstoffe flächig aufeinandersitzen!
- Drücke oder schlage die Dübel vorsichtig in die Löcher ein!
- Entferne Kleberreste sofort!
- Lass das fertige Werkstück mindestens eine Stunde trocknen!

Arbeitsschutz beim Dübeln:

1. Prüfe, ob alle Arbeitsmittel in einwandfreiem Zustand sind!
2. Beachte die Hinweise zum Bohren!
3. Beachte die Hinweise beim Kleben!

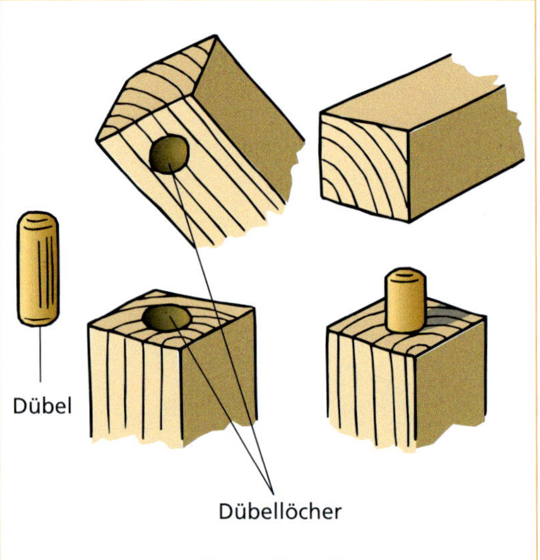

1 In die zu verbindenden Holzteile werden, für die Dübel passgerecht, Löcher gebohrt.

Das Kleben

Kleben ist ein Fügeverfahren, bei dem mittels Klebstoff zwei oder mehrere Werkstücke unlösbar verbunden werden.

Um Teile aus gleichartigen oder verschiedenen Werkstoffen unlösbar miteinander zu verbinden, wird zwischen den sauberen Bauteilen ein **Klebstoff** eingebracht. Beim Kleben von Holz dringt der Klebstoff in den Werkstoff ein. Wird Kunststoff durch Kleben verbunden, löst der Kleber die Oberfläche an. Wenn der Klebstoff wasserlöslich ist, wird er auch als **Leim** bezeichnet. Besonders Holz wird mit Leim verbunden.

11. Führe Klebeversuche durch! Ändere den Anpressdruck und die Größe der Klebeflächen! Belaste die Klebeverbindungen und diskutiere die Ergebnisse!

Grundregeln für das Kleben:

- Prüfe, ob alle Teile passen! Lege sie in der richtigen Reihenfolge zum Kleben zurecht!
- Achte darauf, dass alle Oberflächen staubfrei, fettfrei und frei von Anstrichen (Lasuren usw.) sind!
- Entferne herausquellenden Kleber und Tropfflecke gleich mit einem Lappen!

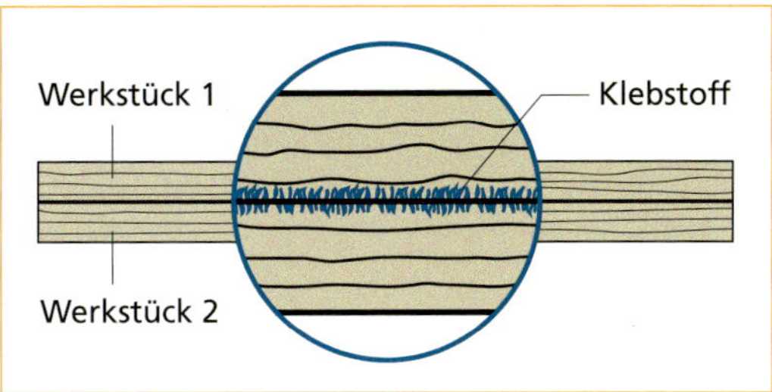

2 Der Klebstoff dringt in die Oberfläche des Holzes ein.

- Verteile den Kleber nie mit den Fingern! Benutze einen Spatel!
- Bringe die Klebeteile in die richtige Position und drücke sie fest aufeinander!
- Spanne die Klebestelle fest ein!
- Kontrolliere, ob alles genau passt, und korrigiere gegebenenfalls!
- Bearbeite dein Werkstück erst weiter, wenn der Klebstoff ausgehärtet ist!

Arbeitsschutz beim Kleben:

1. Kleber können Lösungsmittel enthalten! Achte auf gute Durchlüftung des Raumes!
2. Klebstoff darf niemals mit den Augen in Berührung kommen!
3. Verschließe den Kleber nach Gebrauch!
4. Reinige die Arbeitsmittel nach Gebrauch!

1 Handlungsablauf beim Kleben

Verfahren des Beschichtens

Beim Beschichten von Werkstoffen wird ein fest haftender Beschichtungsstoff aufgebracht, der sich mit der Werkstoffoberfläche verbindet.

Dadurch werden Werkstoffe gegen mechanische (Stoß) und chemische (Korrosion) Einwirkungen geschützt. Beschichten kann auch eine dekorative Wirkung haben.

Für die verschiedenen Werkstoffe werden unterschiedliche Beschichtungsverfahren und -stoffe angewandt.

So dient z. B. das **Beizen** und **Färben** nur der Farbveränderung des Holzes. Es hebt die Maserung hervor. Die Beize wird satt aufgetragen und dann mit einem Pinsel gut verteilt.

Beim **Lackieren** und **Lasieren** wird die Oberfläche vor Wasser, Öl und Schmutz geschützt. Bei farblosen Mitteln ist die Maserung sichtbar. Farben haben viele Pigmente, die auf der Oberfläche verteilt werden. Benutze nur Mittel mit dem **blauen Umweltengel.** Sie sind schadstoffarm und Reste belasten die Umwelt weniger stark.

Umweltzeichen
weil ......

2 Gebeiztes und gefärbtes Holz

Werkstücke werden zum Schutz vor äußeren Einflüssen und zum besseren Aussehen gestrichen. Beim Streichen wird ein flüssiger Stoff auf den Werkstoff aufgebracht. Dieser bleibt an der Oberfläche haften oder dringt in den Werkstoff ein.

Zum Streichen benötigt man Farbe oder Lasur, einen Pinsel und einen Spatel zum Umrühren sowie einen Lappen.

1 Arbeitsmittel beim Streichen

3 Streichen einer Holzfläche

1 Tauchen eines Werkstücks

Kleinere Werkstücke kannst du in dünnflüssige Farbe tauchen. Dieses Verfahren wird **Tauchen** genannt.

Durch **Sprühen** mit Spritzpistole oder Sprayflasche ergibt sich ein gleichmäßiger Farbauftrag. Dazu musst du die Farbe in mehreren Schichten auftragen.

2 Airbrushpistole

Grundregeln für das Streichen:

- Beachte die Vorschriften auf der Verpackung!
- Achte darauf, dass die Anstrichflächen glatt geschliffen, trocken und absolut staub- und fettfrei sind!
- Trage den Anstrichstoff dünn auf!
- Verstreiche entdeckte Farbnasen sofort!
- Bei Holz soll immer in Faserrichtung ausgestrichen werden! Beachte, dass jeder Anstrich aushärten muss, bevor der nächste erfolgt!
- Reinige den Pinsel nach jedem Gebrauch!

Die Aushärtung (Trocknung) erfolgt in drei Stufen:

1. Trocknung des Lösungsmittels durch Verdunsten,
2. Abbau der Klebrigkeit durch Austrocknung an der Oberfläche,
3. Durchtrocknung der Anstrichschicht.

Arbeitsschutz beim Streichen:

1. Lies immer die Angaben auf der Verpackung!
2. Verschiedene Lösungsmittel können giftig sein! Die Dämpfe einiger Lösungsmittel sind schwerer als Luft, sie sinken daher zu Boden. Andere Lösungsmittel können sich gefährlich auf die Atemwege auswirken oder zu Hautreizungen führen.
   Deshalb achte auf gute Lüftung des Raumes! Schütze Hände und Arme!
3. Reinige die Pinsel sofort!

3 Altes und neues Gefahrensymbol für Stoffe mit Reizwirkung auf die Haut, die Atmungsorgane und die Augen

Fertigung von Werkstücken aus Kunststoff

Kunststoffverarbeitung

Die Verarbeitungseigenschaften der Kunststoffe (↗ S. 11, 12) sind den Holzwerkstoffen ähnlich, jedoch gibt es auch große Unterschiede. Abbildung 1 zeigt einen Serviettenhalter aus PVC.

1. *Überlege, wie das Werkstück hergestellt wurde! Welche Fertigungsschritte hättest du bei Holzwerkstoffen nicht ausführen können?*

Schon bei den Trennverfahren wird dies deutlich. Eine Säge mit groben Zähnen würde sich im Kunststoff verhaken oder den Werkstoff splittern lassen.

Zum Trennen von Kunststoffen werden Sägen mit feiner Zahnung eingesetzt.

Kunststoffe sind schlechte Wärmeleiter. Die Wärme, die beim Bearbeitungsprozess entsteht, wird vom Werkstoff kaum abgeführt. Das Werkzeug erhitzt sich und kann den Kunststoff ungewollt schmelzen. Im Extremfall kann sich der Sägespalt hinter dem Werkzeug wieder verkleben.

Bei geschäumten Kunststoffen wie Hartschaumplatten oder Polystyrol ist die Trennung durch Hitze erwünscht. Bei einer Thermosäge wird mit einem elektrisch erhitzten Draht das zu sägende Material geschmolzen.

Achte bei diesen Trennverfahren auf ausreichende Belüftung. Einige dabei entstehenden Dämpfe sind gesundheitsschädlich.

Kunststoffe werden mit geringen Schnittgeschwindigkeiten und ausreichender Kühlung getrennt.

Geschäumte PP-Platten kannst du mit dem Cuttermesser entlang dem Stahllineal ritzen und brechen. Das funktioniert auch mit dünnen Acrylglasplatten.

Ein häufiges Trennverfahren für nicht poröse Kunststoffe ist das **Scheren.** Mit der Handhebelschere (↗ Abb. 2) wird der Kunststoff zwischen zwei keilförmigen Klingen getrennt. Die obere Klinge (Scherenmesser) ist beweglich und gleitet an dem feststehenden unteren Gegenmesser vorbei.

Mit dem langen Handhebel kannst du große Scherkräfte ausüben. Trotzdem solltest du keine Platten mit mehr als 3 mm Dicke scheren. Der Werkstoff würde mehr gequetscht als geschnitten werden und die Schnittkanten wären weniger glatt.

1 Serviettenhalter

2 Handhebelschere

Achte auf deine Finger im Schnittbereich! Führe immer selbst den Handhebel! So kannst du rechtzeitig aufhören oder deine Werkstoffzuführung korrigieren!

Die Herstellung eines Teigschabers eignet sich besonders gut, um erste Erfahrungen mit dem Werkstoff Kunststoff zu sammeln.

2. *Fertige in deinem Hefter die technische Zeichnung an!*

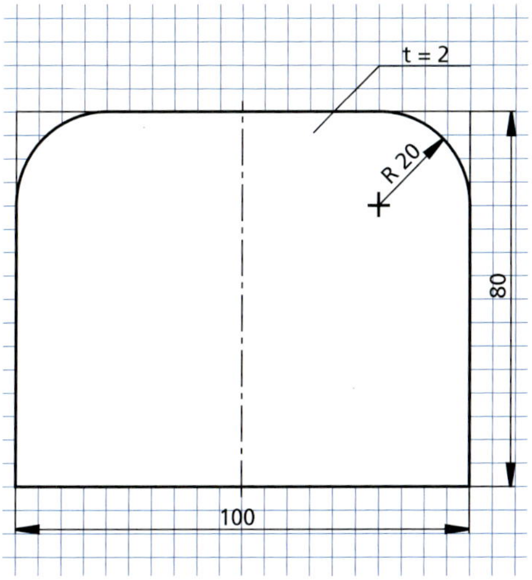

Auf der PVC-Platte lässt es sich nicht gut anreißen. Abhilfe könnte eine Schablone schaffen. Wenn die Oberfläche rau genug ist, reicht ein Bleistift, ansonsten benötigst du einen abwaschbaren Folienschreiber.

Bevor du den Teigschaber mit der Handhebelschere schneidest, solltest du einige Probeschnitte durchführen. Um auf der Risslinie zu bleiben, solltest du bei der kleinsten Abweichung korrigieren. Schneide nur im ersten Drittel der Scherenmesser und führe öfter nach! Die Rundung wirst du nicht in einem Schnitt bekommen. Dazu musst du mehrere gerade Schnitte an der Kreiskante machen.

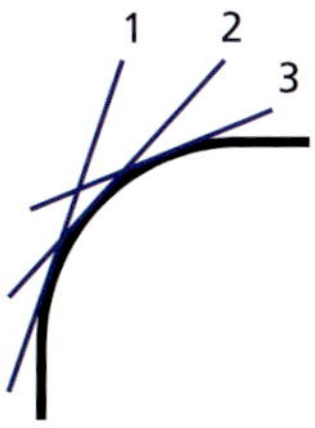

1 Ziehklinge

Danach wird die Rundung noch recht eckig sein. Aber mithilfe einer Flachfeile solltest du das beheben können. Um die Kanten zu glätten, benutzen wir eine **Ziehklinge.** Die Ziehklinge wird mit stumpfem Winkel und geringem Druck über die Werkstückkante gezogen (↗ Abb. 1).

Eine Ziehklinge eignet sich auch sehr gut für Holzoberflächen, um den letzten Grat wegzunehmen. Ziehklingen benötigen eine besondere Pflege, wenn du lange Freude an ihnen haben möchtest. Sie müssen rostfrei und geschützt gelagert werden. Die Kanten dürfen keine Einkerbungen oder Abrundungen haben. Deshalb erreichst du mit einem Stahllineal als Ziehklinge nie so gute Oberflächen.

Auf Seite 107 wirst du die Herstellung eines Solarmoduls kennenlernen. Das Modul ist aus zwei Acrylglasplatten gefertigt. Die Abb. 1 von S. 45 zeigt dir die Ansicht von vorn.

Du erkennst die nötige Anzahl von Bohrungen und Senkungen. Kunststoffe lassen sich durch Bohren bearbeiten. Leider ist das Bohren von Kunststoffen ein wenig problematisch, vor allem, wenn das Werkstück sehr flach ist. Wenn

1 Bohren von Kunststoffen

du zu schnell in das Material bohrst, kann in dem Moment, in dem der Bohrer aus dem Material austritt, das Werkstück ausreißen oder nach oben gezogen werden (↗ Abb. 1).
Schuld daran ist ein zu scharfer Spiralbohrer, der eigentlich für Metallwerkstoffe geschliffen ist. Für Kunststoffe muss der Bohrer stumpfer und spitzer angeschliffen sein. Ein Kunststoffbohrer muss die Späne mehr schabend abheben, wie du es auch mit der Ziehklinge machst. Leider kannst du nur sehr schwer solche Spezialbohrer kaufen und musst doch den Metallbohrer benutzen. Deshalb ist es sehr wichtig, das Werkstück gut einzuspannen. Eine Möglichkeit ist eine selbst angefertigte Bohrvorrichtung (↗ Abb. 2).

2 Selbst gefertigte Bohrvorrichtung

Bei größeren Stückzahlen sind solche Vorrichtungen durchaus üblich. Ein eigener Berufszweig, der Vorrichtungsbau, beschäftigt sich damit. Natürlich sind solche industriellen Vorrichtungen sehr kostspielig, weil es Spezialanfertigungen sind und keine großen Stückzahlen produziert werden. Unsere Vorrichtung ist aber sehr einfach mit einigen Leisten herzustellen und dazu noch verstellbar, um auch größere Platten einzuspannen.

Bohrregeln:

- Spanne dein Werkstück ein!
- Benutze, wenn möglich, eine Vorrichtung!
- Bohre mit geringem Vorschub!
- Ziehe den Bohrer öfter zurück, um Späne auszuwerfen!
- Bei Werkstücken über 4 mm muss der Bohrer gekühlt werden!
- Kurz vor dem Durchbohren darfst du nur mit sehr wenig Druck arbeiten!
- Sollte das Werkstück ausbrechen, behalte Ruhe und schalte die Maschine sofort ab!
- Versuche niemals, das Werkstück zurückzuziehen!
- Plane die Bohrungen nicht so nah am Rand des Werkstücks!
- Bohre bei großem Durchmesser in mehreren Stufen!

Kunststoffe umformen

Thermoplast lässt sich besonders gut warmumformen. Die Umformzone des Werkstoffs muss so lange erhitzt werden, bis sie weich wird. Dazu kannst du verschiedenste Wärmequellen verwenden. Möglichkeiten sind das Wärmeprisma, der Wärmeschrank, das Heißluftgebläse oder ein Backofen. Alle genannten Wärmequellen erzeugen eine große Wärmezone, die für das Prägen oder das Biegen wichtig ist.
Auch wenn Kunststoffe schlechte Wärmeleiter sind, solltest du großflächig erwärmte Werkstücke nur mit Schutzhandschuhen oder Zangen anfassen.

1 Gebogener Kunststoff

2 Heizdraht

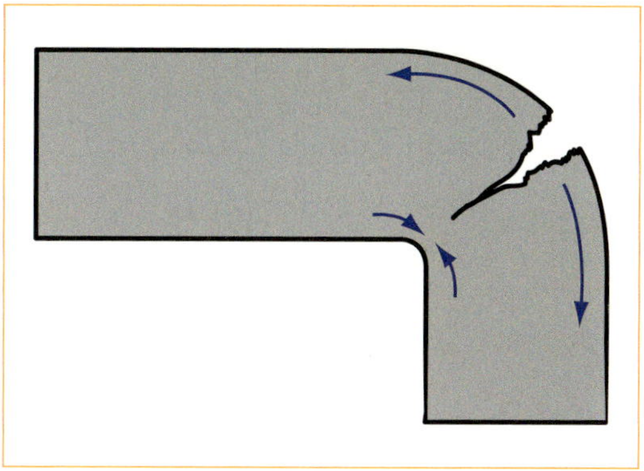

3 Biegebruch

4 Abgekantete PVC-Platte

Biegen und Abkanten

Das gebogene Werkstück (↗Abb. 1) besitzt eine große Umformzone und musste großflächig erwärmt werden.
Wenn die Umformzone kleiner ist, genügt auch ein Heizdraht (↗Abb. 2).
Die vorher markierte Biegelinie liegt über dem Draht. Werkstoff und Draht dürfen sich nicht berühren, damit sie nicht miteinander verschmelzen.
Reiße die Biegelinie nur mit dem Farbstift oder Bleistift an. Wenn du die Oberfläche z.B. mit einer Anreißnadel ritzt, könnte sie beim Biegen einreißen.

3. Erkläre die unterschiedlich wirkenden Kräfte in Abb. 3!

Der Biegeradius unseres Serviettenhalters von S. 50 ist sehr gering. Solche Werkstücke werden über die Kante eines Prismas gebogen. Das Umformverfahren nennt sich **Abkanten.**

4. Betrachte noch einmal das Werkstück von S. 50! Wie oft musste abgekantet werden?

Nach dem Abkanten muss das Werkstück bis zum Abkühlen in der Lage fixiert werden. Nach der Abkühlung schnellen die Werkstücke immer ein wenig zurück. Dies macht sich besonders bei größeren Biegezonen bemerkbar. Deshalb solltest du immer ein wenig über das Ziel hinausbiegen.

Durch Abkanten erhält das Werkstück eine Kante.

Die Kante kann unterschiedliche Winkel haben. Der Kunststoffstreifen in Abb. 1, S. 53, wurde über einen Zylinder gebogen. Um künstlerisch zu gestalten, kannst du auch **freibiegen.**

Freibiegen ist das Biegen ohne Biegeform.

Projekt Serviettenhalter

Die folgende Zeichnung zeigt dir den Serviettenhalter mit einer abgekanteten Kunststoffplatte, die auf ein Grundbrett geschraubt wurde.

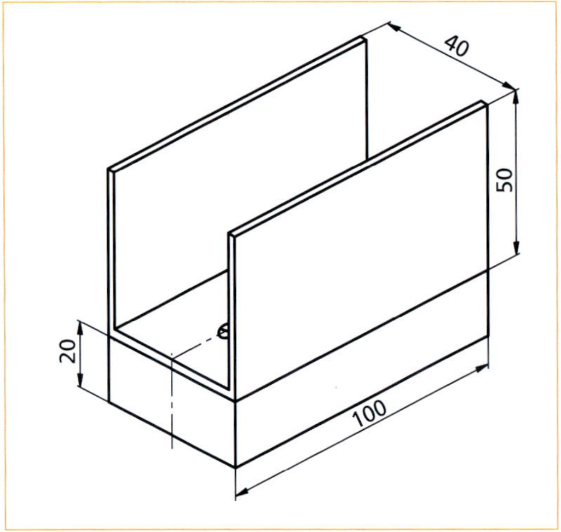

5. *Berechne die Maße der benötigten Kunststoffplatte! Die Dicke beträgt 2 mm.*
6. *Fertige eine Zeichnung beider Teile in einer Ansicht an!*
7. *Erstelle eine Stückliste! Beide Teile werden mit Holzschrauben 3×15 verbunden.*
8. *Stelle einen Arbeitsablaufplan auf!*

Weitere Umformverfahren

Hohlprägen

Auf Seite 11 hast du ein industrielles **Warmumformverfahren,** das **Blasumformen,** kennengelernt. Eine weitere Möglichkeit zur Herstellung von Hohlformen ist das **Tiefprägen (Hohlprägen).** Der Prägestempel drückt das Werkstück in die Hohlform, die Matrize. Das Verfahren eignet sich nur für geringe Tiefen. Die Werkstückdicke bleibt gleich.

9. *Schau dir die Bilder der Arbeitsschritte an und erkläre den Ablauf!*

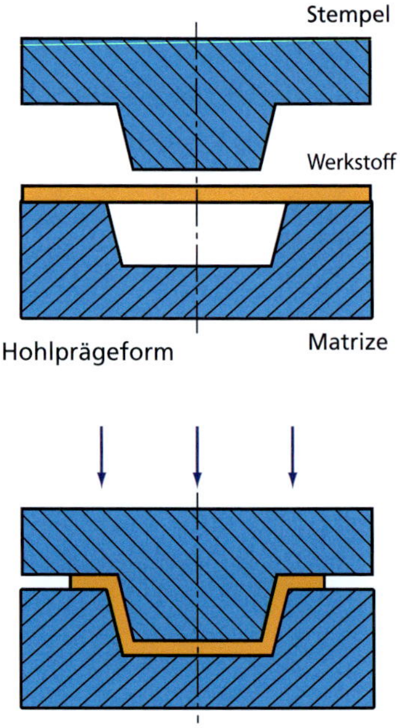

geöffnete Hohlprägeform

Stempel in Endposition

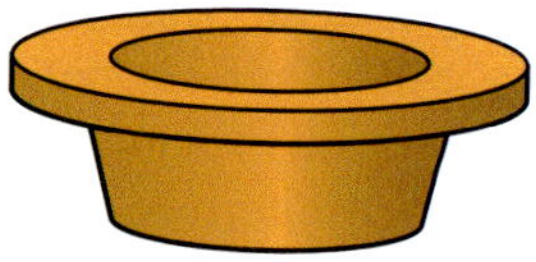

hohlgeprägtes Endprodukt

10. *Erläutere, warum dieses Verfahren auch Zug-Druckumformen genannt wird!*

Bei diesem Umformverfahren verkleinern sich die Ränder und die Randfläche wird ungleichmäßig. Deshalb müssen die Ränder noch sauber ausgeschnitten werden. Diesen Vorgang übernehmen meist Stanzen. Im Technikunterricht kannst du mit diesem Verfahren Blumenuntersetzer, flache Sammelbehälter oder auch einen Schuhanzieher fertigen. Einige Beispiele findest du auf den Aufgabenseiten.

Flachprägen

Vielleicht hast du schon eine Münzprägung miterlebt. Der Münzrohling kommt in eine Prägeform, auf die der Schmied mit einem gewaltigen Hammer schlägt. Nach dem Öffnen der Prägeform kann die Münze entnommen werden, die noch einen unschönen Rand besitzt. Das **Flachprägen** von Thermoplast ist dem sehr ähnlich (↗ Abb. 1). Es unterscheidet sich nur durch die vorherige Erwärmung des Thermoplasts und eine geringere Presskraft.
Flachgeprägte Werkstücke erkennst du an geringen Vertiefungen. Oft werden Kunststoffgegenstände mit Prägungen gekennzeichnet oder verziert. Sogar die Beschriftung an deinem Lineal könnte flachgeprägt sein und wurde dann mit Farbstoff ausgefüllt.

11. *Erkunde verschiedene Kunststoffgegenstände nach Flachprägungen!*
12. *Drücke eine Münze in ein erwärmtes Thermoplastwerkstück! Eine Schraubzwinge kann für den nötigen Druck sorgen.*

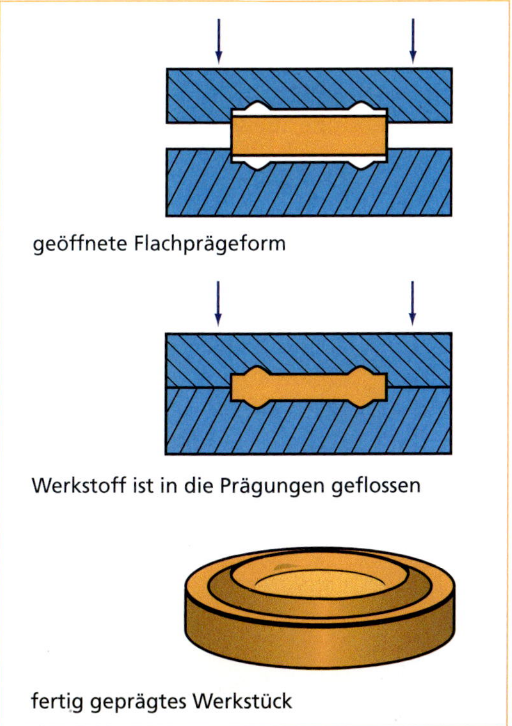

1 Flachprägen

Tiefziehen

Das **Tiefziehverfahren** ist ein in der Industrie sehr häufig eingesetztes Verfahren. Tiefgezogene Produkte erkennst du an der dünneren Gefäßwand gegenüber dem Gefäßrand.
Joghurtbecher, Wassereimer, Fahrradhelme und Trinkbecher werden mit diesem Verfahren hergestellt (↗ Abb. 2).
Beim **Vakuumtiefziehen** entfällt der Stempel. Dafür wird die Luft aus dem Hohlraum in der Matrize gesaugt. Dadurch wird der Werkstoff in den Hohlraum gezogen. Dieses Verfahren wird wegen der hohen Produktionsgeschwindigkeit für Massenproduktionen eingesetzt. Das sind die oben genannten Becher oder die Kunststofffolien in Pralinenschachteln.

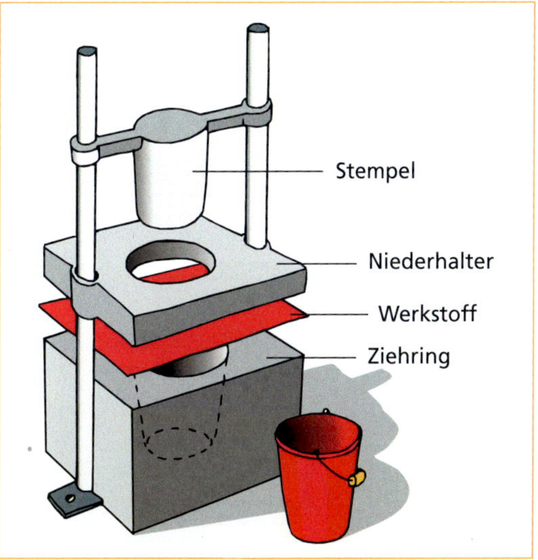

2 Tiefziehen beim Herstellen eines Eimers

13. *Erkunde weitere tiefgezogene Produkte!*
14. *Beobachte die Erzeugung eines Vakuums (Evakuieren) an einem Folienschweißgerät!*
15. *Erkläre Schritt für Schritt den Tiefziehvorgang:*

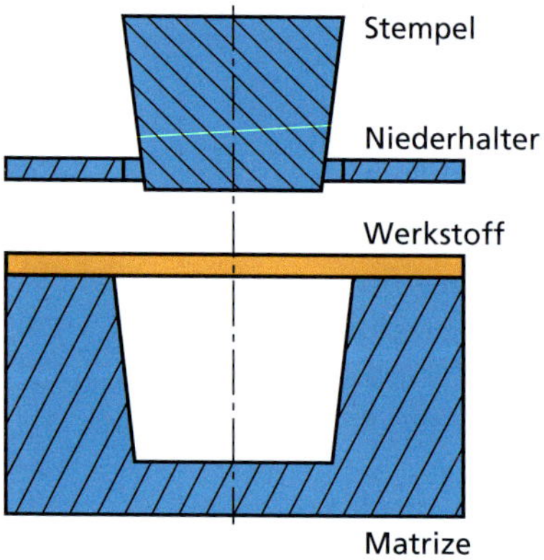

Schritt 1: Geöffnete Tiefziehform

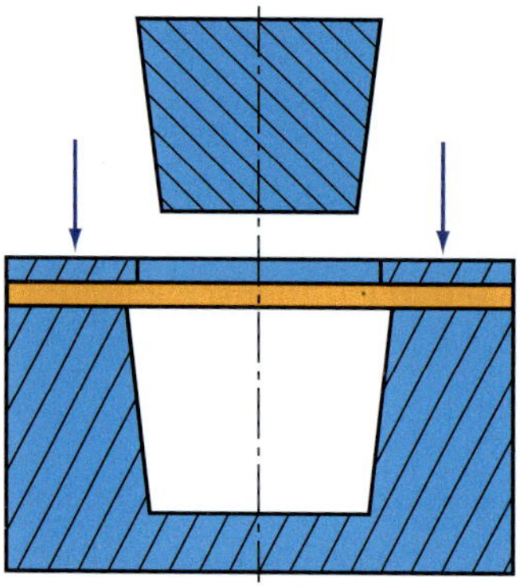

Schritt 2: Aufgesetzter Niederhalter

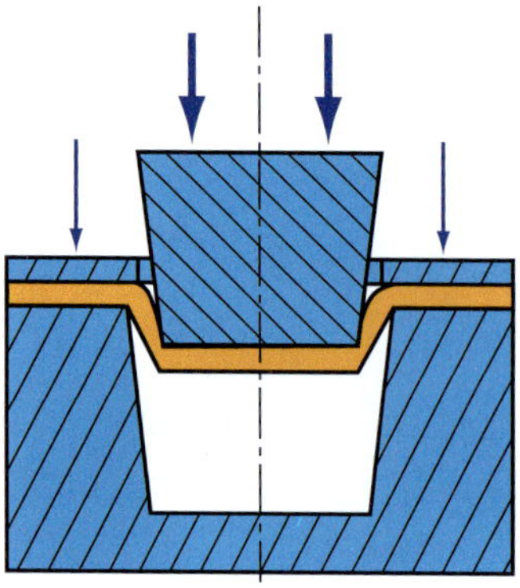

Schritt 3: Beginn des Tiefziehvorgangs

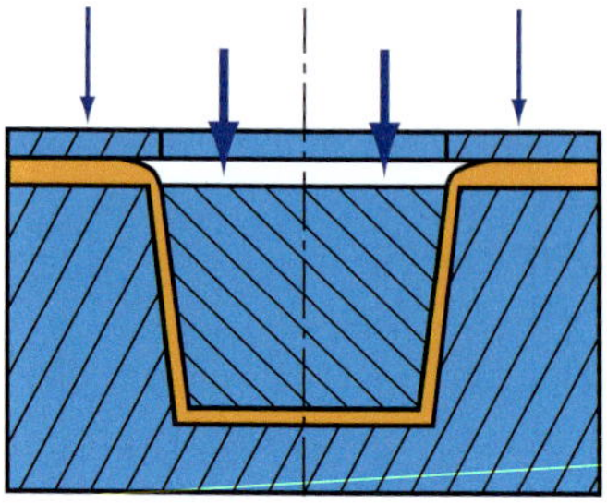

Schritt 4: Ende des Tiefziehvorgangs

16. *Erläutere die Funktion des Niederhalters! Schau dir dazu im Vergleich das Hohlprägen an!*
17. *Überlege dir eine Darstellung für das Vakuumtiefziehen! Entwirf eine Funktionsskizze ähnlich Schritt 3!*

Fügen von Kunststoffen

Die beiden Teile des Serviettenhalters am Anfang des Kapitels wurden durch Kleben verbunden. Anders als beim Holzwerkstoff kann der Klebstoff nicht in die glatte Kunststoffoberfläche eindringen. Für Kunststoffe gibt es spezielle Klebstoffe, die sich in der Anwendung unterscheiden.

Kunststoffe bestehen aus langen Teilchenketten.

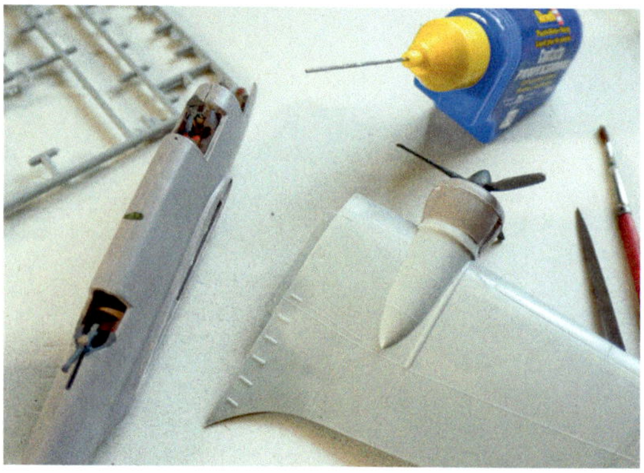

1 Für den Plastikmodellbau werden Flüssigklebstoffe verklebt.

Lösungsmittelhaltige Flüssigklebstoffe lösen die Oberfläche des Kunststoffs an.

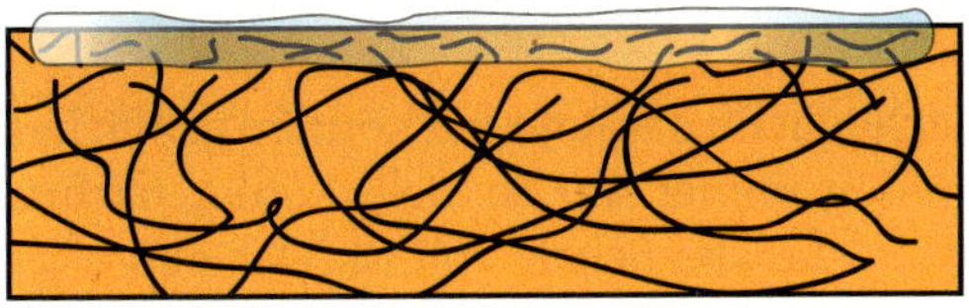

Die äußeren Teilchenketten werden zerkleinert.

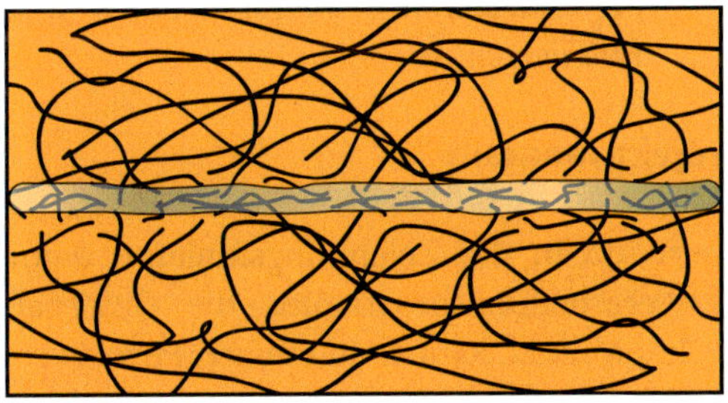

Die beiden angelösten Kunststoffoberflächen werden zusammengebracht.
Die kurzen Teilchenketten verhaken sich miteinander.

Nach dem Entweichen des Lösungsmittels verschweißen die beiden Klebeflächen miteinander. Dieses Klebeverfahren wird auch **Kaltverschweißung** genannt.
Aus den Verpackungshinweisen kannst du entnehmen, für welche Kunststoffe der Klebstoff geeignet ist. Nicht genannte Kunststoffe können vom Lösungsmittel nicht angelöst werden.

18. *Manche Thermoplaste können auch mit Wärme angelöst und miteinander verbunden werden. Erkläre diesen Vorgang im Vergleich zum Kleben!*

19. *Lies dir die Gebrauchsanleitung durch! Warum sollen Klebstoffreste nicht abgewischt werden?*

Verarbeitung/Gebrauchsanleitung für **flüssige Kunststoffkleber:**

Klebeflächen reinigen (trocken, staubfrei). Klebstoff einseitig dünn auftragen, zusammenfügen – kurz fixieren. Feuchte Klebstoffreste nicht abwischen, sondern erst nach der Aushärtung abschneiden. Handfestigkeit wird nach ca. 5 bis 10 Minuten, Endfestigkeit nach 24 Stunden erreicht. Bei dünnwandigen Kunststoffflächen nur sehr dünn auftragen!

20. *Geschäumte Kunststoffe bestehen nur aus sehr dünnen Zellwänden. Erläutere, warum sich diese nicht so gut für lösungsmittelhaltige Klebstoffe eignen!*

Lösungsmittelhaltige Klebstoffe dürfen nicht eingeatmet und nur in geringen Mengen verarbeitet werden.

Schmelzklebestoffe werden bei Temperaturen ab 200 °C flüssig. Mithilfe einer Heißklebepistole wird der stangenförmige Klebstoff geschmolzen und auf die Klebstelle aufgetragen. Noch vor dem Erkalten werden die Werkstückteile zusammengefügt. Nach kurzer Zeit erkaltet der Klebstoff und vernetzt sich neu. Ein besonderer Vorteil dieses Klebstoffs ist das Füllvermögen. Kleinere Spalten werden ausgefüllt und die Werkstücke müssen sich nicht unmittelbar berühren. Auch bei Flüssigklebstoffen gibt es solche mit speziellen Füllstoffen.

21. *Was musst du bei der Werkstoffauswahl beachten, wenn du mit Heißklebstoff fügen möchtest?*
22. *Überlege dir besondere Arbeitsschutzmaßnahmen!*

Beschichten von Kunststoffen

Hast du schon einmal versucht, mit dem Tuschkasten Kunststoffe zu bemalen? Es funktionierte bestimmt nur mit Folienschreibern. Aber warum?
Ähnlich den Klebstoffen kann die Farbe nicht in die glatte Oberfläche eindringen. Durch die Oberflächenspannung zieht sich der Farbstoff immer wieder zusammen und kann die Oberfläche nicht benetzen. (↗ Abb. 1)

Kunststofffarben müssen daher die Oberflächen anlösen, um an ihr haften zu können. Sie müssen ein Lösungsmittel besitzen.
Für die Verarbeitung solltest du den Sachverhalt kennen, um einen gleichmäßigen Farbauftrag zu erzielen. Schnell werden die Oberflächen streifig und sehen unansehnlich aus. Daher eignen sich zur Beschichtung besonders Spritzverfahren. Die Farbe wird in mehreren dünnen Schichten aufgesprüht. Dazu eignet sich bereits ein Farbspray, besser ist aber ein Airbrushgerät.

Projekt HT-Rohre

Mit HT-Rohren kannst du interessante Werkstücke fertigen. Du bekommst sie sehr preiswert im Baumarkt in verschiedenen Durchmessern. Ein findiger Kleingärtner hat sich daraus einen Vogelfutterautomaten gebaut (↗ Abb. 2). Wenn du dir das Bild genau anschaust, kannst du ihn leicht kopieren.
Nachdem du das Rohr mit Körnern gefüllt hast, werden immer nur so viele Körner nachrutschen, bis die Schale voll ist. Der obere Verschluss ist eine Endkappe.

> 23. *Nachdem du die nötigen Fertigungsunterlagen erstellt hast, solltest du einen Nachbau wagen!*

Projekt Tangram

Wenn du in der Zeichnungsfunktion deines Textverarbeitungsprogramms die Gitternetzfunktion nutzt, kannst du einfach Puzzles entwerfen. Diese kannst du ausdrucken und als Schablonen nutzen. So kannst du mit PVC-Platten und der Handhebelschere schöne Lernspiele anfertigen. Ein Raster mit 3 cm ist am besten geeignet.

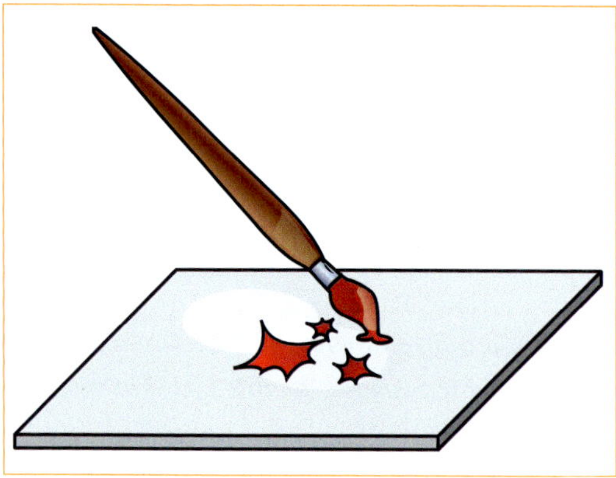

1 Bemalen von Kunststoffen

2 Vogelfutterautomat

Aufgaben

Werkstoffe

1. Übernimm die Tabelle in deinen Hefter! Skizziere die Querschnitte!

Quadrat-leiste	Rechteck-leiste	Rundstab
Dreikant-leiste	**Viertelstab**	**Winkel-leiste**

2. Führe Belastungstests mit dünnen quadratischen Platten verschiedener Holzwerkstoffe durch!
   a) Spanne die Platte einseitig ein und belaste einmal längs und einmal quer zur Faser!
   b) Wiederhole den Versuch mit Sperrholz!
   c) Werte deine Ergebnisse aus!

3. Erläutere den Vorteil des Aufbaus von Tischlerplatten (↗ S. 10)!

4. Beschreibe die Gebrauchseigenschaften von Acrylglas in der Anwendung als Regenbogengeist auf S. 112!

5. Erläutere, warum du zum Trennen von Kunststoff eine Säge mit feiner Zahnung benutzen musst!

6. Begründe die Pfandpflicht für PET-Flaschen!

Fertigungsunterlagen

1. Fasse die Zeichnung des Serviettenhalters von S. 54 in Worte! Nutze dazu die Fachbegriffe von S. 17!

2. Fertige eine Tabelle für die Linienarten an! Nutze als Spaltenüberschrift: Linienart, Linienbeispiel, Bleistiftart, Anwendung!

3. Zeichne den Baustein von S. 26 im Maßstab 5 : 1!

4. Zeichne und bemaße die Grundfläche deines Klassenraums im geeigneten Maßstab!

5. Zeichne den Körper im Bild 4 von S. 30 mit den notwendigen Ansichten!

Fertigungsprozess (Holz)

1. **Komplexaufgabe Aufbewahrungskasten:** Für die Werkstatt sollen Aufbewahrungskästen hergestellt werden. Dazu stehen Kiefernholzbretter mit 10 mm Dicke zur Verfügung. Für den Boden wird eine Hartfaserplatte mit einer Dicke von 5 mm verwendet.

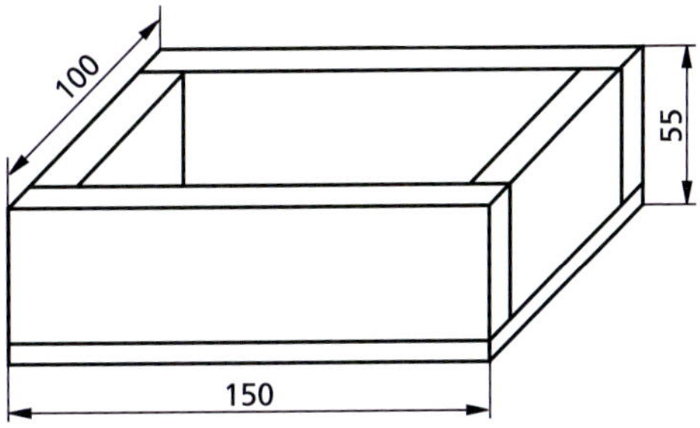

   a) Zeichne das vordere Brett und bemaße es! Denke dabei über die Maße nach!
   b) Fertige eine Stückliste an! Fehlende Maße kannst du der Aufgabenstellung entnehmen.
   c) Begründe, wie du die Leisten miteinander verbinden würdest!
   d) Erstelle einen Arbeitsablaufplan für den Aufbewahrungskasten!
   e) Plant in der Gruppe eine Fließfertigung für die Serienproduktion! Beachtet dabei die Maschinen in eurem Technikraum, den Platzbedarf und die Schülerzahl. Legt einen Kontrolleur fest!

2. Tim wollte seinen Eltern beim Mittagessen von der Technikraumordnung berichten. Dabei ist ihm ein wenig Tomatensoße auf das Blatt gespritzt, sodass man sie jetzt nicht mehr lesen kann.

a) Schreibe die Technikraumordnung vollständig in deinen Hefter!

b) Setze folgende Begriffe sinnvoll in den Lückentext ein:
Arbeitsmittel, Arbeitsschritt, Arbeitsschutzkleidung, Aufforderung, Beginn, beschädige, Ende, gefährde, Haar, Lehrer, Ordnung, Schmuck, Unfallmeldebuch, Unterweisung, Verletzung.

Sicherheit und Ordnung im Technikraum

Damit ich mich und meine Mitschüler nicht ___ und die wertvollen Arbeitsmittel (Werkzeuge und Maschinen) nicht ___, halte ich folgende Verhaltensregeln ein:

1. Ich betrete den Technikraum nur in Begleitung und nach ___ des Lehrers.
2. Ich trage ___ und festes Schuhwerk. Vor Beginn des Unterrichtes lege ich Armbanduhr und ___ ab. Besonders bei der Arbeit an Maschinen mit drehenden Teilen binde ich langes ___ zusammen.
3. Ich überprüfe vor ___ der Arbeit die Arbeitsmittel auf ihre Vollständigkeit und ihren Zustand.
4. Ich gehe sorgsam mit den Arbeitsmitteln um und melde jede Beschädigung sofort dem ___.
5. Ich benutze Arbeitsmittel nur, wenn ich damit einen ___ ausführen möchte.
6. Ich lege zwischen den Arbeitsgängen stets die ___ unfallsicher ab.
7. Ich halte ___ am Arbeitsplatz.
8. Ich arbeite an Maschinen nur mit Erlaubnis und nach vorheriger ___ durch den Lehrer.
9. Ich melde jede ___ sofort dem Lehrer! Auch bei leichten Verletzungen ist stets Vorsicht geboten. Alle Verletzungen müssen sofort behandelt und zur Kontrolle in das ___ eingetragen werden.
10. Ich säubere am ___ des Unterrichtes meinen Arbeitsplatz und lege alle Arbeitsmittel gereinigt und unfallsicher an ihren Platz.

3. Projekt dreiteiliger Holzknoten:
Mit Quadratleisten kannst du ein interessantes Puzzle, den Holzknoten, fertigen. Die Größe der Einzelteile ist vom Querschnitt der Leisten abhängig.

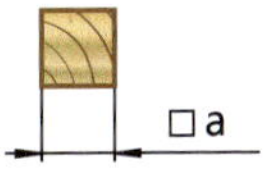

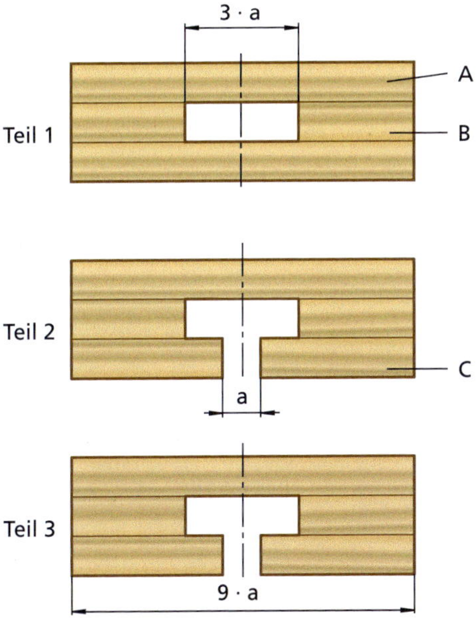

a) Ermittle den Materialbedarf! Vorher musst du den Leistenquerschnitt a kennen.
Als Hilfe nutze die Tabelle!

Leiste	Vorhanden in Teil	Leistenlänge in cm	Stück	Gesamtlänge
A				
B				
C				
Summe aller Leisten				

b) Führe einen Preisvergleich von Quadratleisten im Baumarkt durch! Es soll für jeden Schüler deiner Gruppe ein Puzzle entstehen. Wähle für deinen Holzknoten günstige Querschnitte. Schau dir auch verschiedene Holzwerkstoffe an!
c) Stelle einen Arbeitsablaufplan auf!
d) Fertigt in der Gruppe für jeden Schüler einen Holzknoten! Nutzt, wenn möglich, eine Gehrungssäge oder eine Sägelehre! Arbeitet effektiv mit Anschlägen! Haltet die Aussparungen knapp, damit die Teile gut sitzen!

Variante 2 besteht aus drei verschiedenen Teilen, die viel schwerer zu puzzeln sind:

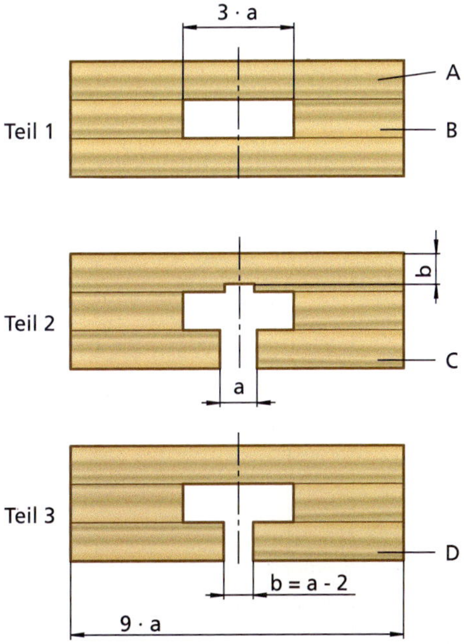

4. Schau dir das Foto des Stahlmaßstabes auf Seite 35, Bild 1, genau an! Lies die Angaben hinter dem Begriff „STANDARD"!
Erkläre, wozu sie nötig sind!
Nenne Beispiele, wo es auf hohe Messgenauigkeit ankommt!

5. Fertige eine Übersicht von verschiedenen Schraubenköpfen an! Suche nach Anwendungen!

6. Recherchiere nach folgenden Bezeichnungen von Schraubenköpfen für verschiedene Schraubendreher! Skizziere sie in deinem Hefter!
Schlitz, Philipps-Kreuzschlitz, Pozidriv-Kreuzschlitz, Inbus, Torx

7. Skizziere eine Zylinderkopfschraube mit Schlitz!

Fertigungsprozess (Kunststoff)

1. Der Kreuzbrecher (↗Abb. 1) ist ein berühmtes Flächenpuzzle, das als Rechteck oder als griechisches Kreuz gelegt werden kann. Fertige eine Schablone mit einem selbst gewähltem Raster. Wähle einen zur Verfügung stehenden Werkstoff aus und fertige dieses Puzzle! Vielleicht kannst du noch einen Aufbewahrungskasten bauen.

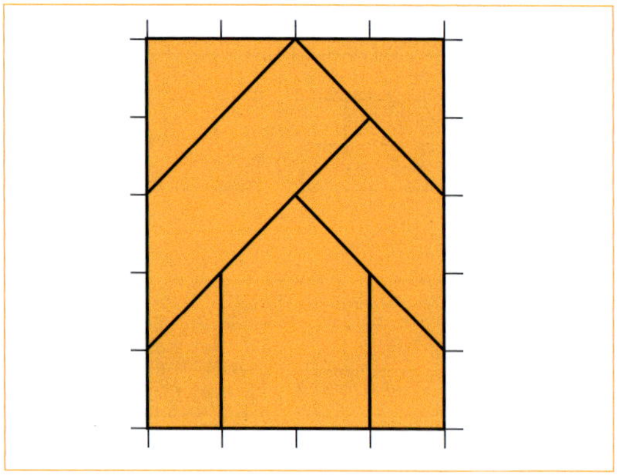

1 Kreuzbrecher

2. Mit einem Extruder werden Kunststoffprofile in Strangform hergestellt. Recherchiere dieses Urformverfahren!
Erläutere, warum dies ein kontinuierliches Verfahren ist!

3. Auch unsere bekannten HT-Rohre werden extrudiert. Dieses Mal wollen wir mit ihnen wunderbar Musik machen. Die Blue Man Group hat sich auf Musik mit PVC-Instrumenten spezialisiert. Vielleicht findest du ja Beispiele im Internet?
Für einen Rohrdurchmesser von 50 mm brauchst du folgende Längen. Die Knicke sind fertige 87°-Bögen. Spielen kannst du am besten mit Lederpatschen oder Gummilatschen, mit denen du so auf die oberen Öffnungen schlägst, dass sie komplett abgedeckt werden.

Note	Länge in mm	Länge nach Knick
D	555	
C	625	
A	755	
G	850	
E	765	250
D	815	335
C	885	410

2 Instrument aus HT-Rohren

2 Funktionsmodelle planen, fertigen und untersuchen

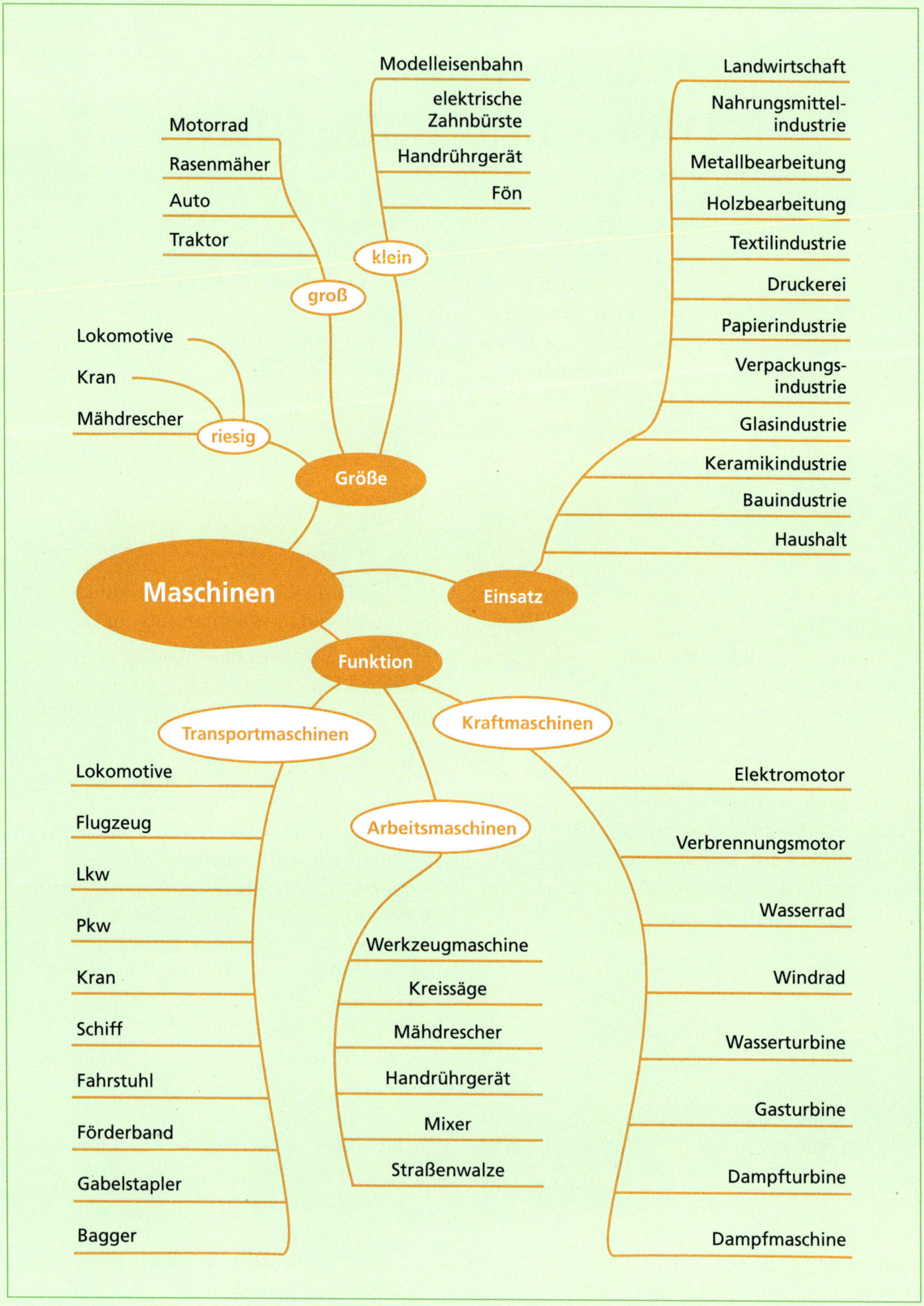
Maschinen
Größe
riesig
Lokomotive
Kran
Mähdrescher
groß
Motorrad
Rasenmäher
Auto
Traktor
klein
Modelleisenbahn
elektrische Zahnbürste
Handrührgerät
Fön
Einsatz
Landwirtschaft
Nahrungsmittel-industrie
Metallbearbeitung
Holzbearbeitung
Textilindustrie
Druckerei
Papierindustrie
Verpackungs-industrie
Glasindustrie
Keramikindustrie
Bauindustrie
Haushalt
Funktion
Transportmaschinen
Lokomotive
Flugzeug
Lkw
Pkw
Kran
Schiff
Fahrstuhl
Förderband
Gabelstapler
Bagger
Arbeitsmaschinen
Werkzeugmaschine
Kreissäge
Mähdrescher
Handrührgerät
Mixer
Straßenwalze
Kraftmaschinen
Elektromotor
Verbrennungsmotor
Wasserrad
Windrad
Wasserturbine
Gasturbine
Dampfturbine
Dampfmaschine

Untersuchung von Maschinen

Bestandteile von Maschinen

Tim kann heute das Weckerklingeln gar nicht erwarten. Er ist so gespannt, weil er in der Klasse von seinem Wochenendausflug zur Mansfelder Bergwerksbahn erzählen möchte.
Am Samstag ist er mit seinen Großeltern mit einem Zug gefahren, der sogar von einer **Dampflokomotive** gezogen wurde. Und anschließend konnten sie noch die Mansfelder Lok- und Wagenwerkstatt besuchen. Dort standen auch **Diesellokomotiven** und **Elektrolokomotiven** (Dieselloks, E-Loks) zusätzlich zu den Wagen in einer großen Halle und warteten darauf, aufgearbeitet zu werden. Das war interessant! Und erst in der Werkstatt selber: Überall standen alte Maschinen herum, mit denen die Ersatzteile für die Loks und Wagen repariert oder neu hergestellt wurden. Da waren riesige Drehmaschinen dabei, Fräsmaschinen, Bohrmaschinen und auch Sägen.
Kai wirft ein, dass die Dampflokomotive ja auch eine **Maschine** sei. Sogar die Dieselloks oder auch E-Loks sind Maschinen. Nun will Luisa wissen, woran man denn eigentlich eine Maschine erkennt. Alle überlegen: Anna sagt, dass jede Maschine einen **Motor** habe. Worauf Tim erwidert, dass die Dampflok keinen Motor, sondern eine **Dampfmaschine** habe.

1 Historische Dampflok 20 der Mansfelder Bergwerksbahn am Haltepunkt Eduardschacht

Deren heißer Dampf treibt dann die Lok an. Dazu muss diese Kraft erst übertragen werden. Die Dampflok hat dafür das **Gestänge,** das schließlich die Räder bewegt. Bei der **Bohrmaschine** dagegen erfolgt die Kraftübertragung mit einem **Riemengetriebe,** damit der Bohrer sich dreht. Zum **Steuern** gibt es viele Hebel, Handräder oder Schalter, die an allen Geräten eingestellt werden können. Und einen Rahmen bzw. ein **Gehäuse** besitzt ebenfalls jede Maschine.
Fassen wir einmal zusammen, woran man eigentlich eine Maschine erkennt:

Eine Maschine besteht aus Funktionselementen:
- **dem Antriebselement,**
- **dem Übertragungselement,**
- **dem Arbeitselement,**
- **dem Steuerelement und**
- **dem Trägerelement.**

Ihr merkt schon, es gibt so viele verschiedene Arten von Maschinen und trotzdem ähneln sie sich. Damit wollen wir uns näher beschäftigen.

Arten von Maschinen

Auf der vorherigen Seite haben wir angefangen, uns über Maschinen Gedanken zu machen. Dadurch ist eine Mindmap entstanden, die uns einige Informationen mitteilt, u. a.:
- Wie kann ich Maschinen einteilen?
- Welche Aufgaben erfüllen sie?
- Wie groß sind sie?
- Wo kann ich sie einsetzen?

Natürlich kann diese Darstellung nicht vollständig sein.

1. *Diskutiere mit deinem Partner, welche Maschinen du kennst und welche du schon einmal gesehen hast!*

2. *Fertigt dann jeder eine eigene Mindmap über Maschinen in euren Heftern an!*

Jede Maschine hat natürlich eine bestimmte Aufgabe zu erfüllen. Diese ist von Maschine zu Maschine sehr unterschiedlich und wird dazu genutzt, Maschinen einzuteilen.

Maschinen kann man in Transport-, Kraft- und Arbeitsmaschinen einteilen.

Transportmaschinen

Tim kann gar nicht aufhören, von seinem Ausflug zu schwärmen. Diese alten, großen, schwarzen Dampfrösser und diese modernen schnittigen Triebwagen sind dafür verantwortlich, dass Personen befördert oder Güter transportiert werden. Sie sind also **Transportmaschinen** (↗ Abb. 1).

Transportmaschinen dienen der Ortsveränderung von Personen und/oder Gütern.

Kraftmaschinen

Kraftmaschinen haben die Besonderheit, dass sie die der Maschine zugeführte Energie in eine Energieart umwandeln, die die Maschine überhaupt erst nutzen kann. Beispielsweise kann man ein Auto mit Benzin volllaufen lassen, dadurch allein fährt es aber noch nicht!

1 Transportmaschinen für Personen und Güter

Erst der Verbrennungsmotor wandelt die chemische Energie durch Verbrennung in Wärmeenergie und anschließend in Bewegungsenergie (mechanische Energie) um, die dann das Fahrzeug in Bewegung setzt. Anna hat das gewusst. Du auch?

Kraftmaschinen wandeln Naturkräfte in nutzbare Energie um oder eine Energieart in eine andere.

Arbeitsmaschinen

Kai kennt sich dagegen gut mit **Arbeitsmaschinen** aus. Im Technikunterricht hat er schon oft an einer gearbeitet: an seiner Lieblingsmaschine, der Tischbohrmaschine.

Mit der Tischbohrmaschine lassen sich nämlich die tollsten Werkstücke zaubern. Sie verändert die Form und manchmal dadurch sogar die Eigenschaften der fertigen Produkte.

Arbeitsmaschinen verändern/verarbeiten einen Werkstoff bzw. ein Werkstück.

3. *Fertige eine Übersicht der Maschinenarten in deinem Hefter an! Nutze dazu eine Tabelle!*

2 Kraftmaschine: Sternmotor eines Flugzeugs

Aufbau von Maschinen

Wir haben schon gelernt, dass alle Maschinen aus **Funktionselementen** bestehen.

Als Funktionselemente bezeichnet man die Gesamtheit von Bauteilen, die im Zusammenwirken eine bestimmte Funktion innerhalb einer Maschine erfüllen.

In Abhängigkeit davon, welche Aufgabe sie zu erfüllen haben, besitzen Funktionselemente eine bestimmte Form sowie eine bestimmte räumliche Lage und nehmen Kräfte auf.

Anhand von Kais Lieblingsmaschine, der **Tischbohrmaschine,** lässt sich das richtig gut erklären. Betrachte dazu die Abb. 1 (auf S. 42 findest du auch ein Foto von ihr).

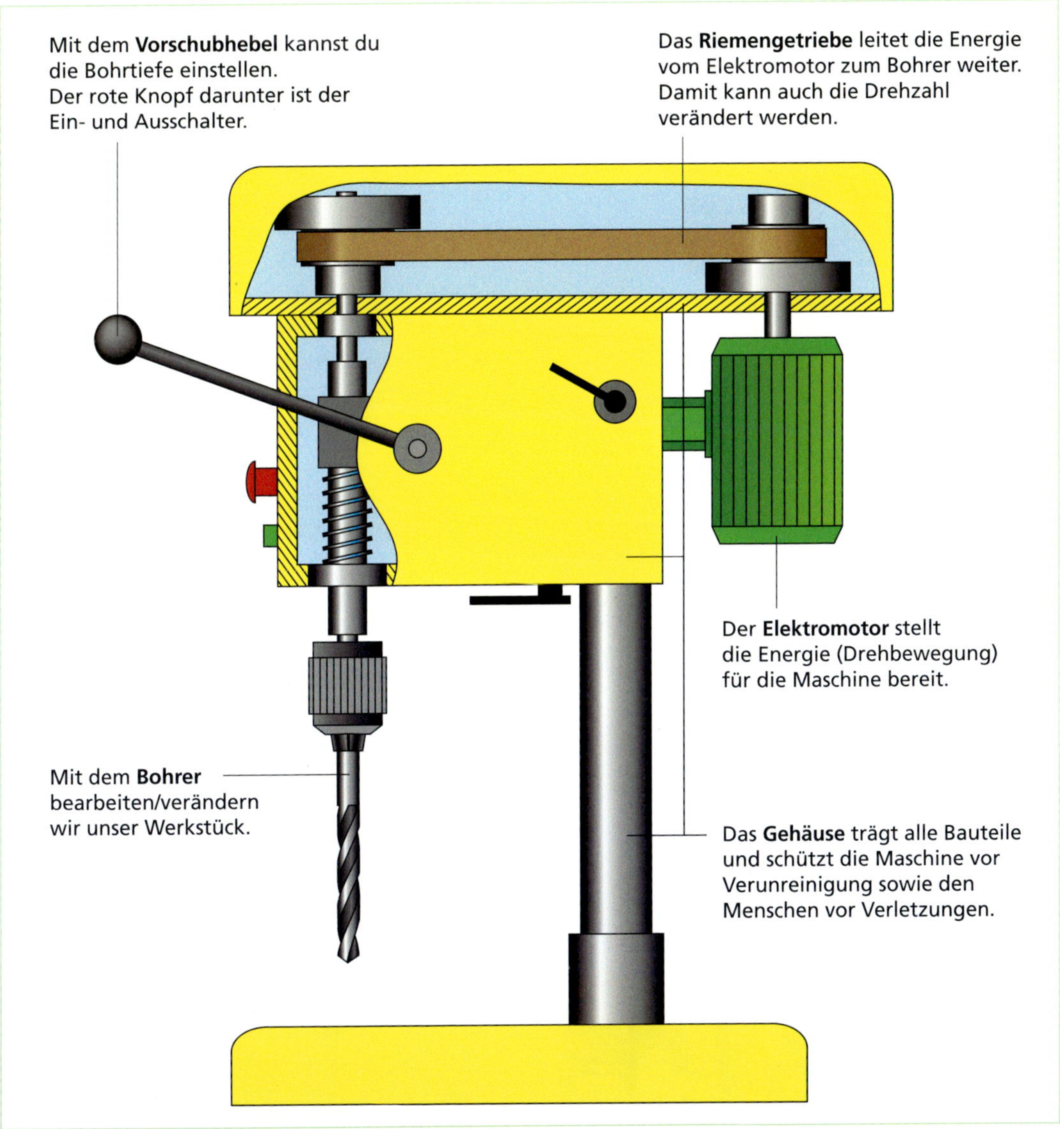

1 Tischbohrmaschine mit ihren Funktionselementen

Aber welche Bauteile übernehmen denn nun bei den unterschiedlichen Maschinen die einzelnen Aufgaben?

Das Antriebselement

Irgendwie muss unsere Maschine angetrieben werden, damit der Mensch von der schweren körperlichen Arbeit befreit wird. Bei der Tischbohrmaschine ist der **Elektromotor** das **Antriebselement.** Er wird mit elektrischer Energie betrieben und erzeugt eine Drehbewegung der Motorwelle.

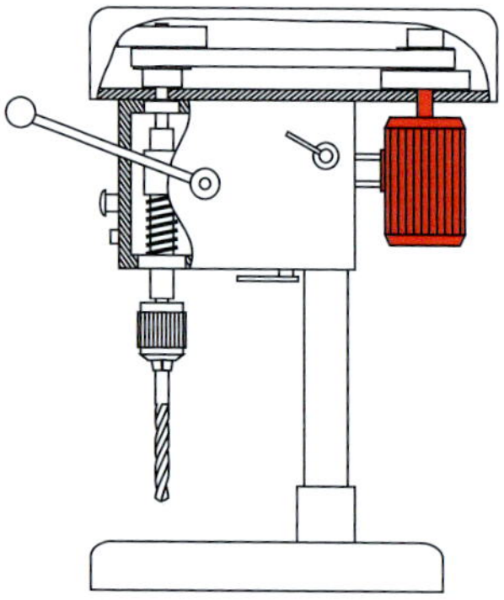

Andere Antriebe können natürlich auch **Verbrennungsmotoren** sein. Hier wird der flüssige Brennstoff durch eine Explosion im Motor verbrannt. Dadurch wird im Zylinder ein Kolben bewegt, der dann eine Kolbenwelle antreibt (↗ Abb. 1).

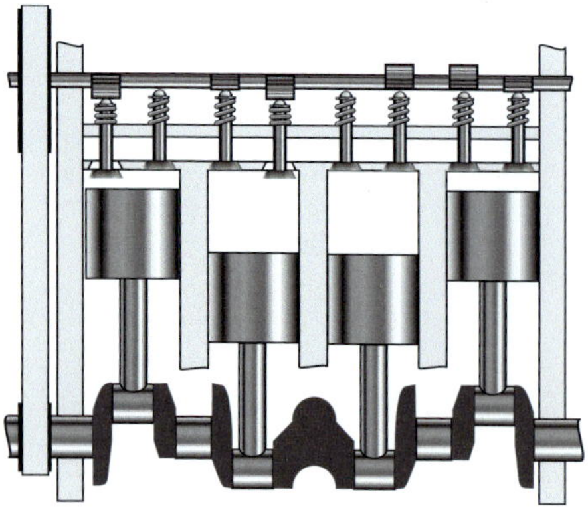

1 Hubkolbenmotor mit vier Zylindern

Im nächsten Kapitel erfährst du, wie vor Entdeckung der Elektroenergie **Wind** und **Wasser** den Menschen als Antriebskraft dienten.
Später wurde die **Dampfmaschine** entwickelt, wie du sie heute noch in Dampflokomotiven bestaunen kannst. Mit der Erfindung der Dampfmaschine nahm die Mechanisierung enorm zu. Ab 1850 kam es dadurch in Deutschland zur **industriellen Revolution.**

Antriebselemente stellen die Antriebsenergie (meist Bewegungsenergie) für die Maschine bereit.

Elektromotoren sind – wie Verbrennungsmotoren – vielfältig einsetzbar. Beide sind für große, schwere Maschinen geeignet, aber auch für kleine, leichte, wie du sie eventuell in eurem Haushalt findest.

4. *Stelle in deinem Hefter Beispiele für den Einsatz von Verbrennungs- und Elektromotoren in einer Tabelle zusammen!*

Das Übertragungselement

Mit dem **Riemengetriebe** wird bei der Tischbohrmaschine die Drehbewegung von der Motorwelle zur Bohrerwelle und damit auf den Bohrer geleitet. Alle genannten Teile zur Weiterleitung der Bewegungsenergie sind **Übertragungselemente.**

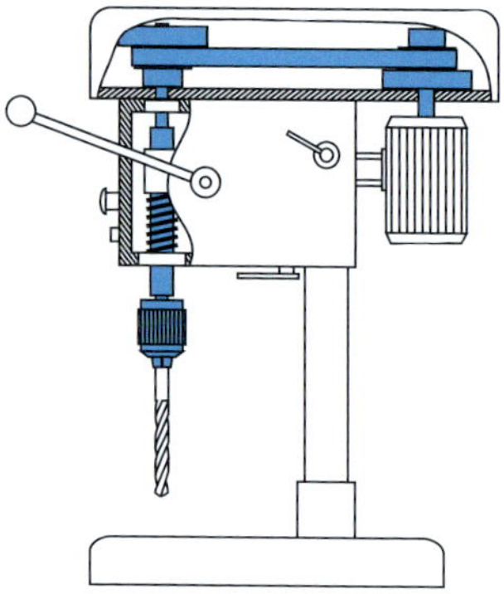

Weitere Übertragungselemente sind Kupplungen, Lager, Wellen, Gestänge und **Getriebe.** Von Getrieben gibt es viele unterschiedliche Arten. Auf diese und weitere Übertragungselemente wird im Kapitel „Übertragung der mechanischen Energie“ (↗ S. 85 ff.) genauer eingegangen.
Die Energieübertragung erfolgt vom Antriebselement zum Arbeitselement.
Wenn der Riemen auf den Riemenscheiben verschoben wird, ändert sich die **Drehzahl.** Das ist z. B. notwendig, weil man Kunststoffe mit einer kleinen Drehzahl (langsam) bohren muss, damit das Material beim Bohren nicht zu heiß wird und schmilzt.

Übertragungselemente leiten die Bewegungsenergie vom Antriebselement zum Arbeitselement.

5. *Notiere in deinem Hefter ein Beispiel, wo du schon die Übertragung von Bewegungsenergie beobachtet hast! Trage deinen Mitschülern dieses Beispiel vor!*

Das Arbeitselement

Das **Arbeitselement** an der Bohrmaschine ist der **Bohrer.** Mit ihm bohrst du in das Werkstück.

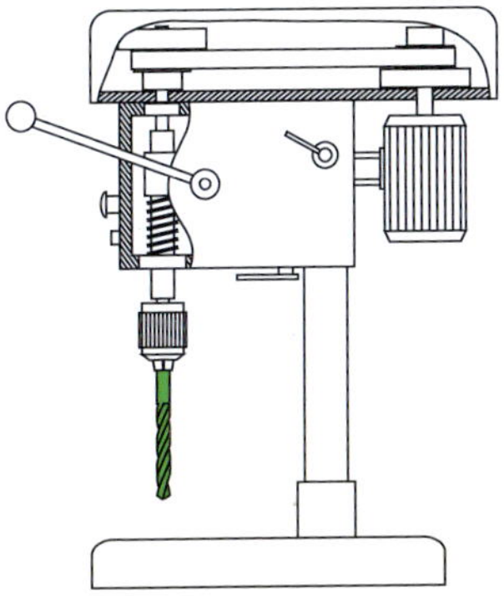

Bei einem Auto sind es die Räder. Sie reiben auf dem Straßenbelag und bewegen das Fahrzeug.

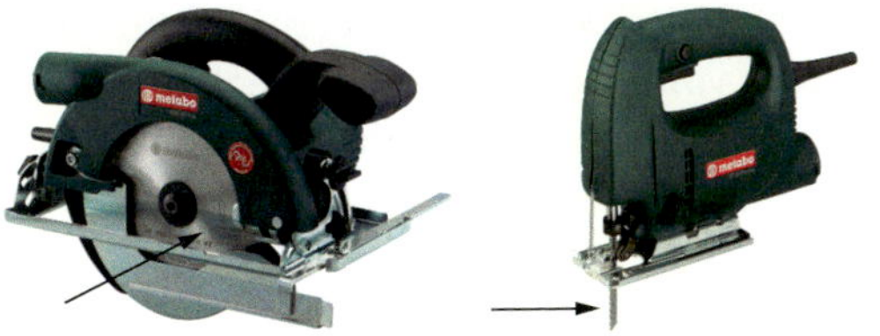

1 Arbeitselemente bei Kreissäge und Stichsäge

Arbeitsmaschinen werden oft nach dem Arbeitselement benannt. Beispiele dafür sind die Bohrmaschine, die Rührmaschine, die Nähmaschine oder die Kettensäge. Bei der letzten Maschine wird im Begriff einfach die Maschine weggelassen. So hast du bestimmt auch schon von der Maschine Kreissäge gehört (↗ Abb. 1).

6. *In Abb. 2 siehst du verschiedene Arbeitselemente. Übernimm die Tabelle in deinen Hefter und ergänze die fehlenden Begriffe!*

Arbeitselement	Maschine	Maschinentyp
		Transportmaschine
		Arbeitsmaschine
	Ottomotor	
Kranhaken		

2 Arbeitselemente verschiedener Maschinen

Die vom Antriebselement bereitgestellte Energie wird vom Übertragungselement auf das Arbeitselement geleitet. Die drei Elemente bilden eine Funktionseinheit.

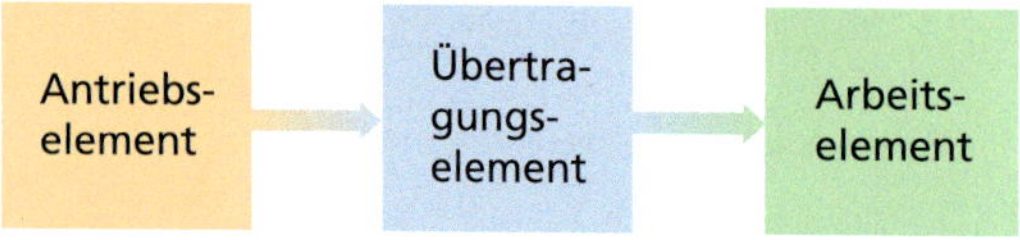

Die **Arbeitselemente** sind die Bauteile einer Maschine, die die eigentliche Arbeit verrichten. Bei der Arbeitsmaschine werden damit die Werkstücke verändert und bei der Transportmaschine wird die Lage geändert.

Das Arbeitselement verrichtet die Arbeit der Maschine.

Das Steuerelement

Der Autofahrer lenkt sein Auto mit dem **Lenkrad** die Straße entlang, geradeaus oder durch Kurven. Oft sagt man auch: „Er sitzt am Steuer."
Mit dem **Steuerrad** kann der Steuermann das Schiff lenken. Beide Fahrer möchten ihre Maschine zielgerecht beeinflussen. Alle Elemente, die diesen Wunsch erfüllen, werden **Steuerelemente** genannt (↗ Abb. 1).

1 Steuerelemente: Lenkrad und Steuerrad

Ohne Steuerelemente kann man Maschinen überhaupt nicht betreiben. Man könnte sie nicht anschalten, man könnte bei der Tischbohrmaschine weder die Bohrtiefe beeinflussen, noch die Bohrgeschwindigkeit verändern oder die ganze Maschine in der Höhe verstellen. Du könntest auch zum Schluss die Maschine nicht abstellen.

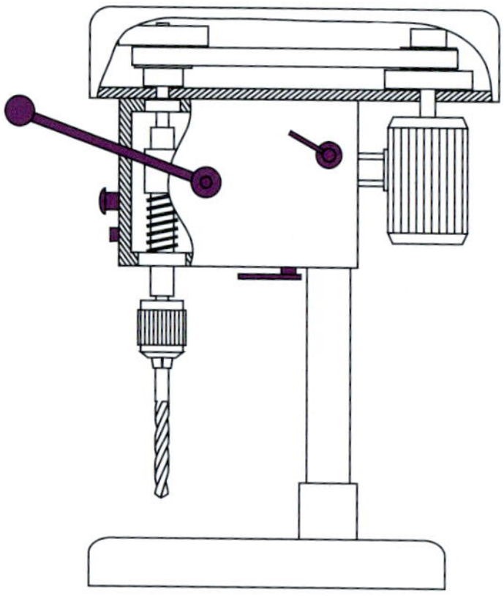

Es gibt viele Arten von Steuerelementen: Schalter, Hebel, Pedale und Handräder (z. B. das schon erwähnte Lenkrad). Im Haushalt begegnen euch tagtäglich viele Maschinen, die ihr selbst schon steuern könnt. Ob das die elektrische Zahnbürste, der Fön, die Kaffeemaschine, der Mixer oder der Staubsauger ist.

7. *Zähle die Steuerelemente dieser Maschinen auf!*

8. *Finde weitere Beispiele für Maschinen und ihre Steuerelemente!*

Mit dem Steuerelement können alle anderen Maschinenelemente beeinflusst werden.

Das Trägerelement

Auf der folgenden Abbildung der Tischbohrmaschine sind die **Trägerelemente** gelb dargestellt.

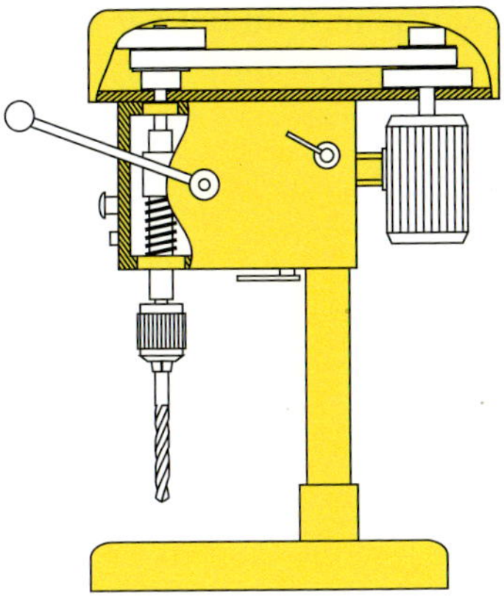

Sie machen fast die ganze Maschine aus. Da kannst du dir vorstellen, dass sie wichtige Aufgaben übernehmen:

- Der **Fuß** gewährleistet die Standfestigkeit der Maschine.
- Der **Ständer** hält den oberen schweren Bohrmaschinenblock, damit wir das nicht übernehmen müssen. Er erlaubt auch die Höhenverstellung.
- Der **Getriebedeckel** verdeckt das Riemengetriebe und verhindert, dass du aus Versehen hineinfassen kannst und dich dabei verletzt.
- Das **Maschinengehäuse** schützt zum einen die Maschine rundum vor Verschmutzungen und zum anderen die Nutzer, damit sie z. B. die gefährliche Elektroenergieversorgung nicht berühren können.

Sie alle zusammen haben die Aufgabe, die anderen Funktionselemente der Maschine in der erforderlichen Lage zu halten und Kräfte aufzunehmen (↗ Abb. 2). Somit können alle Funktionselemente zusammenwirken und die Aufgabe, für die die Maschine da ist, erfüllen.

Trägerelemente sind auch Gestelle, Rahmen, Träger, Achsen und Lager. Ein **Kugellager** nimmt beispielsweise eine Welle oder eine Achse auf und garantiert reibungsarmen Rundlauf.

1 Die Karosserie eines „Harlekin"-VW

Bevor eine Maschine ein Gehäuse erhält, haben in einem Betrieb viele Leute ein Wörtchen mitzureden. Denn die Maschine und ihr Gehäuse sollen ja nicht nur zweckmäßig sein, sondern oft auch noch traumhaft aussehen, z. B. so wie in Abb. 1.
Nun hat aber jeder eine andere Vorstellung davon, was schön, modern und zweckmäßig ist. Am Ende entscheidet der Kunde (und sein Geldbeutel), ob er ein bestimmtes Produkt kauft.

Trägerelemente halten die Funktionselemente in geforderter Lage, stützen, schützen und nehmen Kräfte auf.

9. *Suche dir eine Maschine im Raum aus und erkläre die Aufgaben der Trägerelemente! Schreibe die Lösung in deinen Hefter!*

2 Verschiedene Trägerelemente helfen, die Bohrmaschine sicher und kraftsparend zu führen.

Das allgemeine Maschinenstrukturmodell

Da du nun alle Elemente einer Maschine kennst, wird es Zeit, ein allgemeines **Strukturmodell für alle Maschinen** anzuschauen. Betrachte dazu das Blockschema in Abb. 1!

10. Übernimm das Blockschema in deinen Hefter! Lass dabei die Grafiken weg!

Bei allen Maschinen wirst du die hier abgebildeten fünf **Funktionselemente** finden:
- Antriebselement,
- Übertragungselement,
- Arbeitselement,
- Steuerelement,
- Trägerelement.

Manchmal sind diese Elemente ein wenig versteckt oder ein Maschinenteil enthält mehrere Elemente.

Die einzelnen Elemente sind durch verschiedene **Flüsse** verbunden:
- den Energiefluss,
- den Informationsfluss und
- den Stofffluss.

Den **Energiefluss** hast du bei der Verbindung zwischen Antriebs-, Übertragungs-, und Arbeitselement bereits kennengelernt (↗ S. 70).

11. Beschreibe die Energieänderungen am Beispiel der Bohrmaschine!

Alle Wirkungen vom Steuerelement auf die anderen Elemente sind **Informationsflüsse.** Eine Information kann sein: „An“ oder „Aus“, die Drehzahl oder die Bohrerhöhe.

Der **Stofffluss** ist nicht immer so einfach zu erkennen. Bei einer Transportmaschine ist es noch leicht. Ein Lastkraftwagen transportiert Baustoffe oder ein Kran hebt Dachlatten auf das Haus. Die Bohrmaschine ändert ein untergelegtes Werkstück, welches nach dem Bohren wieder weggenommen wird. In einen Betonmischer kommen Kies, Wasser und Zement, die durch das Mischen zu Beton werden.

12. Entwickle das Blockschema für die Bohrmaschine! Trage statt der Elemente die Bezeichnung der konkreten Bauteile ein!

13. Zeichne das Blockschema für eine beliebige Transportmaschine!

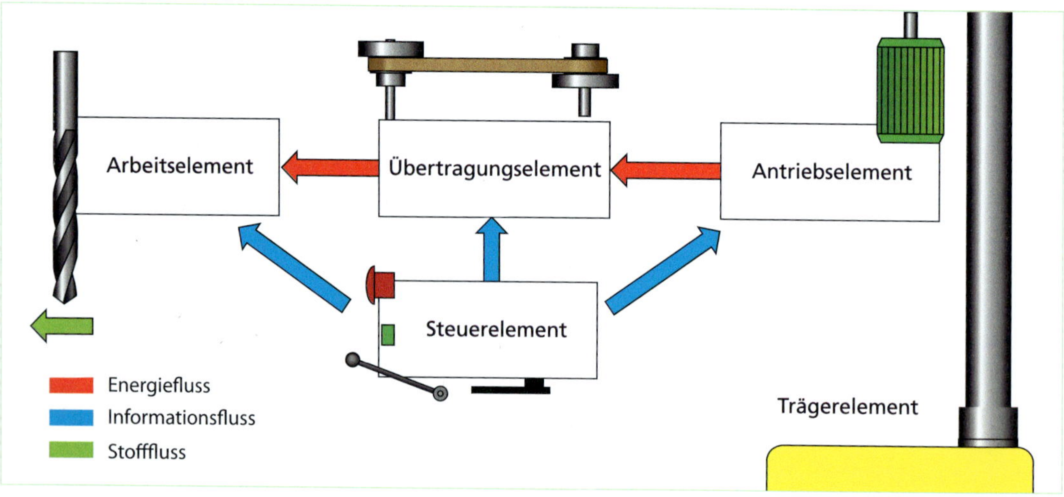

1 Maschinenstrukturmodell am Beispiel der Tischbohrmaschine

Antriebe zur Bereitstellung der mechanischen Energie

Mechanische Energie bringt uns an jeden Ort der Welt, ob mit dem Flugzeug, der Bahn, dem Auto, dem Schiff, dem Fahrrad oder den Inlineskates.

Nur – zum Fortbewegen mit dem Fahrrad oder den Inlineskates müssen wir uns anstrengen. Ohne unsere **Muskelkraft** als Energiequelle kommen wir mit diesen Geräten keinen Zentimeter voran. Dagegen können wir uns im Auto oder im Flugzeug entspannt zurücklehnen. Die Energie zum Fortbewegen liefern uns hier die Motoren. Mit einem Segelschiff wiederum kommst du nur von der Stelle, wenn der Wind kräftig weht. Der Wind und die Motoren ersetzen unsere Muskelkraft völlig. Beim Radfahren und beim Inlineskaten dagegen werden unsere Körperkräfte durch das Benutzen von Technik lediglich verstärkt, aber nicht ersetzt. Immerhin können wir uns so schon viel schneller fortbewegen, als es zu Fuß möglich wäre.

Aber nicht nur zum Fortbewegen ist mechanische Energie hilfreich. Schau dich mal in der Küche, im Bad oder in der Werkstattecke zu Hause um. Da findest du viele elektrische Geräte, mit deren Hilfe man z. B. einen Kuchenteig rühren oder kneten, deine schmutzige Sportbekleidung waschen oder ein Loch für einen Haken in die Wand bohren kann.

Die schmutzige Sportbekleidung in der Waschmaschine zu reinigen, wird mit einem einfachen Knopfdruck erledigt. Auch das Rühren mit einem Handrührgerät kostet nur eine geringe körperliche Anstrengung. Dagegen erfordert das Bohren eines Loches mit einer Handbohrmaschine schon größere körperliche Kräfte. Wieder nur auf Knopfdruck bewegt sich der Scheibenwischer, ohne den wir bei Regen und Schnee nicht sicher mit dem Auto fahren könnten.

Mechanische Energie ist eine Nutzenergieart. Sie dient dem Fortbewegen in Transportsystemen und dem Ausführen von Fertigungsverfahren. Mechanische Energie kann geradlinig, rotierend und als Hin- und Herbewegung wirken.

Fällt dir bei diesen Beispielen aus dem Haushalt auf, welche Art von Bewegung die Geräte und Bauteile ausführen?

1. *Zähle die elektrischen Geräte in eurem Haushalt auf, deren Nutzenergie die mechanische Energie ist! Ordne sie in einer Tabelle und bestimme ihren Zweck!*

Gerät/ Bauteil	Bewegungsart	Zweck
Pürierstab	rotierend	Zerkleinern

1 Technik zum Fortbewegen durch mechanische Energie

2 Technik zum Erzeugen von schwingender und rotierender Bewegung

2. *Schau dir das Bild genau an und überlege, wodurch sich das Rad drehen könnte!*

3. *Überlege! Wodurch könnte sich ein Segelschiff trotz Windstille vorwärtsbewegen?*

4. *Erkunde andere Sportarten, die den Wind zur Fortbewegung nutzen! Fertige eine Präsentation an!*

Naturkraft Wind – mächtig und launisch

Die **Naturkraft Wind,** die die Wolken vor sich hertreibt, das Meer aufwühlt, den Sand der Wüsten zu Dünen türmt, sich zum Sturm verstärkt, Bäume entwurzelt und Dächer abdeckt, fand schon in frühesten Zeiten die Aufmerksamkeit der Menschen. Zuerst erfand der Mensch das **Segel,** das ihn von der schweren Arbeit des Ruderns befreite. Der älteste Nachweis eines **Segelbootes** stammt aus Ägypten von vor etwa 7 000 Jahren. Mit ihm transportierten die Ägypter Güter auf dem Nil, aber auch auf dem Mittelmeer und dem Roten Meer.
Das größte Segelschiff aller Zeiten ohne Hilfsantrieb, die „Preußen" (5 Masten, 48 Segel, 5 560 m^2 Segelfläche), lief 1902 in Bremerhaven vom Stapel. Es transportierte Güter, wie Salpeter oder Petroleum. Heute gehören Segelboote meist zum Freizeitvergnügen (↗ Abb. 1).

Das Segel ermöglichte später auch den Antrieb von **Windrädern** und löste Tiere und Menschen als Antriebskraft in Mühlen und Schöpfwerken ab. **Mühlen** verarbeiten u. a. mithilfe rotierender Mahlsteine Getreide zu Mehl. **Schöpfwerke** heben z. B. das Wasser aus Flüssen zur Bewässerung von höher gelegenen Feldern.

Vermutlich sind die ältesten **Windmühlen** bereits vor ca. 3 500 Jahren in Babylon (südlich vom heutigen Bagdad) entstanden. Bei diesen **orientalischen Mühlen** hat das Windrad kreisförmig angeordnete Segel (↗ Abb. 2). Die Drehbewegung der Welle wird über Zahnräder auf die Mahlsteine übertragen. Bei persischen **Horizontalwindmühlen** aus dem 7. Jahrhundert dagegen ist das Windrad im Halbkreis ummauert. Es hat senkrecht stehende Flügel, die fest mit der Welle verbunden sind. Die Windfangmauer leitet den Wind auf die eine Hälfte des Rades, die andere Hälfte bleibt im Windschatten.

Das Segel am Mast ist das Antriebselement bei Segelschiffen, bei Windmühlen ist es das mit Segeln/Flügeln besetzte Windrad.

1 Seit 1900 ist Segeln auch eine olympische Disziplin.

2 Orientalische Windmühlen mit kreisförmig angeordneten Segeln

In Westeuropa kam es erstmals im 9. Jahrhundert zum Bau von Windmühlen. Ab dem 12. Jahrhundert wurden dann die Windmühlen zum „Motor“ der mittelalterlichen Produktion. Es setzte sich die Bauart der **vertikalen Windmühle** mit Flügeln - meist ohne Segel bespannt - durch. Die Standorte mussten sorgfältig nach den Windverhältnissen ausgewählt werden.

Im Laufe der Jahrhunderte wurden viele Verbesserungen an der Konstruktion der Windmühlen vorgenommen, wie z. B. das Drehen der Flügel in den Wind. Die Mühlenbauer strebten ständig danach, den Wind immer besser auszunutzen. In den einzelnen Regionen Europas sind so typische **Bauarten** entstanden, die du heute noch sehen kannst (↗ Abb. 1).

5. *Nenne die Merkmale der Naturkraft Wind! Erörtere in der Gruppe, wie sie in der Standortwahl und in der Konstruktion für eine Windmühle berücksichtigt werden müssen!*

6. *Recherchiere verschiedene Bauarten von Windmühlen in Europa und vergleiche sie! Bestimme die Lage der Rotationswelle und die des Mahlwerkes! Erörtere die Anforderungen an den Standort!*

1 Holländerwindmühle in den Niederlanden und Turmwindmühle in Spanien

Windmühlen – die „Alleskönner"

Windmühlen wurden anfangs nur zum **Mahlen** von Getreide eingesetzt, später auch zum Zerkleinern von Ölfrüchten, Senfkörnern, Gewürzen, Tabak, Gips usw. Seit dem 14. Jahrhundert kamen Anwendungen in der **Werkstoffbearbeitung** dazu. Die Windmühle lieferte die mechanische Energie zum Sägen von Holz, Häckseln von Stroh, Stampfen von Eichenrinde, Ziehen von Drähten, Schmieden von Eisen, Walzen von Blechen, Bohren von Rohren und zu vielem anderem mehr.

In küstennahen Gebieten der Niederlande kamen ab dem 16. Jahrhundert **Fluttermühlen** zum Schöpfen und Pumpen von Wasser zum Einsatz, mit deren Hilfe die Polder und andere Feuchtgebiete entwässert wurden. Die Fluttermühle ist die einfachste und kleinste Windmühle mit einem Neigungswinkel von 30° (↗ Abb. 2). Ihr Windflügelkreuz sitzt unmittelbar am oberen Ende einer **archimedischen Schraube** (S. 79), deren unteres Ende in den Wassergraben ragt. Die Mühle wird von Hand in den Wind gedreht und kann leicht an eine andere Stelle versetzt werden. Im 20. Jahrhundert wurde sie durch moderne Pumpen verdrängt. Heute wird sie nur im Naturschutz verwendet.

Windmühlen verrichten mechanische Arbeit.

2 Fluttermühlen werden zum Entwässern und zum Wassertransport genutzt.

Aufbau einer Windmühle

Windmühlen kannst du heute als technische Denkmale besichtigen und wenn du Glück hast, auch ihre Funktion erleben. Vielleicht warst du sogar schon einmal in einem Windmühlenmuseum. Ist dir aufgefallen, dass die **Bockwindmühle** sehr oft zu sehen ist? Sie ist der älteste Mühlentyp Europas und wurde seit dem 12. Jahrhundert zunächst in Belgien und Frankreich, dann auch in Deutschland gebaut. Das Besondere an dieser Mühle ist, dass das Müllerhaus auf einem Bock drehbar gelagert ist.

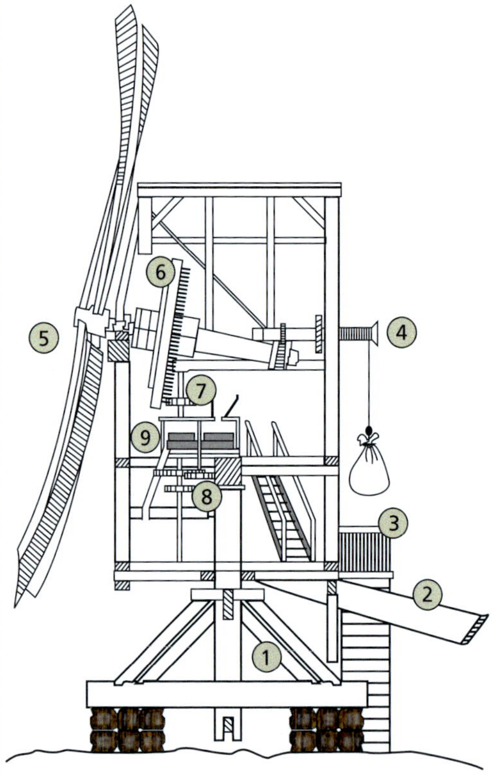

1 Aufbau einer Bockwindmühle

Außerdem kann die Bockwindmühle, da sie aus Holz ist, leicht abgebaut und an einer anderen Stelle wieder aufgebaut werden.
Kannst du aus der Zeichnung in Abb. 1 den Aufbau und die Funktion der Windmühle erkennen?

7. *Beschreibe anhand der Schemazeichnung in Abb. 1 den Energiefluss vom Windmühlenflügel zum Mahlgang!*

8. *Erörtert in der Gruppe, welchen Zweck das Bockgerüst erfüllt und welche Wirkung es auf das Mühlenhaus und die Arbeitsweise der Mühle hat!*

9. *Begründe, warum es die Windmühlen heute nur noch in Museen oder als frei stehende Denkmale gibt!*

10. *Erkläre, warum eine Hammermühle „Mühle" genannt wird, obwohl sie Eisen schmiedet und nicht mahlt?*

Windmühlen stellen mechanische Energie als Drehbewegung bereit. Diese Drehbewegung wird auch als Rotationsenergie bezeichnet.

Versucht selbst mal, eine Windmühle zu bauen! Wer hat die pfiffigste Idee für eine Windmühle, die sich am schnellsten dreht?

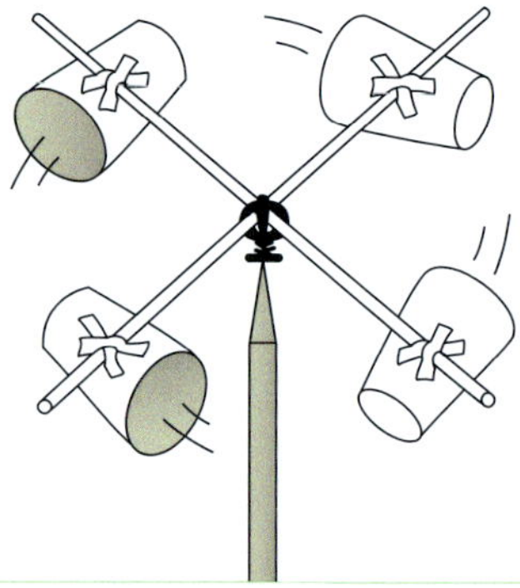

2 Beispiel für eine selbst gebaute Windmühle

11. *Baut euch jeder eine Windmühle! Die Bauart und die Anzahl der Flügel könnt ihr frei wählen. Benutzt hierfür Bauteile aus euren Baukästen oder Materialien, die ihr zu Hause findet!*

12. *Testet eure Windmühlen und findet heraus, welche sich am schnellsten dreht! Legt vorher Kriterien dafür fest und überlegt, wie ihr den Test durchführen wollt!*

13. *Erörtert und begründet in der Gruppe, warum sich das Siegermodell am schnellsten gedreht hat!*

14. *Recherchiere, welche Arbeiten die Menschen in einer Windmühle verrichten mussten! Informiere dich, wie diese Arbeiten heute erledigt werden, und vergleiche sie mit der früheren Arbeitsweise!*

Windkonverter – das moderne Kraftwerk

Die Windmühle des 20. Jahrhunderts ist der sogenannte **Windkonverter,** auch **Windgenerator** oder **Windkraftanlage (WKA)** genannt. Sicher kennst du diese „Windräder“: schlanke Türme mit rotierenden Flügeln entlang von Autobahnen, auf Anhöhen und Feldern. An der „modernen Windmühle“ fällt dir sicher auf, dass am Fuße des Turmes kein Gebäude steht, in dem sich ein Mahlgang oder ein Sägewerk befinden könnte.

Der Windkonverter wandelt die mechanische Energie direkt in elektrische Energie um. Für diese Umwandlung sorgt ein **Generator,** der sich oben auf dem Turm in einer Gondel befindet (↗ Abb. 1). Die Gondel ist verbunden mit dem **Rotor,** der aus den Rotorblättern und der Nabe besteht. Die Rotorblätter nehmen den Wind auf und werden in Bewegung gesetzt. Sie leiten die Windenergie über die Nabe und das Getriebe an den Generator weiter. Je nach Leistung können Rotorblätter eine Länge von bis zu 52 m haben, der Turm eine Höhe von bis zu 130 m (Nabenhöhe). Höhere Türme sind vorteilhafter, weil die Windgeschwindigkeiten mit zunehmender Höhe größer werden. Ab einer Höhe von 99 m muss ein Windkonverter für die Flugzeuge sichtbar beleuchtet sein.

Was denkst du, wann ein Windkonverter arbeitet? Ein elektronischer Regler schaltet ihn automatisch bei einer Windgeschwindigkeit von $5\,\frac{m}{s}$ ein und bei über $25\,\frac{m}{s}$ wieder ab. Überleg einmal, warum!

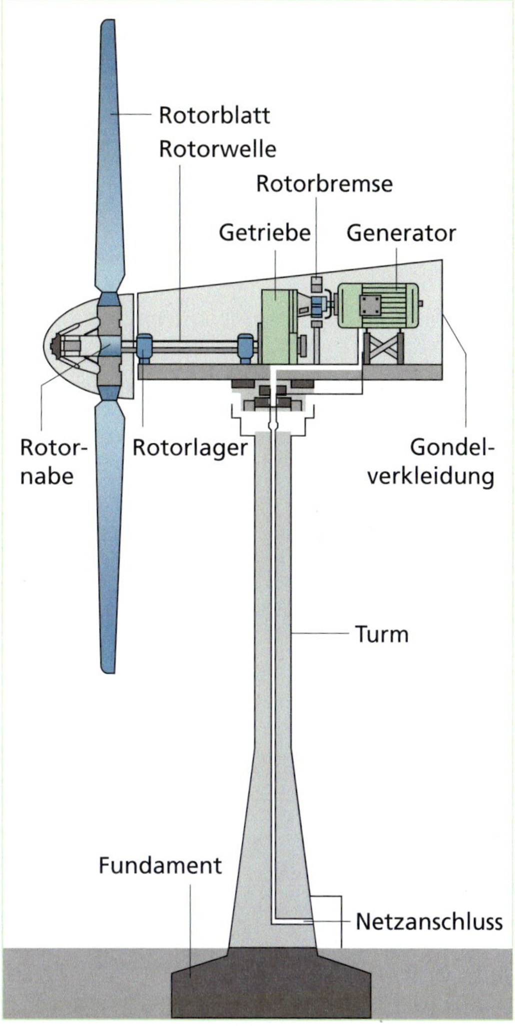

1 Aufbau eines Windkonverters

Einzelne Windkonverter in der Landschaft siehst du heute nur noch selten. Eine große Ansammlung solcher Türme wird **Windpark** genannt, da das Bild einer Baumgruppe ähnelt (↗ Abb. 2).
Die meisten Windkonverter haben drei Flügel und eine horizontal angeordnete Rotorwelle. Seltener sind solche mit zwei oder nur einem Flügel oder gar mit vertikal angeordneter Rotorwelle. Auch heutige „Mühlenbauer" arbeiten fieberhaft daran, wie sie durch konstruktive Veränderungen die Windkraft noch besser ausnutzen können. Du erkennst es an den verschiedenen **Bauarten,** z. B. an der Anzahl und Form der Rotorblätter (↗ Abb. 1), an ihrer Lage zur Rotorwelle, an der Nabenhöhe.

15. *Vergleiche den Aufbau und die Arbeitsweise einer Windmühle und eines Windkonverters! Welche Gemeinsamkeiten und welche Unterschiede erkennst du?*

Die ersten Windkonverter entstanden bereits Ende des 19. Jahrhunderts. Großversuche auf einem Windtestfeld begannen jedoch erst 1957 in Deutschland. Das heutige Konzept moderner Windkraftanlagen wurde in Dänemark Anfang der 1980er-Jahre entwickelt. Es setzt auf eine einfache und robuste Konstruktion mit horizontaler Rotationswelle. Die drei Rotorblätter sind dem Wind zugewandt und die Drehzahl ist fest eingestellt.

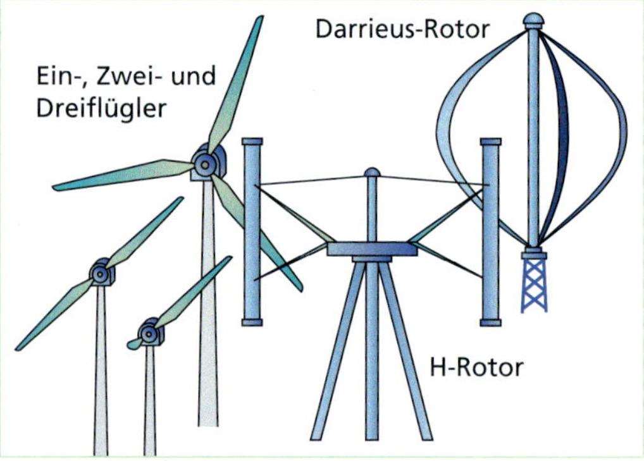

1 Bauformen von Windgeneratoren

Der deutsche Versuch 1983 mit einer großen **Windkraftanlage (Growian)** endete 1987 mit ihrer Demontage. „Growian" war zu groß, zu schwer, zu kompliziert gebaut.

16. *Die Meinungen über die Nutzung von Windkonvertern sind geteilt. Was denkst du darüber? Welche Gründe sprechen dafür, welche dagegen?*

Trotz des Scheiterns von „Growian" ging und geht die Entwicklung weiter, denn Wind steht uns auf der ganzen Welt gratis zur Verfügung und ist unerschöpflich. In Deutschland liefern die Windkraftanlagen bereits sechs Prozent des insgesamt verbrauchten Stroms.

Die Windenergie gehört zu den erneuerbaren Energiequellen. Sie ist aufgrund des zunehmenden Energiebedarfs und für den Klimaschutz unverzichtbar.

Was für Windkonverter spricht

Windkonverter erzeugen elektrische Energie, die über Leitungen leicht und verlustarm an jeden beliebigen Ort der Welt transportiert werden kann. Sie arbeiten – im Gegensatz z. B. zu Kohlekraftwerken – schadstofffrei! Ein Windpark hat einen kleinen Flächenverbrauch. Die Flächen zwischen den Türmen sind auch noch landwirtschaftlich nutzbar.

2 Windparks nutzen erneuerbare Windenergie.

Was gegen Windkonverter spricht

Die Rotoren an Windgeneratoren machen starke Geräusche. Nachts werden manche Menschen im Schlaf gestört, wenn sie in der Nähe einer Windkraftanlage wohnen. Durch die Windparks wird die Landschaft unschön verändert. Spötter sprechen von „Verspargelung“ der Landschaft. Eine Lösung wird in der Verlagerung auf das Meer gesehen (**„Offshorewindparks“**, ↗Abb. 1). Vögel können in die Rotorblätter gelangen und kommen um. Der Naturschutzbund NABU spricht von 1 000 Vögeln pro Jahr. Besonders gefährdet sind auch die Fledermäuse. (Aber auch das ist Tatsache: 10 Mio. Tiere sterben jährlich durch den Straßenverkehr und durch Stromleitungen.)

Der Standort für Windparks muss im Einklang mit den Bedürfnissen des Menschen und der Natur ausgehandelt werden.

17. *Recherchiere weitere Vor- und Nachteile von Windparks und stelle sie denen von Kohlekraftwerken oder Heizölkraftwerken gegenüber!*

18. *Diskutiert mit Experten eure und deren Argumente und beurteilt selbst die Bedeutung der Windenergienutzung!*
    Präsentiert eure Ergebnisse in einer Posterausstellung in eurer Schule!

1 Offshorewindparks stehen im Meer.

Wasser gibt dem Menschen Kraft ...

Felder zu bewässern sicherte schon vor 5 000 Jahren den Menschen in Ägypten eine reiche Ernte. Aber wie das Wasser aus dem Fluss auf die Felder bringen? Schöpfgefäße, befestigt an zweiarmigen Hebeln oder an Rädern, tauchten in den Fluss und füllten sich mit Wasser. Sie wurden dann in eine Rinne entleert, die bis auf die Felder führte und das Wasser darauf verteilte. Das **Wasserschöpfrad** (↗Abb. 2) wurde durch ein **Göpelwerk** - eine mechanische Vorrichtung zur Erzeugung einer Antriebskraft - von Kamelen oder Ochsen angetrieben. War die Fließgeschwindigkeit des genutzten Gewässers groß genug, wurde das Schöpfrad von der Wasserkraft bewegt. Solche Wasserschöpfräder drehten sich an den Ufern großer Flüsse wie Nil, Euphrat und Tigris, aber auch am Indus und an den großen Strömen Chinas.

Eine andere Wasserhebetechnik der damaligen Zeit war die **archimedische Schraube** (↗auch Abb. 2, S. 75). ARCHIMEDES (287–212 v. Chr.) soll sie etwa 250 v. Chr. erfunden haben.

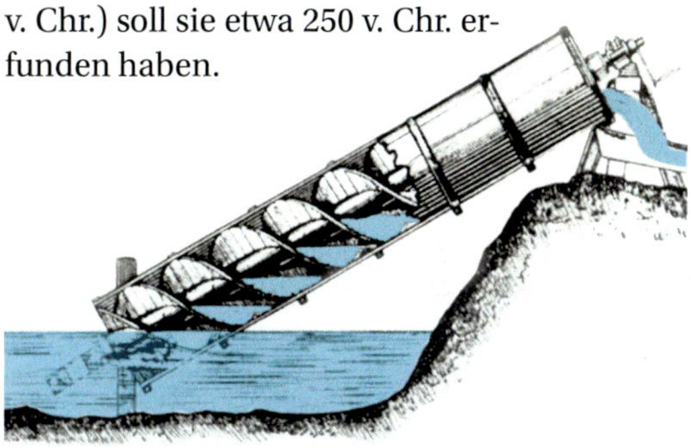

2 Wasserschöpfrad

19. Erkläre die Funktion der archimedischen Schraube! Äußere deine Vermutungen über verschiedene Antriebsmöglichkeiten!

Die archimedische Schraube (auch **Schraubenpumpe** genannt) funktioniert wie ein Fleischwolf. In einem geteerten Zylinder aus Holzplanken befindet sich eine hölzerne Schraube, die eng an der Zylinderwand anliegt. Das untere Ende des Zylinders taucht in das Wasser ein. Durch Drehen der Schraube mittels Kurbel wird das Wasser nach oben gefördert. Die Hubhöhe betrug etwa einen Meter. Durch menschliche oder tierische Muskelkraft wurde die Kurbel bewegt.

Die Menschen erkannten recht bald, dass die Wasserkraft der Windkraft überlegen ist.

20. Nenne die Vorteile der Wasserkraft im Vergleich zur Windkraft!

Der römische Ingenieur und Baumeister **Vitruv** (geb. wahrscheinlich um 70–60 v. Chr., gestorben wahrscheinlich um 10 v. Chr.) beschreibt bereits vor 2 000 Jahren ausführlich das Prinzip der Wassermühle. Doch erst viele Jahrhunderte später findet die Idee des Wasserschöpfrades als Antrieb in Getreidemühlen Anwendung. Die **Anlage von Barbegal** bei Arles (Frankreich) z. B. – eine Wassermühlenanlage aus dem 3. Jahrhundert – bestand aus 16 Wasserrädern, die am Berghang terrassenförmig angeordnet waren. Sie betrieben 32 Mahlwerke. Das Wasser dafür kam aus einer Wasserleitung, die auch die Stadt Arles mit Wasser versorgte.

Naturkraft Wasser – mächtig und beständig

Wassermühlen verbreiteten sich im 12. Jahrhundert in Deutschland etwa zeitgleich mit den Windmühlen. Anfangs wurden Wasserräder zum Antreiben von Mahlsteinen gebaut, um den steigenden Bedarf an Mehl zu decken. Später wurden die **Wasserräder** auch zum Antreiben von Sägen für die Verarbeitung von Holz oder zum Bewegen von Hämmern für das Schmieden von Eisen oder das Walken von Wollstoffen eingesetzt.

21. Recherchiere nach Wassermühlen, die unterschiedliche Bearbeitungsvorgänge ausführen. Stelle deine Ergebnisse in einer Tabelle zusammen!

Mühlenbezeichnung	Bearbeitungsvorgang	Produkt
Walkmühle	Walken	Tuch
Hammerwerk	...	...
...	...	...

An sehr vielen Standorten sind heute rekonstruierte Wasserräder als technische Denkmale zu bestaunen. Der **„Frohnauer Hammer“** im Erzgebirge (↗ Abb. 1) ist ein bekanntes, per Wasserrad betriebenes **Hammerwerk,** das an einem Gebirgsbach gelegen ist. Gebaut 1436 als Getreidemühle, hat die Anlage durch zahlreiche Umbauten mal Silbermünzen geprägt, als Schleiferei und Ölmühle gearbeitet, Kupfer getrieben und schließlich von 1681 bis 1904 Eisen geschmiedet. Seit 1910 ist sie ein Museum, in dem du die Hämmer noch arbeiten sehen kannst.

1 Schwere Hämmer fallen auf den Amboss.

Funktionsprinzip eines Hammerwerkes

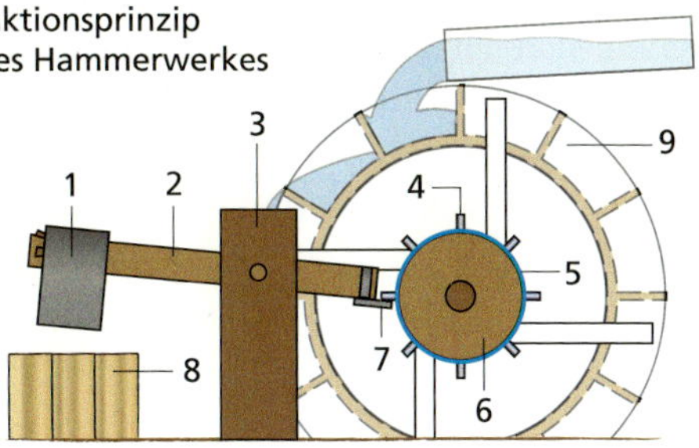

1 Hammerbär
2 Hammerstiel
3 Stempelgerüst
4 Nocken
5 Nockenreifen
6 Hammerwelle
7 Hammerschwanz
8 Amboss
9 Wasserrad

Bei einem **Hammerwerk** sitzt das Wasserrad auf der Hammerwelle. Die rotierende Hammerwelle (6) ist im regelmäßigen Abstand an der Oberfläche mit Nocken (4) bestückt. Die Nocken drücken den Hammerschwanz (7) nach unten und der Hammerbär (1) wird angehoben. Die Nocke rutscht vom Hammerschwanz und der Hammerbär fällt auf den Amboss (8). Dieser Vorgang wiederholt sich an jeder Nocke.

Wasserräder sind die Antriebselemente in einem Hammerwerk.

Wassermühlen prägten besonders in den Mittelgebirgsregionen Deutschlands, z. B. in Thüringen oder im Erzgebirge, das Leben und Arbeiten in den Dörfern. Das Handwerk bekam durch sie wirtschaftlichen Aufschwung. Es entwickelten sich größere **Manufakturen.** Wassermühlen erleichterten die körperlich anstrengenden Arbeiten der Handwerker. Wichtige Voraussetzungen für das Betreiben eines Wasserrades waren eine ausreichende Wasserversorgung und der Erwerb der Wasserrechte. Das Wasserrecht erlaubte dem Mühlenbesitzer die alleinige Wassernutzung an diesem Standort.

Wassermühlen nutzen mechanische Energie zur Bearbeitung von Rohstoffen und Halbzeugen.

Es klappert die Mühle am rauschenden Bach, klipp, klapp ...

Der Lehrer und Organist aus Goldlauter in Thüringen, Ernst Anschütz (1780–1861), verfasste 1824 ein Gedicht, das die segensreiche Wirkung der Mühlen für die Menschen beschreibt. Es wurde daraus ein Volkslied, das du sicher schon selbst gesungen hast. Kennst du den vollständigen Text?

22. *Recherchiere nach dem Liedtext! Interpretiere seine Aussagen zum Standort der Mühle, zur Tätigkeit des Müllers und der mit ihm verbundenen Berufe! Deute die Herkunft des Geräusches „klipp, klapp“!*

Bauarten von Wasserrädern

Geeignete Standorte für Wasserräder sind fließende Gewässer mit einem natürlichen Gefälle. Vor jedem Wasserrad wird durch ein Wehr das Wasser angestaut und durch einen Graben oder einen Kanal zum Rad geführt. Haben Bäche oder Flüsse ein starkes Gefälle, sind breit und sehr flach, dann wird nur ein Teil der Wasserführung in einen künstlich angelegten Graben geleitet, den sogenannten **Mühlgraben.** Gibt es in deiner Stadt oder deinem Dorf nicht auch eine Straße „Am Mühlgraben“? Erkunde doch einmal, ob dort früher mal eine Mühle stand.

1 Mühle mit oberschlächtigem Wasserrad

Wasserräder wurden aus Holz gefertigt. Ihr Durchmesser kann bis zu 9,5 m betragen. An der Stirnseite des Radreifens sind flache Bretter oder gekrümmte Schaufeln befestigt. Die Schaufeln bzw. Bretter bilden mit dem Radreifen offene oder geschlossene Zellen. Das Rad sitzt fest auf der Radwelle. Diese führt direkt in das Mühlengebäude, z. B. zu einem Hammerwerk. Das strömende Wasser kann an sehr unterschiedlichen Stellen auf das Wasserrad auftreffen. Dies hängt von dem vorhandenen Gefälle und der strömenden Wassermenge an einem Standort ab.
Taucht das Wasserrad sehr flach in das Fließgewässer ein, spricht man vom **unterschlächtigen Wasserrad.** Das Wasser fließt unten in das Rad hinein. Bei Standorten mit einem starken Gefälle wird das Wasser oben auf den Scheitelpunkt des Rades geleitet. Man spricht hier von einem **oberschlächtigen Wasserrad.**
Das Wort „-schlächtig" kommt von „Beaufschlagung" und bedeutet, das Wasser schlägt bzw. trifft auf das Rad auf.

Unterschlächtiges Wasserrad

Beim unterschlächtigen Wasserrad strömt das angestaute Wasser durch einen Kanal zum Wasserrad und trifft bis zu maximal einem Drittel der Radhöhe auf die Schaufeln auf. Die Schaufeln nehmen die Bewegungsenergie des Wassers auf (↗ Abb. 1).

1 Unterschlächtiges Wasserrad: Das Wasser stößt die Schaufeln an und bewegt das Rad.

Als Standort für unterschlächtige Wasserräder eignen sich Fließgewässer mit einem Gefälle von 0,25–2,00 m und einer strömenden Wassermenge von 0,5–ca. 6 $\frac{m^3}{s}$. Wegen des geringen Gefälles steht das Wasserrad normalerweise direkt beim Wehr.
Die Wassermenge in m^3, die in einer Zeiteinheit von 1 s fließt, wird auch als **Volumenstrom** bezeichnet.
Stell dir vor, du stehst an diesem Bach. Kannst du dir eine Vorstellung von der Größe dieser Wassermenge machen, die jede Sekunde an dir vorbeiströmen würde?

23. Berechne, wie viele 1-Liter-Flaschen Bionade pro Sekunde an dir vorbeirauschen würden, wenn der Volumenstrom 3 $\frac{m^3}{s}$ beträgt!

Wie schnell wird sich wohl ein solches Wasserrad drehen? Unterschlächtige Wasserräder werden erfahrungsgemäß mit einer **Umfangsgeschwindigkeit** von 1,6–2,2 $\frac{m}{s}$ betrieben. Das ist die Geschwindigkeit eines auf dem Radrand liegenden gedachten Punktes.

24. Nenne wichtige Merkmale des unterschlächtigen Wasserrades! Stelle die Aussagen in einer Tabelle dar! Vergleiche die Merkmale mit denen des oberschlächtigen Wasserrades und ergänze die Tabelle!

Oberschlächtiges Wasserrad

Beim oberschlächtigen Wasserrad strömt das Wasser über eine Rinne auf Höhe des Radscheitels in wasserdichte Zellen (↗ Abb. 1, S. 81, und Abb. 1, S. 83). Die Höhenenergie des Wassers – das Wassergewicht – bewirkt die Drehbewegung.
Oberhalb vom Standort des Wasserrades, in Fließrichtung gesehen, wird der Bach durch ein Wehr aufgestaut. Am Wehr wird eine bestimmte Menge des Wassers über einen Kanal mit wenig Gefälle zum Wasserrad geführt.

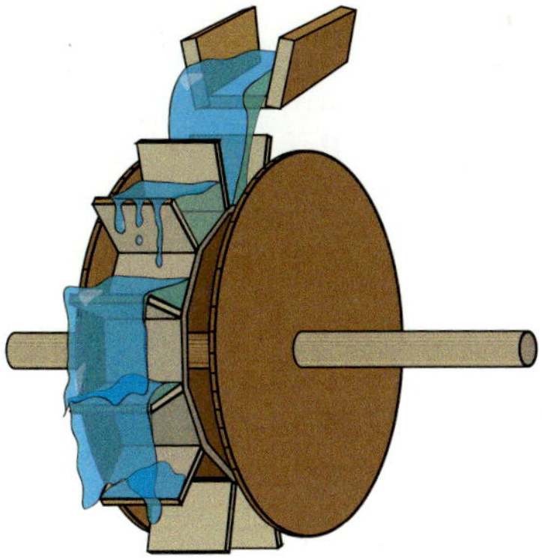

1 Oberschlächtiges Wasserrad: Das Wasser läuft von Zelle zu Zelle.

Typisch für den Standort von oberschlächtigen Wasserrädern sind wilde Gebirgsbäche mit einem Gefälle zwischen 3 und 6 m. Die strömende Wassermenge (Volumenstrom) liegt an solchen Standorten zwischen 0,1–0,5 $\frac{m^3}{s}$.

Wie schnell wird sich wohl das oberschlächtige Wasserrad drehen? Die Umfangsgeschwindigkeit wird auf ca. 1,5 $\frac{m}{s}$ eingestellt. Bei einem Raddurchmesser von 6 m würde die Drehzahl etwa 5 $\frac{U}{min}$ betragen.

Die Energie des Wassers, die ein Wasserrad in mechanische Energie umsetzen kann, wächst mit der Fallhöhe und dem Volumenstrom.

Oberschlächtige Wasserräder können die Wasserkraft doppelt so gut ausnutzen wie unterschlächtige Wasserräder.

Neben den beiden genannten Bauarten gibt es noch weitere Arten. Sie unterscheiden sich darin, dass das Wasser an verschiedenen anderen Punkten auf das Rad aufschlagen kann.

Vor 200 Jahren gab es noch viel häufiger als heute strenge Winter mit klirrenden Frosttagen. Ob bei anhaltendem Frost sich ein oberschlächtiges Wasserrad drehen und z. B das Hammerwerk Eisen schmieden konnte?

25. *Stelle Vermutungen darüber an, wie die Mühlenbauer damals das Wasserrad vor Frost haben schützen können!*

Wassermühlen sind wie die Windmühlen Alleskönner. Versucht selbst, ein Wasserrad zu erfinden, und tretet untereinander in Wettstreit um das leistungsstärkste Wasserrad!

26. *Baut euch jeder ein Wasserrad! Anregungen findet ihr im Foto. Überlegt euch weitere Bauarten und andere Materialien!*

27. *Testet eure Wasserräder als oberschlächtiges und als unterschlächtiges Wasserrad! Legt vorher für den Test Kriterien fest und baut euch eine Testeinrichtung!*

28. *Erörtert und begründet gemeinsam, welche Modelle am besten die Wasserkraft ausnutzen!*

Moderne Wasserräder – Wasserturbinen

Unmittelbarer Vorgänger unserer heutigen Wasserturbinen ist das aus Nordeuropa stammende **horizontale Wasserrad, Click-Mill** genannt.

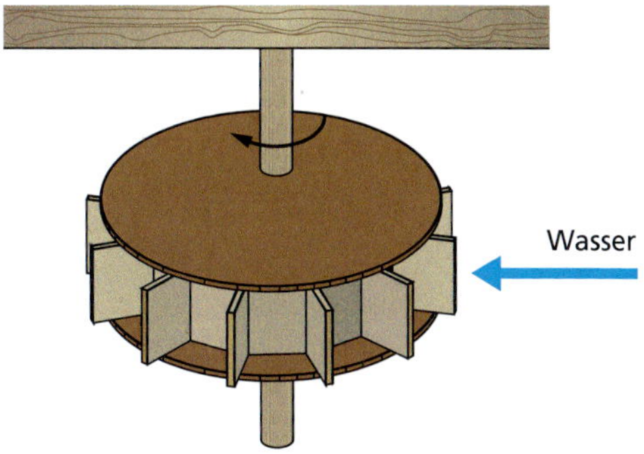

2 Horizontales Wasserrad: Das Rad dreht sich auf einer senkrechten Welle.

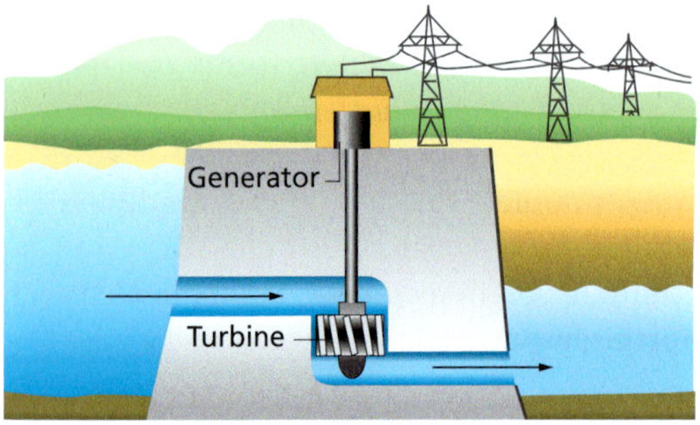

1 Wasserkraftwerk: In der Staumauer sind die Turbinen und Generatoren.

Wasserturbinen stehen im Gegensatz zu den Wasserrädern in Gebäuden. Riesige Staumauern sorgen für ständig verfügbare Wassermengen und ausreichendes Gefälle. Die Turbinen leiten die Rotationsbewegung an **Generatoren** weiter, die elektrische Energie erzeugen. Ein solches Bauwerk heißt **Wasserkraftwerk** (↗ Abb. 1).
In Wasserkraftwerken an Flüssen, **Flusskraftwerk** oder **Laufkraftwerk** genannt, wird die **Kaplanturbine** eingesetzt (↗ Abb. 2). Sie arbeitet mit großem Volumenstrom und geringer Fallhöhe. Der Druck des Wassers ist beim Eintritt am höchsten und nimmt bis zum Austritt ab. Die Kaplanturbine nutzt die Bewegungs- und die Höhenenergie des Wassers. Das Wasser strömt waagerecht ein und fällt dann senkrecht auf das Laufrad.

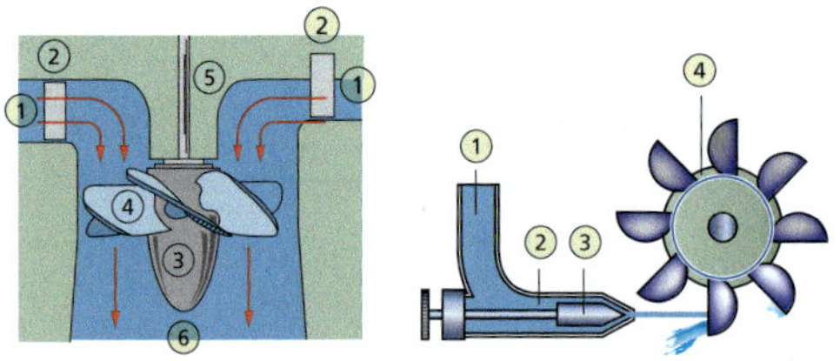

2 Kaplanturbine (links) und Peltonturbine (rechts)

Im Mittel- und Hochgebirge bei großem Gefälle bis zu 1 500 m und geringem Volumenstrom kommt die **Peltonturbine** zum Einsatz (↗ Abb. 2). Das Wasser wird in Becken gespeichert. Eine Düse bündelt das Wasser zu einem Wasserstrahl, der genau auf eine Schaufel gerichtet ist. Die Turbine wird also nur durch die Bewegungsenergie des Wassers angetrieben. Diese Wasserkraftwerke werden **Speicherkraftwerke** genannt.

Eine universell einsetzbare Turbine bei mittlerem Gefälle und Volumenstrom ist die **Francisturbine** (↗ Abb. 3). Francisturbinen sind die am meisten verbreiteten Wasserturbinen. Sie werden in Laufwasser- und Speicherkraftwerken eingesetzt. Die Francisturbine besteht aus einem fest stehenden Leitrad, das das Laufrad umschließt. Das Laufrad sitzt fest auf der Welle. Das Wasser strömt von außen über ein schneckenförmiges Rohr (Spirale) auf die verstellbaren Schaufeln des Leitrades. Das Wasser erfährt so einen zusätzlichen Drall. Es wird dann von den Leitschaufeln auf die gegenläufig gekrümmten Schaufeln des Laufrades gelenkt und strömt entlang der Turbinenwelle in den darunterliegenden Schacht. Der Wasserdruck ist beim Eintritt höher als beim Austritt aus dem Laufrad. Über Leit- und Laufrad wird die Bewegungsenergie und Höhenenergie des Wassers aufgenommen und an die Welle als Drehbewegung abgegeben.

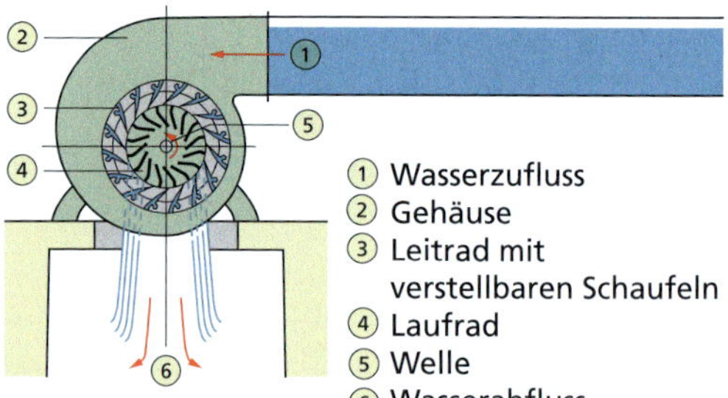

3 Francisturbine

Übertragung der mechanischen Energie

Ob Windrad oder Windkraftanlage, ob Wasserrad oder Wasserturbine, ob Elektromotor oder Verbrennungsmotor – überall wird mechanische Energie als **Drehbewegung** erzeugt. Aber wie gelangt sie zu den Mahlsteinen, zum Hammer oder zu den Rädern am Auto?

Stell dir vor, an deinem Fahrrad gäbe es keine Pedale mit Tretkurbel, keine Kette mit Kettenrädern und auch keine Gangschaltung. Dann wäre dein Fahrrad ein **Laufrad** (↗ Abb. 2). Vielleicht hattest du so eins als Kind? Das war dann längst nicht so anstrengend, wie zu Fuß gehen zu müssen. Das Laufrad war der Vorgänger deines Fahrrades und wurde 1817 von Karl Drais (1785–1851) in Mannheim erfunden. Man nannte es auch **Laufmaschine** oder nach seinem Erfinder **Draisine.**

Und so wie in den Abb. 1 und 3 funktionierte damals die Übertragung der Drehbewegung bei den Windmühlen und den Wassermühlen, aber auch beim Pferdegöpel und beim Tretrad. Beim **Pferdegöpel („Rossmühle")** laufen die Pferde im Kreis und sind fest an der senkrecht angeordneten Welle eingespannt. Die durch Menschen bewegte **Tretmühle (Tretrad)** sitzt auch fest auf einer waagerecht angeordneten Welle, die die Drehbewegung aufnimmt.

2 Laufrad: fast so schnell wie ein Oldtimer

Ob waagerecht oder senkrecht gelagerte **Welle** – sie nimmt vom Antriebselement Rad die Drehbewegung auf und leitet sie an ein Getriebe weiter. Die Tretradwelle und die Göpelwelle sind **Übertragungselemente,** die die mechanische Energie vom Antrieb an das Getriebe weiterleiten. Diese Welle heißt auch **Antriebswelle,** weil sie die mechanische Energie vom Antrieb aufnimmt. Das Rad auf der Antriebswelle heißt dann **Antriebsrad.**

Stockrad, Kammrad, Stirnrad

Das **Getriebe** besteht bei der Tretmühle und bei der Rossmühle jeweils aus zwei Holzrädern. Schau einmal genau hin: Sie greifen auf eine besondere Art ineinander (↗ Abb. 1, S. 86).

1 Pferdegöpel oder Rossmühle

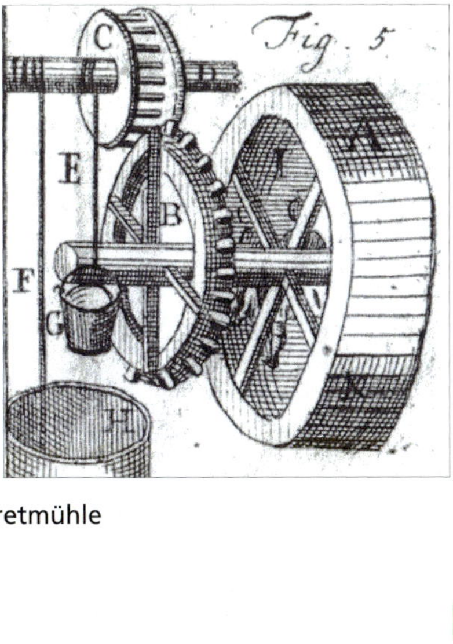

3 Tretmühle

1 Kräfte werden vom Kammrad (re.) auf das Stockrad (li.) übertragen.

Beim Pferdegöpel hat das auf der Antriebswelle sitzende Antriebsrad keilförmige Zähne. Sie sind in gleichen Abständen seitlich am Radreifen befestigt. Das Antriebsrad heißt **Kammrad,** weil es einem Kamm ähnelt. Seine Zähne schieben sich in die Zwischenräume des zweiten Rades, des **Stockrades.**
Bei einem Stockrad sind Holzstäbe zylinderähnlich zusammengefügt. Die Kräfte werden von den Zähnen des Kammrades durch Schließen der Lücken an die Stöcke weitergegeben. Man spricht hier von einer **formschlüssigen Kraftübertragung.** Das Stockrad sitzt fest auf einer zweiten Welle, die die Drehbewegung des Stockrades aufnimmt und z. B. an ein Mahlwerk weitergibt. Sie leitet die Kräfte aus dem Getriebe heraus und heißt **Abtriebswelle.**

Du kannst nun sicher schon selbst aus der Abb. 3 von S. 85 erkennen, wie die Kraftübertragung zwischen den Holzrädern in der Tretmühle verläuft. Das Getriebe besteht hier aus einem **Stirnrad** und ebenfalls einem Stockrad. Das Stirnrad hat seinen Namen nach der Lage der Zähne an der Radstirnseite. Es sitzt auf der Antriebswelle und ist deshalb das Antriebsrad.
Ist dir aufgefallen, dass die Getriebe in den beiden Mühlen aus unterschiedlich großen Rädern bestehen?

Was dies für die Übertragung der Kräfte in Form der Drehbewegung bedeutet, wollen wir an einem modernen Getriebe und mit Experimenten ergründen.

Stirnradgetriebe

Getriebe, deren Räder über Zähne formschlüssig ineinandergreifen, heißen allgemein **Zahnradgetriebe,** das einzelne Rad **Zahnrad.** Die Lage und die Form der Zähne bezeichnen dann speziell das Getriebe. So besteht ein **Stirnradgetriebe** eben aus mindestens zwei Stirnrädern. Die Stirnräder sitzen fest auf einer Welle, die wiederum drehbar gelagert sein muss.

Stirnradgetriebe übertragen die Drehbewegungen formschlüssig von einer Welle auf eine andere und ändern die Drehrichtung. Die Wellen liegen parallel.

Traust du dir zu, ein Zahnradgetriebe mit Teilen aus einem Baukasten selbst zu bauen und damit einige Tests durchzuführen? Dafür solltest du noch über wichtige **Kenngrößen** Bescheid wissen.

Zahnräder werden in hohen Stückzahlen industriell hergestellt, weil sie sehr oft in Maschinen und Geräten verwendet werden. Zwei Zahnräder können nur zusammenpassen, wenn beide gleichartige Zähne besitzen (↗ Abb. 2).

2 Die Stirnräder haben alle das gleiche Zahnprofil.

1 Diese Zahnräder passen nicht zusammen.

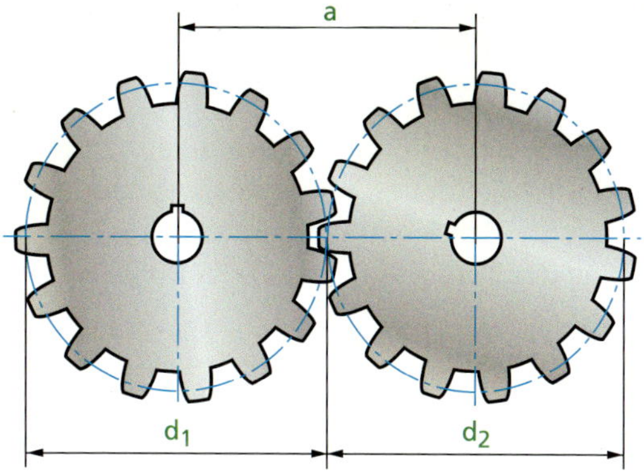

2 Kenngrößen einer Zahnradpaarung: a = Wellenabstand, d = Teilkreisdurchmesser

Wenn die Zähne nicht ineinanderkämmen können, passen die beiden Zahnräder nicht zusammen (↗ Abb. 1). Damit so etwas nicht passiert, muss eine Norm weiterhelfen. Um immer die richtige **Zahnradpaarung** auszuwählen, ist das **Verzahnungsmaß** für Zahnräder – der sogenannte Modul m – wichtig.
Die beiden Zahnräder berühren sich nur in einem Punkt. In Abb. 2 markiert ein blauer Kreis als Strich-Punkt-Linie um den Zahnradmittelpunkt die Lage des Berührungspunktes. Die Größe dieses Kreises wird mit dem Teilkreisdurchmesser angegeben.
Das Verhältnis von **Teilkreisdurchmesser d** (in mm) zur **Zähnezahl z** wird als der **Modul m** bezeichnet:

$$m = \frac{d}{z}$$

In einer Zahnradpaarung müssen beide Räder den gleichen Modul haben! Ein Zahnrad mit dem Modul 1 hat bei 50 Zähnen einen Teilkreisdurchmesser von 50 mm. Ein anderes Zahnrad hat vielleicht auch 50 Zähne, aber ein Modul von 0,5. Sein Teilkreisdurchmesser ist also nur 25 mm. Sie passen beide nicht zusammen, wie das Beispiel in Abb. 1 zeigt.
In Abb. 2 ist ein Zahnradpaar mit je 15 Zähnen abgebildet. Beide müssen den gleichen Modul haben, er ist m = 1.

1. *Berechne den Teilkreisdurchmesser d der Zahnräder in Abb. 2!*

Bei einem Zahnrad mit dem Modul 1 entspricht die Zähnezahl dem Teilkreisdurchmesser in mm.

Zahnräder werden in genormten Modulreihen hergestellt. In den Baukästen hast du meistens Zahnräder mit dem Modul 1 (oft Kunststoff), 0,75 (Metallbaukasten) und 0,5 (Kunststoff).

Der **Wellenabstand a** ist eine weitere Kenngröße für die Passfähigkeit der Zahnräder im Getriebe. Er errechnet sich:

$$a = \frac{d_1 + d_2}{2}$$

2. *Berechne den Wellenabstand a für Abb. 2!*

3. *Berechne die Teilkreisdurchmesser und den Wellenabstand für zwei Zahnräder mit 10 und 20 Zähnen für den Modul 1!*

Den Wellenabstand musst du sehr genau einhalten, damit dein Getriebe nicht klemmt oder die Zähne nicht durchrutschen.

Weil du wahrscheinlich nicht so genau bohren kannst, verwenden wir Baukastenteile mit fertigen Bohrungen. So musst du nur die richtigen Abstände auswählen.

Schülerexperiment

Getriebeversuch

Abb. 1 zeigt den Versuchsaufbau eines Stirnradgetriebes mit Baukastenbauteilen. Die Antriebskraft überträgst du selbst mit der Kurbel auf die Antriebswelle.

Versuchsdurchführung:

1. Baut zu zweit ein Stirnradgetriebe mit zwei Stirnrädern (↗ Abb. 1 o. Ä.)! Das Antriebsrad hat einen größeren Teilkreisdurchmesser als das Abtriebsrad.
2. Ermittelt an beiden Zahnrädern die Zähnezahl z, den Teilkreisdurchmesser d und den Modul m!
3. Bestimmt die Drehrichtung beider Stirnräder und die Lage beider Wellen!
4. Markiert nun den Berührungspunkt beider Zahnräder und dreht das Antriebsrad so oft, bis sich beide Stirnräder wieder im markierten Berührungspunkt treffen! Zählt die Umdrehungen n beider Stirnräder!
5. Wiederholt die Schritte 1 bis 4 mit getauschten Stirnrädern! Jetzt wird das kleinere Stirnrad zum Antriebsrad und das größere zum Abtriebsrad.

Auswertung:

Führt jeder ein eigenes Protokoll!

Kenngröße	Antrieb	Abtrieb
Zähnezahl	$z_1 =$	$z_2 =$
Teilkreisdurchmesser	$d_1 =$	$d_2 =$
Umdrehungen	$n_1 =$	$n_2 =$
Drehrichtung	↻	
Geschwindigkeitsänderung	wird schneller/ langsamer	

1 Getriebeversuch auf einer Lochrasterplatte

Das Verhältnis der Zähnezahl von Antriebs- und Abtriebsrad ist das **Übersetzungsverhältnis i** eines Getriebes.

$$i = \frac{\text{ZähnezahlAbtrieb}}{\text{ZähnezahlAntrieb}}$$

Das Übersetzungsverhältnis 1:1 bedeutet, dass Antriebs- und Abtriebsrad die gleiche Zähnezahl haben.

Das Übersetzungsverhältnis kannst du auch aus dem Teilkreisdurchmesser der Räder berechnen.

$$i = \frac{\text{TeilkreisdurchmesserAbtrieb}}{\text{TeilkreisdurchmesserAntrieb}}$$

4. *Berechnet für beide beschriebenen Experimente das Übersetzungsverhältnis i mithilfe der Zähnezahl und des Teilkreisdurchmessers!*

Eine dritte Möglichkeit zur Berechnung des Übersetzungsverhältnisses ist das Verhältnis der **Anzahl der Umdrehungen** beider Stirnräder. Diese Größe wird **Drehzahl n** genannt.

$$i = \frac{\text{DrehzahlAntrieb}}{\text{DrehzahlAbtrieb}}$$

5. *Berechne mit den in den Experimenten auf S. 88 ermittelten Umdrehungen das Übersetzungsverhältnis!*

6. *Prüft eure Ergebnisse und eure drei Berechnungswege für das Übersetzungsverhältnis!*

Stirnradgetriebe mit großem Durchmesser beim Antriebsrad und kleinem Durchmesser beim Abtriebsrad führen zur Erhöhung der Drehzahlen an der Abtriebswelle.

Stell dir vor, du bist ein Fahrzeugkonstrukteur und Spezialist für Getriebe. Du möchtest deine neuen Entwürfe als Zeichnung den Kollegen zeigen und ihre Meinung einholen. Wie würdest du das **Stirnradgetriebe** zeichnen? Es ist unmöglich, es körperlich originalgetreu zu zeichnen (↗ Abb. 1). Es gibt zum Glück in der Technik vereinfachte Darstellungsregeln, die die einzelnen Bauteile des Getriebes sinnbildlich abbilden (↗ Abb. 3).

Stirnradgetriebe finden z. B. in mechanischen Uhren, Werkzeugmaschinen, Kraftfahrzeugen und Kränen Anwendung. In Kraftfahrzeugen bestehen diese Getriebe aus mehreren Stirnradpaaren, die wechselnd für unterschiedliche Drehzahlen und Drehrichtungen (z. B. Rückwärtsgang) geschaltet werden können (**Schaltgetriebe,** ↗ Abb. 2).

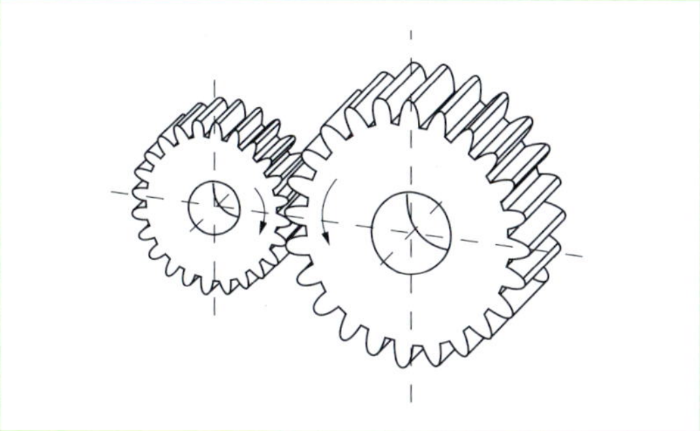

1 Stirnradgetriebe: vereinfachte körperliche Darstellung

2 Zahnradgetriebe mit mehreren Stirnradpaaren

Kegelradgetriebe

Erkennst du beim Pferdegöpel in Abb. 1 auf S. 85, in welcher Lage die beiden Wellen räumlich angeordnet sind, auf denen das Kammrad und das Stockrad sitzen? Sie verlaufen nicht parallel zueinander wie die Wellen von Stirn- und Stockrad in der Tretmühle (↗ Abb. 3, S. 85), sondern stehen im rechten Winkel zueinander. Der „Nachfahre" von Stock- und Kammrad unter den modernen Getrieben mit sich schneidenden Wellen ist das **Kegelradgetriebe. Kegelräder** sind kegelstumpfförmige Zahnräder, deren Zähne im Winkel von 45° zur Kegelstumpfmitte hin verlaufen (↗ Abb. 2, S. 90). Die Zahnformen können gerade, schräg oder spiralförmig sein.

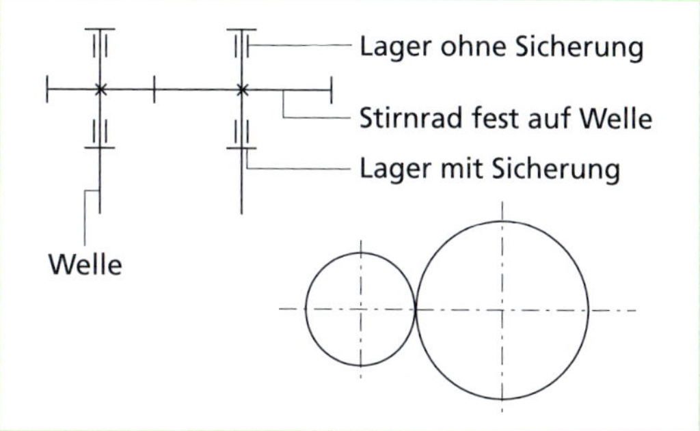

3 Stirnradgetriebe: Darstellung in Form eines Sinnbildes

1 Eine Auswahl an Zahnrädern – die Kegelräder sind kegelstumpfförmig.

3 Ein Akku-Winkelschrauber kann um die Ecke schrauben.

Die Zähne der Kegelräder in einem Getriebe haben immer das gleiche Zahnprofil und den gleichen Modul. So können die Zähne eines Rades jeweils in die Zahnlücken des anderen Rades greifen. Das **Übertragen der Kräfte** erfolgt wie bei den Stirnrädern über die Zahnform, also **formschlüssig.**

Kegelradgetriebe übertragen die Kräfte formschlüssig. Sie lenken die Drehbewegung im Winkel von 90° um.

Konstrukteure und Hersteller von Kegelradgetrieben benutzen zur Verständigung untereinander und mit ihren Kunden eine grafische, stark vereinfachte Sprache. Es wäre viel zu aufwendig, Kegelräder körperlich darzustellen (↗ Abb. 2), deshalb wird eine sinnbildliche Darstellung verwendet (↗ Abb. 4).

Kegelradgetriebe können große Kräfte übertragen. Sie finden immer dort Anwendung, wo im rechten Winkel zur Motorwelle eine Kraft übertragen werden soll.

So gibt es für spezielle Situationen beim Bohren und Schrauben **Winkelbohrschrauber** und **Winkelschrauber** mit und ohne Akku (↗ Abb. 3) und auch eine **Winkelbohrmaschine.** Ist das zu bohrende Loch schwer zugänglich, der Platz sehr eng, wird der Bohrkopf durch ein Kegelradgetriebe rechtwinklig abgewinkelt. Motorwelle und Bohrwelle liegen im rechten Winkel zueinander.

In deinem Haushalt findest du vielleicht noch andere Geräte, bei denen die Drehbewegung rechtwinklig umgeleitet werden muss. Eine sehr praktische Sache ist der **Winkelschleifer** oder auch **Trennschleifer** genannt.

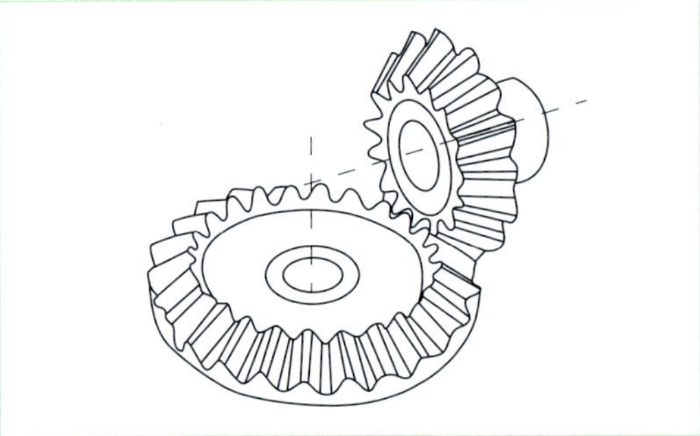

2 Kegelradgetriebe: vereinfachte körperliche Darstellung

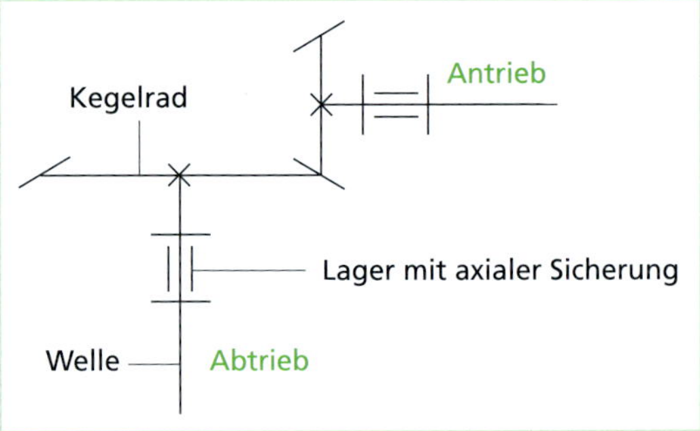

4 Kegelradgetriebe: Darstellung in Form eines Sinnbildes

Mit einem Winkelschleifer lassen sich fast alle Trennvorgänge an Holzwerkstoffen ortsunabhängig ausführen. Gegenüber der meist ortsfesten Kreissäge ist der Winkelschleifer sehr flexibel und vielfältig im Hobbykeller einsetzbar.

Warst du schon einmal in den Ferien in einem großen Hafen, z. B. an der Ostsee oder an der Nordsee? Dort siehst du riesengroße Schiffe, die Personen, Autos und Eisenbahnen, aber auch Güter transportieren. Die großen Schiffe sind oft für die engen Häfen viel zu groß. Sie müssen in den Hafen gelotst werden, damit sie an der für sie vorgeschriebenen Stelle auch ankommen. Dafür braucht man kleine, gut lenkbare Schiffe, die z. B. auf der Stelle wenden können. Solche Schiffe haben am Heck unter Wasser zwei **Ruderpropeller.**
Um die Propeller antreiben zu können, arbeitet im Schiffskörper ein großer Dieselmotor. Von ihm führt eine waagerechte Welle zu einem Kegelradgetriebe, das die Drehbewegung auf eine senkrechte Welle umlenkt (↗ Abb. 1).

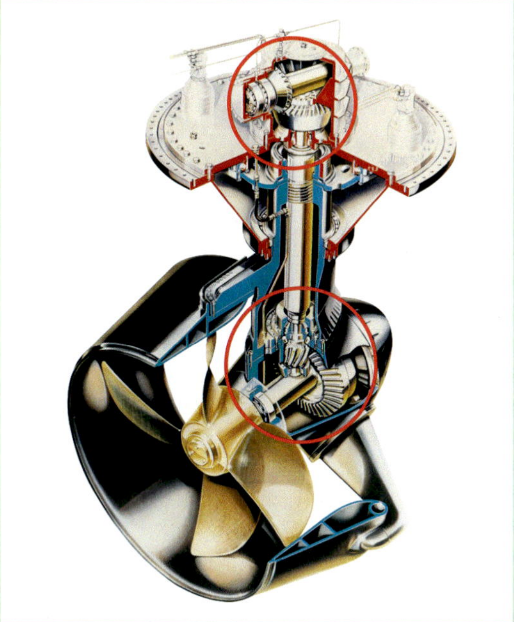

1 Über zwei Kegelradgetriebe wird die Kraft vom Schiffsmotor zum Ruderpropeller umgelenkt.

Die senkrechte Welle durchstößt den Schiffskörper und lenkt die Drehbewegung ein zweites Mal über ein Kegelradgetriebe zur waagerechten Propellerwelle um (↗ Abb. 1).

Bei Sportbooten mit **Außenbordmotoren** sitzt auf der Motorwelle auch ein Kegelradgetriebe. Es lenkt die Drehbewegung auf den im Wasser sitzenden Propeller um. Diese Konstruktion ist notwendig, weil der Motor nicht unter Wasser arbeiten kann.

Kegelradgetriebe findest du auch in Jalousien, in höhenverstellbaren Sitzen, in Großschirmen und natürlich in Fahrzeugen und sehr vielen Maschinen.

Schneckenradgetriebe

Sicher hast du schon mal beim Mitfahren in eurem Auto beobachtet, wie leicht sich das Auto im Stand oder bei Wendemanövern lenken lässt. Bei älteren Autos muss man noch sehr viel Kraft beim Drehen des Lenkrades aufwenden. In den meisten Fahrzeugen sitzt hinter dem Lenkrad ein **Schneckenradgetriebe.**

Ein Schneckenradgetriebe, auch **Schneckengetriebe** genannt, besteht aus der **Schnecke** und dem **Schneckenrad** (↗ Abb. 1, S. 92). Die Schnecke ist schraubenförmig. Über sie wird die Drehbewegung (z. B. Lenkbewegung eines Autolenkrades) an das Schneckenrad übertragen (und damit z. B. beim Auto an die Spurstange weitergegeben).

Das Schneckenrad sieht dem Stirnrad sehr ähnlich. Der Abstand zwischen den Zähnen ist so groß, das die Schraubenwindung der Schnecke zwischen zwei Zähne passt. Die Drehbewegung wird also **formschlüssig** übertragen.

Das Schneckenradgetriebe ist ein Zahnradgetriebe. Es überträgt die Drehbewegung formschlüssig.

1 Schnecken(rad)getriebe: Im Gegensatz zum Schneckenrad hat die Schnecke nur einen Zahn.

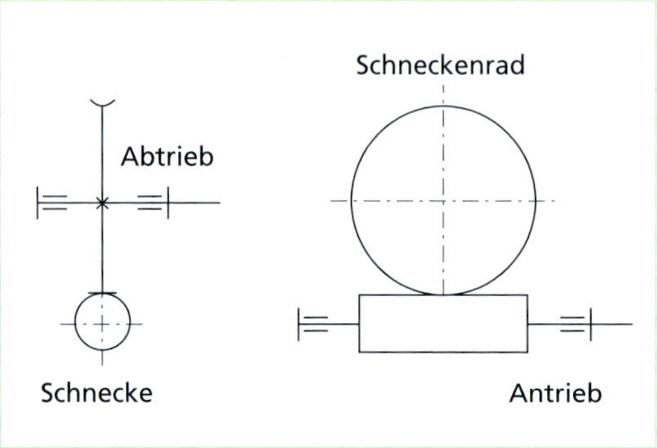

2 Schneckenradgetriebe: Darstellung in Form eines Sinnbildes

Bei einer Umdrehung der Schnecke dreht sich das Schneckenrad um einen Zahn weiter. Die Schnecke ist ein Zahnrad mit nur einem Zahn. Kannst du dir vorstellen, für welche Übersetzungsverhältnisse dieses Getriebe verwendet wird? Immer dann, wenn große Umdrehungszahlen in kleinere verändert werden sollen. Du hast doch bereits gelernt, wie man das Übersetzungsverhältnis berechnet.

7. Berechne das Übersetzungsverhältnis des Schneckenradgetriebes aus Abb. 1! Das Schneckenrad hat 20 Zähne.

Das Schneckenradgetriebe kann nur über die Schnecke angetrieben werden. Die Schnecke ist das Antriebsrad und das Schneckenrad das Abtriebsrad. Die Wellen von Schnecke und Schneckenrad kreuzen sich. Die Drehbewegung wird also im Winkel von 90° übertragen. Wenn die Schnecke steht, ist das Getriebe gesperrt. Das Schneckenrad kann sich nicht mehr bewegen. Das Schneckenradgetriebe wird deshalb auch als **selbsthemmend** bezeichnet. Auch für das Schneckenradgetriebe gibt es eine vereinfachte sinnbildliche Darstellung (↗ Abb. 2).

Das Schneckenradgetriebe ermöglicht eine große Übersetzung. Seine Wellen kreuzen sich.

Das Schneckenradgetriebe findet außer in der genannten Lenkung von Kraftfahrzeugen, wie Last- oder Personenkraftwagen, auch in Hebevorrichtungen Verwendung.
Jetzt hast du einige Bauarten von Zahnradgetrieben kennengelernt. Alle diese Zahnräder übertragen die Kräfte der Drehbewegung formschlüssig.

Zahnradgetriebe übertragen Drehbewegungen formschlüssig. Sie ändern die Drehrichtung und die Drehzahl. Die Wellen können zueinander eine verschiedene Lage haben.

8. Vergleiche die Zahnradgetriebe! Stelle deine Ergebnisse in einer Tabelle zusammen, die wie folgt aussieht:

Getriebeart	Anordnung der Wellen	Umlenken der Drehbewegung	Drehzahl Abtrieb
Stirnrad			kleiner/ größer
Kegelrad		um 90°	
Schneckenrad	kreuzen sich		

Riemengetriebe

Erinnerst du dich noch an den „Frohnauer Hammer“ von S. 80? In diesem Hammerwerk wurden drei Hämmer gleichzeitig von einem Wasserrad angetrieben. Das geschieht durch die sehr lange Hammerwelle mit den Nocken (↗ Grafik S. 81). Die Drehbewegung muss hier in eine Auf- und Abwärtsbewegung umgeformt werden. Diese Bewegungsform ist auch eine sehr langsame.

In den ersten **Spinnfabriken** zu Ende des 18. Jahrhunderts in England mussten mehr als 20 Spinnmaschinen gleichzeitig durch Wasserräder angetrieben werden. Die Spinnmaschinen arbeiteten mit weit höheren Drehzahlen, als sie ein Wasserrad abgeben konnte.
Du kannst dir jetzt sicher schon denken, dass man hierfür Getriebe brauchte. Die Drehbewegung des Wasserrades wurde an eine Welle abgegeben, die durch die gesamte Fabrikhalle an der Decke entlangführte. Ein breiter Riemen führte von der großen Welle über ein Rad an jede Maschine – das **Riemengetriebe.**

Nicht nur in den Textilfabriken, auch in den Getreidemühlen und Werkzeugfabriken versorgten die großen Transmissionen eine Vielzahl von Geräten und Maschinen mit mechanischer Energie (↗ Abb. 1).

Transmission nannte man die Übertragung mechanischer Energie mittels Welle und Riemengetriebe von einem Antriebssystem ausgehend hin zu einer Vielzahl von Maschinen. Als die Dampfmaschine im 19. Jahrhundert das Wasserrad ersetzte, blieb die Transmission jedoch bestehen. Erst der Elektromotor als Einzelantrieb für jede Maschine löste sie ab.

Den Sammelantrieb mit einer Transmissionseinrichtung kannst du heute nur noch in technischen Museen bestaunen. Das Riemengetriebe zur Übertragung einer Drehbewegung findest du aber immer noch. Blättere mal zurück auf S. 68 im Kapitel „Untersuchung von Maschinen“. Dort hast du an der Tischbohrmaschine bereits das Riemengetriebe kurz kennengelernt.

Ein einfaches Riemengetriebe besteht aus zwei Riemenscheiben, die durch einen Riemen verbunden sind (↗ Abb. 2). Sie sitzen fest auf parallel angeordneten Wellen. Die Riemenscheiben drehen sich im Gleichlauf. Der Drehsinn wird nicht verändert. Die Kombination von Riemenscheiben mit verschiedenen Durchmessern in einem Getriebe richtet sich danach, ob man die Drehzahl vergrößern oder verkleinern will. Das Übersetzungsverhältnis von Riemengetrieben kannst du genauso berechnen, wie bei den Stirnradgetrieben besprochen.

1 Transmissionsriemen brachten in dieser Fabrik die Drehbewegung an jede Drehmaschine.

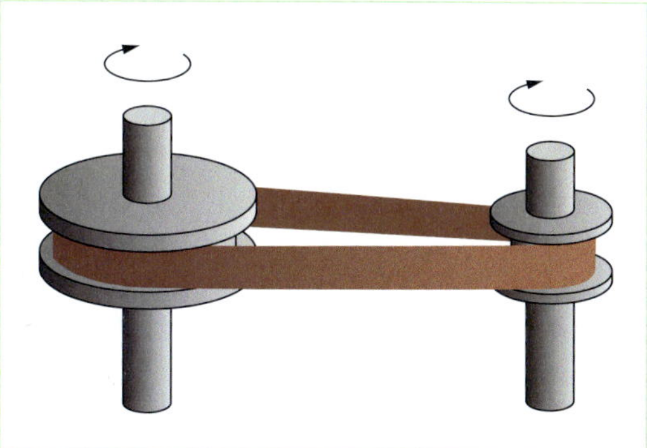

2 Riemengetriebe überbrücken große Wellenabstände.

1 Riemengetriebe an einer Nähmaschine

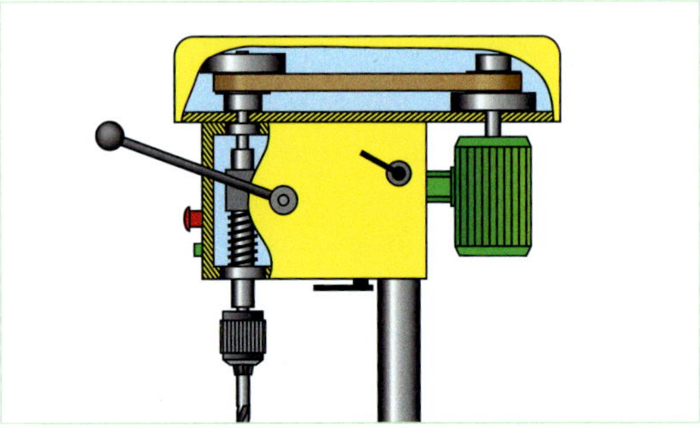

2 Dreistufiges Riemengetriebe

Bei der in Abb. 1 gezeigten elektrisch angetriebenen Nähmaschine sitzt das kleine Rad auf der Motorwelle, das größere Rad auf der Welle zum Nähfuß, das Riemengetriebe verbindet beide.

9. *Das Abtriebsrad hat einen doppelt so großen Durchmesser wie das Antriebsrad. Berechne das Übersetzungsverhältnis!*

10. *Erkläre, warum die kleine Riemenscheibe auf der Motorwelle sitzen muss und nicht umgedreht!*

Die Drehbewegung der Motorwelle wird vom Riemen durch seine Haftung auf dem Antriebsrad aufgenommen und wiederum über seine Haftung auf dem Abtriebsrad an dieses weitergeleitet. Durch das Anpressen des Riemens auf den Stirnflächen der Scheiben entsteht eine Reibungskraft. Diese Übertragung der Drehbewegung wird als **kraftschlüssig** bezeichnet. Der Riemen muss zwischen den beiden Riemenscheiben ausreichend gespannt sein, damit er nicht rutscht. Durch das Rutschen des Riemens gehen Kräfte verloren.
In Maschinen, die mit unterschiedlichen Drehzahlen arbeiten können, werden **mehrstufige Riemengetriebe** verwendet. Durch Umspannen des Riemens auf ein anderes Scheibenpaar wird die Übersetzung verändert. Dies ist bei der Tischbohrmaschine von S. 67 der Fall (↗ auch Abb. 2).

Riemengetriebe übertragen Drehbewegungen kraftschlüssig durch Reibungskräfte. Sie überbrücken große Wellenabstände. Die Wellen sind parallel angeordnet.

Die sinnbildliche Darstellung für Riemengetriebe vereinfacht die Verständigung zwischen Fachleuten und Laien (↗ Abb. 1, S. 95).

11. *Das Riemengetriebe in Abb. 2 besteht auf der Antriebsseite und auf der Abtriebsseite jeweils aus drei Riemenscheiben mit den Durchmessern d_1 = 50 mm, d_2 = 75 mm und d_3 = 100 mm.*
Berechne die möglichen Übersetzungsverhältnisse und stelle die Ergebnisse in einer Tabelle zusammen!

Abtrieb	**Antrieb**		
	d_1 50 mm	d_2 75 mm	d_3 100 mm
d_3 100 mm			-
d_2 75 mm		-	
d_1 50 mm	-		

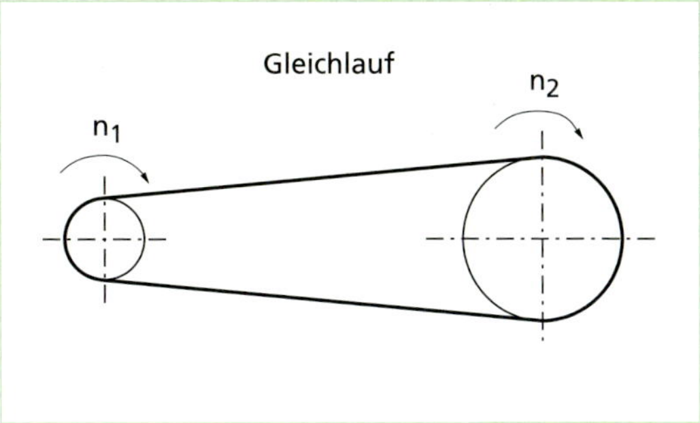

1 Riemengetriebe im Gleichlauf

Riemen sind nicht nur flach und Riemenscheiben können auch verschiedene Profile haben.

- **Riemen mit einem Rundprofil** laufen auf einer Riemenscheibe mit Rille.
- **Zahnriemen** haben auf der Laufseite Zähne und laufen auf einem Zahnrad.
- Der **Keilriemen** ist die bekannteste Form unter den Riemen. Er hat einen trapezförmigen Querschnitt und läuft in tiefen Rillen der Riemenscheiben (↗ Abb. 2). In Waschmaschinen wird er zur Übertragung der Drehbewegung auf die Trommel verwendet. In Kraftfahrzeugen überträgt er die Drehbewegung zur Lichtmaschine, zum Ventilator und zur Wasserpumpe.

Versuche selbst, ein Riemengetriebe zu bauen! Aus dem Baukasten BASIS SET ist der kleine Windmacher in Abb. 3 entstanden.

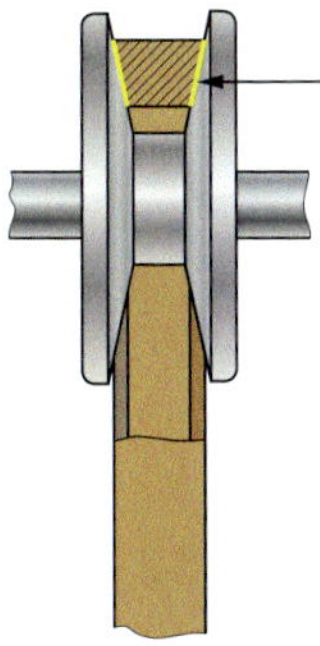

2 Beim Keilriemen wirken seitliche Reibungskräfte.

3 Selbst gebauter Riementrieb-„Windmacher"

Ein Riementrieb überträgt hier Rotationsenergie an die Windflügel. Du kannst auch andere Baukastensysteme verwenden, z. B. den Metallbaukasten.

12. Baue einen „Windmacher" mit Riemengetriebe! Berechne das Übersetzungsverhältnis über den Durchmesser der Riemenscheiben! Ermittle im Experiment die Drehzahlen zwischen Antriebsrad und Abtriebsrad!

Kurbelgetriebe

Bisher hast du Getriebearten kennengelernt, die eine Drehbewegung in ihrer Drehrichtung und in ihrer Drehzahl verändern können. Die mechanische Energie blieb jedoch in ihrer Bewegungsform „Drehbewegung" unverändert.

Schau dir die Abb. 2 auf S. 73 an!
Ein Scheibenwischer schwenkt auf einer Autofrontscheibe hin und her. Er wird durch einen Elektromotor angetrieben. Ein **Kurbelgetriebe** formt hier die Drehbewegung in eine Hin-und Herbewegung um. Eine Kurbelscheibe sitzt auf der Motorwelle und ist der Antrieb. Sie ist mit der Schwinge über die **Pleuelstange** (oder Pleuel) verbunden, die exzentrisch an der Kurbelscheibe befestigt ist. Die Schwinge ist der Abtrieb. Sie schwingt um den Drehpunkt. Diese Bauart des Kurbelgetriebes heißt auch **Kurbelschwinge** (↗ Abb. 1, S. 96).

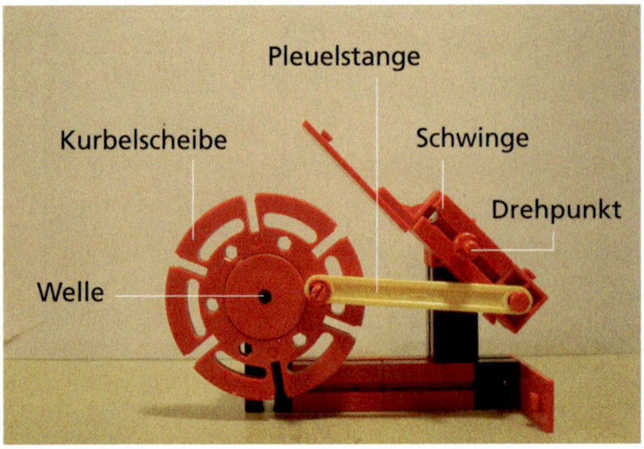

1 Kurbelschwinge

Statt der Schwinge kann der Pleuel z. B. eine Säge hin- und herbewegen, die linear geführt wird. Diese Bauart des Kurbelgetriebes wird **Schubkurbelgetriebe** genannt (↗ links: Schubkurbel an einer Stichsäge).

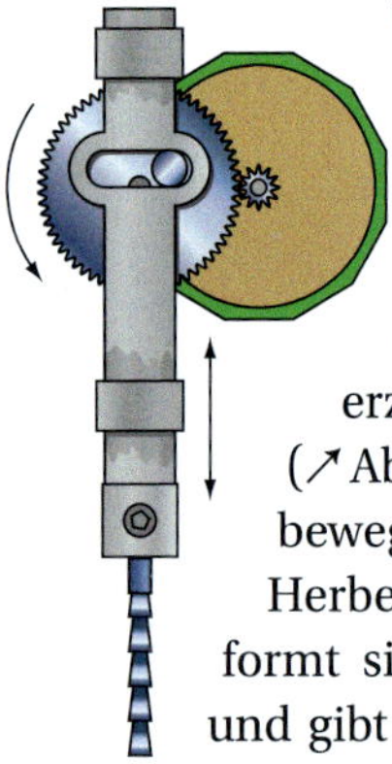

Kurbelgetriebe können die **Bewegungsform** auch in umgekehrter Richtung ändern. So erzeugt ein Verbrennungsmotor (↗ Abb. 1, S. 68) durch die Kolbenbewegung im Zylinder eine Hin-und Herbewegung. Ein Kurbelgetriebe formt sie in eine Drehbewegung um und gibt diese an die Kurbelwelle weiter (Kolben = Antrieb, Kurbel = Abtrieb). Sehr gut kannst du das an den Rädern einer Dampflokomotive beobachten.

Kurbelgetriebe ändern die Bewegungsform mechanischer Energie. Sie formen Rotationsenergie in geradlinige Bewegung um und auch umgekehrt.

Wellen und Lager

Damit Wasserräder, Wasserturbinen oder Windgeneratoren die Strömungsenergie von Wasser und Wind an ein Getriebe weitergeben können, brauchen sie eine **Welle.** Damit Getriebe mechanische Energie aufnehmen, umformen und wieder abgeben können, brauchen sie auch eine Welle. Die Zahnräder, Riemen- oder Kurbelscheiben sitzen fest auf einer Welle, die sie trägt. Wellen geben die Drehbewegung an Getriebe weiter und leiten die umgeformte Drehbewegung an andere Bauteile.

Wellen sind Übertragungselemente. Sie können Bauteile tragen und Drehbewegungen weiterleiten.

Die Bauformen von Wellen in Getrieben haben einen runden Querschnitt, eine glatte Oberfläche und sind gerade. Die Kräfte, die beim Übertragen der Drehbewegung wirksam werden, beanspruchen die Welle auf Verdrehung **(Torsion)**. Der Wellendurchmesser und der Werkstoff müssen deshalb so gewählt werden, dass durch die Torsionskräfte die Welle nicht bleibend verformt wird. Um ihre Funktion in einem Getriebe richtig erfüllen zu können, müssen Wellen durch **Lager** gestützt und geführt werden. Lager nehmen die auf die Welle wirkende Belastung auf und übertragen die Kräfte auf andere Trägerelemente der Maschine. Auch Lager sind Trägerelemente.

Getriebe, Wellen und Lager wirken in einer Baueinheit zusammen. Getriebe und Wellen formen mechanische Energie um und leiten sie weiter. Lager stützen sie und nehmen Kräfte auf.

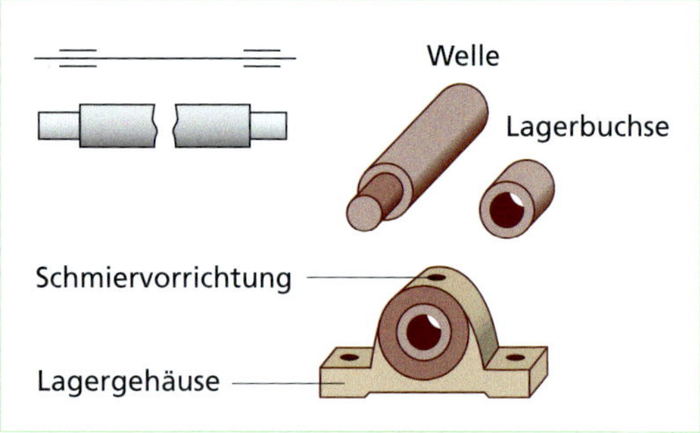

2 Runde, glatte Welle (li. o.) und Gleitlager (re.)

Bereitstellung und Nutzung der elektrischen Energie

Elektrische Energie ist für uns heute von entscheidender Bedeutung. Stell dir vor, du müsstest plötzlich auf die elektrische Energie verzichten! Die Nahrung würde verderben, wenn der Kühlschrank nicht mehr kühlt. Der Fernseher und der Computer würden kein Bild mehr zeigen. Die Wäsche und das Geschirr müsstest du mit der Hand waschen. Die elektrischen Pumpen im Keller würden kein Trinkwasser mehr fördern. Nachts würdest du dich auf den dunklen Straßen fürchten. Aber auch dein Handy, dein MP3-Player oder das Telefon funktionieren nicht mehr. Stell dir das mal vor!
Elektrische Energie wurde erst nach dem Jahr 1920 für die Beleuchtung im Haushalt genutzt. Die erste vollautomatische Waschmaschine kam nach 1950 in die Haushalte (↗ Abb. 1).

1. *Fertige eine Tabelle mit elektrischen Geräten von dir zu Hause an! Bestimme ihren Zweck und die dabei genutzte Energie!*

Gerät	Zweck	Nutzenergie
Leuchte	Beleuchtung	Licht
...	...	...

1 Waschmaschine früher und heute

2. *Diskutiert in der Gruppe, wie ein Haushalt ohne elektrische Energie funktionieren könnte!*

3. *Erkundige dich bei deinen Großeltern nach Haushaltsgeräten, die früher noch ohne elektrische Energie auskommen mussten!*

Woher kommt elektrische Energie?

Auf den meisten elektrischen Geräten und Bauelementen findest du Aufdrucke, wie „1,5 V", „6 V" oder „230 V". Der Buchstabe **V** ist eine Abkürzung für die physikalische Einheit **Volt.** Sie ist ein Maß für die **elektrische Spannung,** mit der ein Bauelement oder Gerät betrieben wird.
Die wichtigste Energiequelle im Haushalt ist die **Steckdose.** Ihre Spannung beträgt 230 V. Diese Spannung ist für Lebewesen gefährlich.

Jede Spannung über 42 V ist lebensgefährlich! In der Schule sind Experimente nur mit Spannungen unter 24 V erlaubt!

Für unsere Experimente wollen wir ungefährlichere Energiequellen nutzen. Deshalb benutzen wir ein **Steckernetzteil** oder **Netzgerät,** das die **Netzspannung** von 230 V auf eine ungefährliche Spannung von z. B. 6 V oder 12 V wandelt (↗ Abb. 2).

2 Steckernetzteil zum Laden eines Handys

Batterie und Akkumulator

Batterien mit einer Zelle sind **Monozellen.** Sie enthalten verschiedene Stoffe, die durch chemische Vorgänge elektrische Energie erzeugen. Die Höhe der Spannung ist von der Art der Stoffe abhängig. Eine Zink-/Kohle-Batterie (↗ Abb. 1) hat eine Spannung von 1,5 V. Bei der Entnahme der elektrischen Energie werden die Stoffe durch chemische Vorgänge in andere Stoffe umgewandelt. Die Spannung fällt und es kann keine Energie mehr entnommen werden. Bei **Akkumulatoren** („**Akkus**") ist der chemische Vorgang umkehrbar. Sie können wieder geladen werden (↗ Abb. 2).
Monozellen und Akkumulatoren werden in standardisierten Größen hergestellt.

Bezeichnung	Kennzeichnung		Maße (mm)
Micro	R03	AAA	Ø 10,3 x 45
Mignon	R06	AA	Ø 14,3 x 51
Baby	R14	C	Ø 27,0 x 50
Mono	R20	D	Ø 35,0 x 62

Die Monozellen der oberen Tabelle haben alle eine Spannung von 1,5 V, speichern aber unterschiedlich viel Energie. Die Monozelle D kann am längsten Energie liefern.

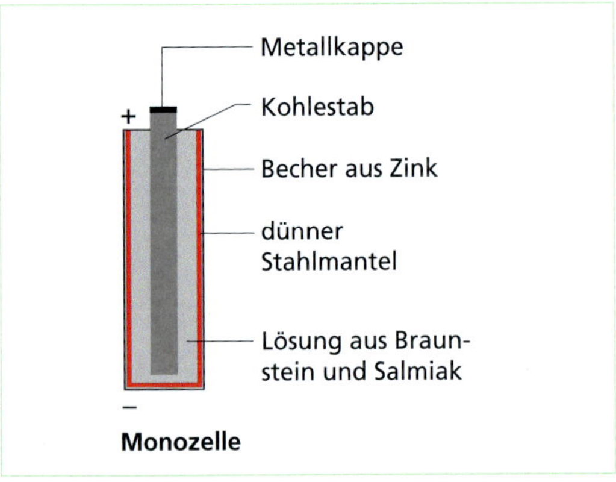

1 Bestandteile einer Zink-/Kohle-Monozelle

2 Verschiedene Akkus neben einer Ladestation

In einer Taschenlampe sind oft mehrere Monozellen übereinandergestapelt.
In einem Versuch, wie in Abb. 3 dargestellt, wollen wir den Sinn ergründen. Die Helligkeit nimmt mit jeder weiteren Monozelle zu. Die Spannung erhöht sich stufenweise.

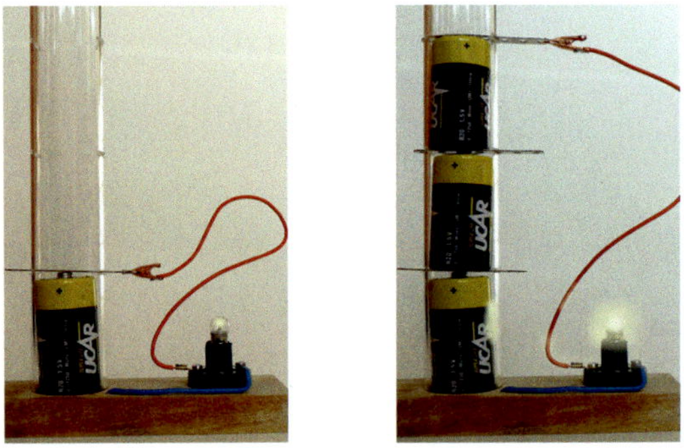

3 Versuchsanordnung mit Batterieturm

Wird eine Energiequelle mit höherer Spannung verwendet, als für das Bauelement zulässig ist, wird das Bauelement zerstört (↗ Abb. 4).

4 Durchgebrannter Glühfaden einer Glühlampe

Die Spannungen (in Volt) der Bauelemente und Geräte müssen mit der Spannung der Energiequellen übereinstimmen.

Mehrere Monozellen können mithilfe eines **Batteriekastens** zu einer Batterie mit höherer Spannung geschaltet werden. Du findest sie in Form von **Batteriefächern** in elektrischen Geräten, als **Akkupack** im Akkuschrauber oder in ferngesteuerten Spielzeugautos (↗ Abb. 1).

Die Spannung der Batterie ist die Summe der Spannungen der Monozellen.

Eine **Flachbatterie** besteht aus drei Monozellen mit je 1,5 V. Ihre Spannung beträgt 4,5 V (↗ Abb. 2).

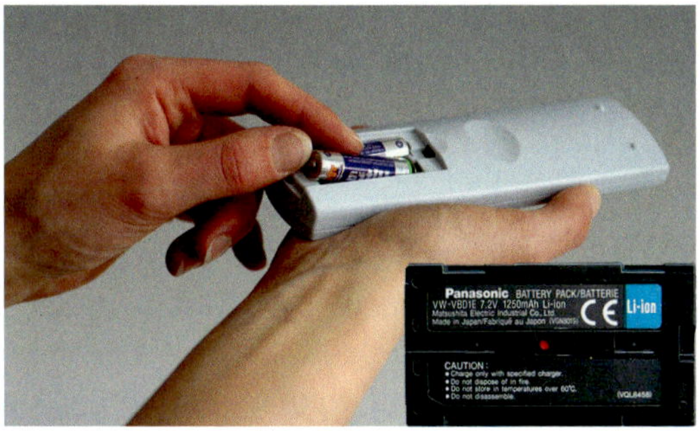

1 Das Batteriefach in einer Fernbedienung und ein Akkupack

2 Eine Flachbatterie besteht aus drei Monozellen.

4. *Marias Vater arbeitet beim Wachschutz. Bei seinen nächtlichen Rundgängen benutzt er eine sehr lange Taschenlampe. In diese passen acht Monozellen. Für welche Spannung muss die Glühlampe zulässig sein?*

5. *Berechne die Anzahl der Monozellen, aus denen eine 9-V-Blockbatterie aufgebaut ist!*

6. *Begründe, warum eine Glühlampe für 6 V an einer Flachbatterie weniger hell leuchtet, als sie maximal könnte!*

Der elektrische Stromkreis

Wenn du eine **elektrische Beleuchtungsanlage** bauen willst, musst du wissen, welche **Bauelemente** es gibt und wie man sie anwenden kann.

Du benötigst:

- eine Batterie,
- eine Glühlampe,
- eine Lampenfassung,
- einen Schalter und
- Verbindungsleitungen.

7. *Schau dir die Beleuchtungsanlage in Abb. 3 an! Benenne alle Bauelemente!*

3 Eine einfache Beleuchtungsanlage

Alle elektrischen Bauelemente besitzen zwei **Anschlüsse.** Über diese Anschlüsse werden sie mit anderen Bauelementen zu einem **Stromkreis** verbunden. Die **Batterie** liefert die elektrische Energie. Auch sie besitzt zwei Anschlüsse, die als **Pole** bezeichnet werden. Die **Leitungen** verbinden alle Bauelemente miteinander. Der **Schalter** ermöglicht das Öffnen und Schließen des Stromkreises. Mit ihm kann die elektrische Anlage ein- und ausgeschaltet werden. Die **Glühlampe** wandelt die elektrische Energie in Licht um.
Wenn der Stromkreis geschlossen ist, fließt ein **elektrischer Strom** vom Pluspol der Batterie durch die Leitungen und durch die Glühlampe zum Minuspol der Batterie. Die Batterie wird auch als **Stromquelle** bezeichnet.

Der elektrische Strom kann nur fließen, wenn der Stromkreis geschlossen ist.

Der Stromfluss kann an jeder Stelle im Stromkreis unterbrochen werden.

Der Schaltplan

Das Verbinden der Bauelemente zu einem Stromkreis wird auch **„Schalten"** genannt. Jedes Bauelement wird mit einem **Schaltzeichensymbol** dargestellt (↗Abb. 1). Die Zeichnung einer elektrischen Anlage heißt **Schaltplan.** Aus ihm kannst du die Anordnung der Bauelemente erkennen.

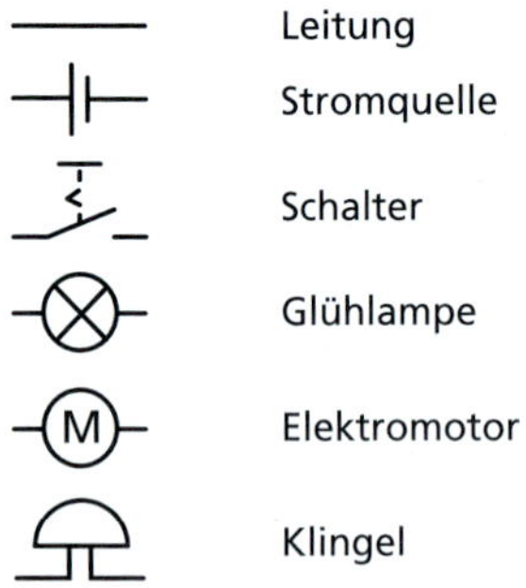

1 Wichtige Schaltzeichen

Die folgende Abbildung zeigt den Schaltplan der Beleuchtungsanlage von Abb. 3 auf S. 99:

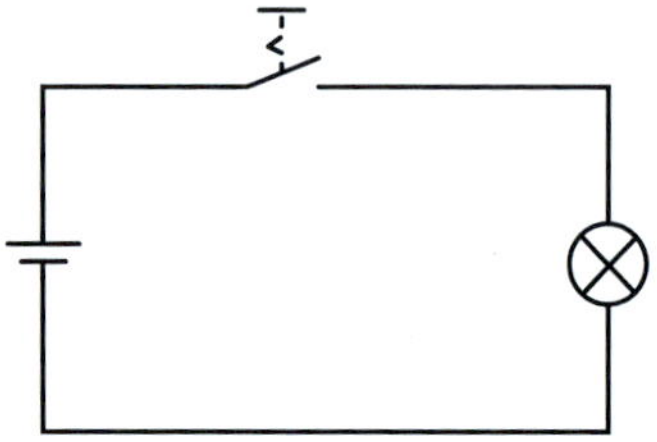

8. *Zeichne den Schaltplan mit Bleistift und Lineal ab!*

9. *Fertige dir in deinem Hefter eine Übersicht der Schaltzeichen an! (Auf den nächsten Seiten wirst du noch einige entdecken.)*

Jetzt wird es hell ...

Die Funktionsweise der **Glühlampe** steckt schon in ihrem Namen. Der Strom fließt durch den Fußkontakt, den Glühfaden und den Schraubsockel. Der Glühfaden erwärmt sich bis zum Glühen und leuchtet. Neben dem Licht entsteht auch Wärme. Die unerwünschte Wärme verbraucht den größten Teil der elektrischen Energie. Deshalb soll die Glühlampe schrittweise verboten werden. An ihre Stelle treten Lampen, die sich nicht so stark erwärmen, z. B. **Leuchtstofflampen.** Ein weiterer Nachteil von Glühlampen ist die Stoßempfindlichkeit. Der Glühfaden kann reißen und damit den Stromkreis unterbrechen (↗Abb. 4, S. 98).

2 Glühlampe und Leuchtstofflampe

Bestimmt sind dir an elektrischen Geräten farbige Kontrollleuchten aufgefallen. Sie werden **Leuchtdioden (LED)** genannt. Diese speziellen Bauelemente strahlen einfarbiges Licht ab und erwärmen sich weniger. Weil sie keinen Glühfaden haben, sind sie stoßunempfindlich. Ihr Nachteil ist eine etwas kompliziertere Schaltung. Die Leuchtdiode muss in einer bestimmten Richtung im Stromkreis geschaltet werden. Schaltest du sie verkehrt herum, geht sie nicht kaputt, aber sie leuchtet nicht. Die folgende Abbildung zeigt eine Leuchtdiode mit Vorwiderstand für 9 V:

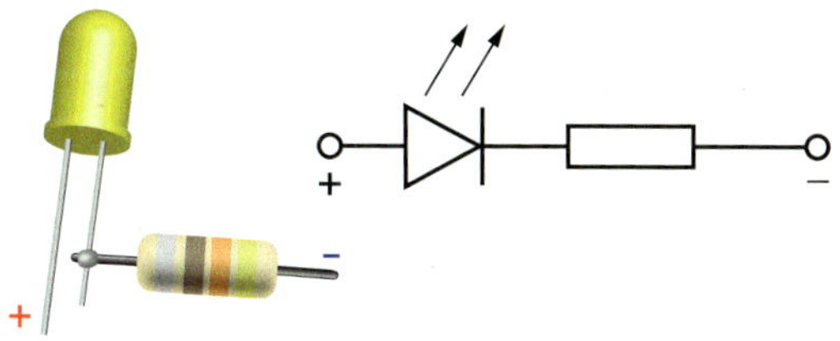

Leuchtdioden gibt es in allen Farben und auch in Weiß. Spezielle LED sind **Blinkleuchtdioden** oder **RGB-Leuchtdioden.** Sie wechseln automatisch die Farbe. Daraus kannst du schöne Lichtskulpturen fertigen.

... und nun auch warm

Bei der Glühlampe möchten wir die Wärme nicht. Bei der **Rotlichtlampe** ist sie ausdrücklich erwünscht (↗ Abb. 1).

1 Die Rotlichtlampe gibt vor allem Wärme ab.

2 Wärmequellen umgeben uns überall.

Andere **Wärmequellen,** wie der Elektroheizkörper oder der Haartrockner, senden bei ihrer Erwärmung kaum Licht aus. Allen gemeinsam ist ein Heizdraht. Wir nutzen die Wärme, um Essen zu erwärmen, eine angenehme Wohntemperatur zu schaffen oder Werkstoffe warm umzuformen.

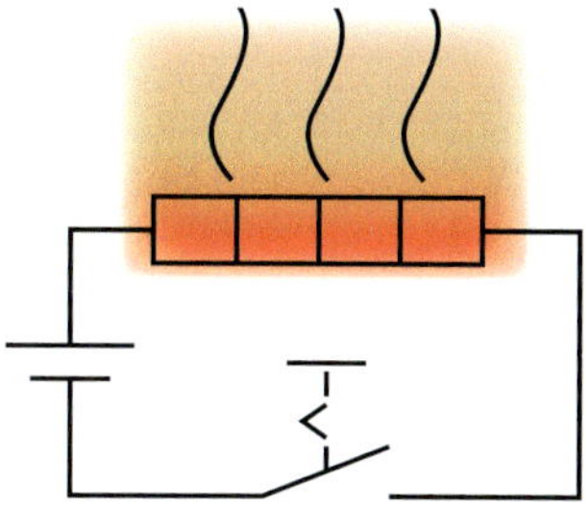

10. Schreibe weitere elektrische Heizquellen auf!

Leitungen für den Strom

Die **Leitungen** für den elektrischen Strom bestehen aus verschiedenen Metallen. Am häufigsten wird Kupferdraht verwendet.
Drähte sind mit einer **Isolierung** aus Kunststoff ummantelt. So können sich Drähte im Inneren eines Gerätes kreuzen, ohne dass der Strom auf den anderen Draht überfließen kann. Bei gefährlichen Spannungen über 42 V schützt uns die Isolierung gegen Berührung und so gegen Stromschlag.

Ein **einadriger** dicker Draht ist starr. Wird er oft bewegt, kann er brechen. Deshalb benutzt man ihn für unbewegliche Verbindungen zwischen Bauelementen. Viele dünne Drähte mit einer gemeinsamen Ummantelung heißen **Litze.** Sie verbindet bewegliche Bauelemente.
Eine zweiadrige Leitung (auch Doppelleitung genannt) enthält zwei Litzen.

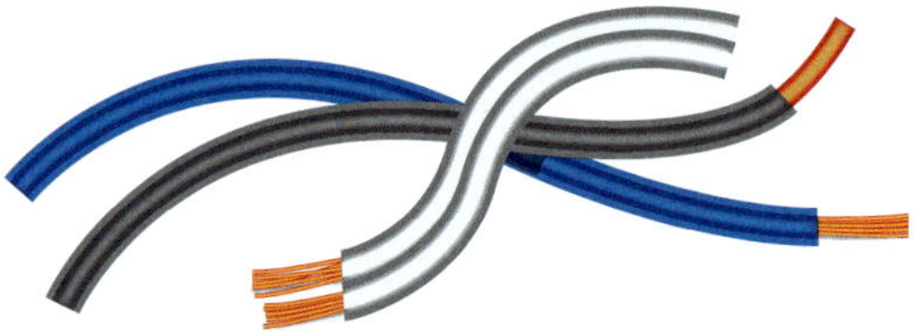

Im Schaltplan werden Leitungen mit breiten Volllinien dargestellt. Abzweigungen müssen mit einem Punkt gekennzeichnet werden.

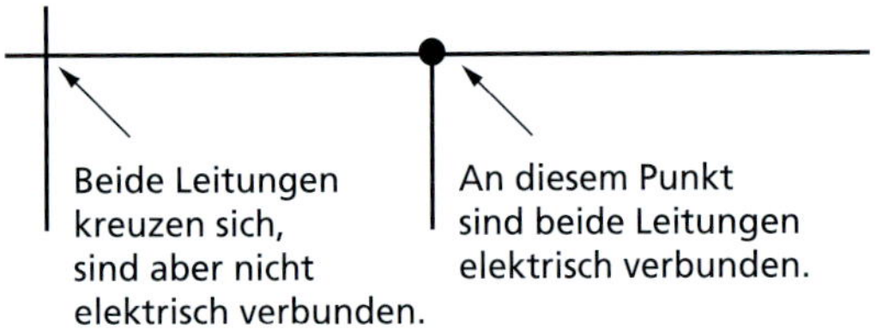

Um Drähte und Litzen anzuschließen, musst du die Enden **abisolieren.** Dafür gibt es spezielle Zangen (↗ Abb. 1).

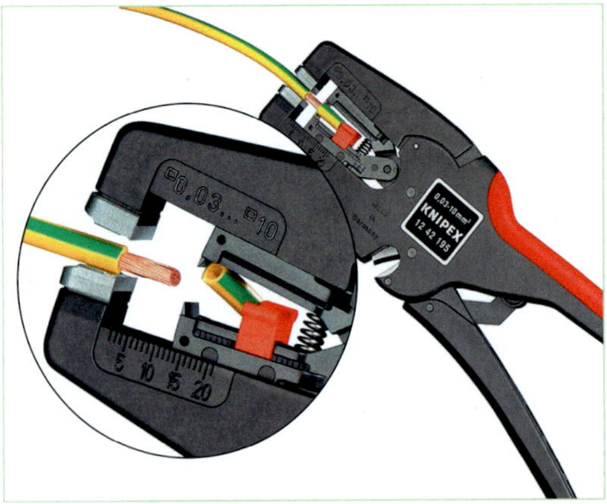

1 Abisolieren eines Drahtes mithilfe einer Zange

Magnete zum Ausschalten

Bestimmt hast du schon mit einem **Magneten** gespielt. Woran haftet er eigentlich?

Wenn du ihn lösen willst, musst du Kraft aufwenden. Bei einem Elektromagneten musst du nur einen Schalter betätigen.

Wir bauen einen Elektromagneten

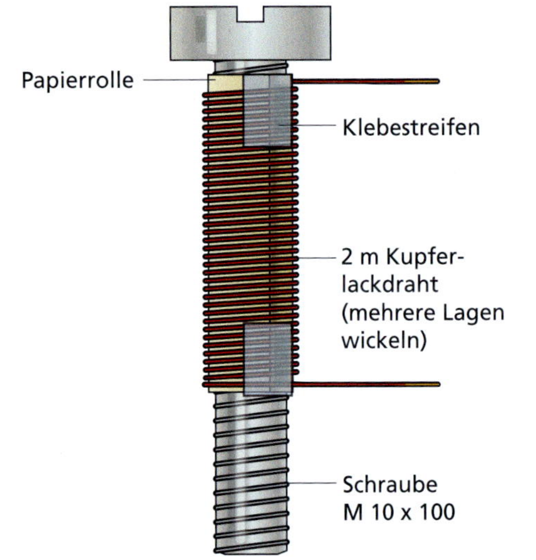

Du kannst einen **Elektromagneten** leicht selber bauen. Es ist wichtig, isolierten Draht zu nehmen. So fließt der Strom mehrfach um die Schraube und seine magnetischen Kräfte addieren sich. Ein aufgewickelter Lackdraht nennt sich **Spule.** Die Drahtenden müssen abisoliert sein, damit du eine Batterie anschließen kannst. Mit diesem Elektromagneten kannst du kleine Nägel anziehen.

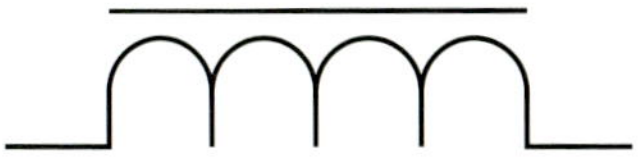

1 Schaltzeichen für eine Spule mit Eisenkern

11. Beschreibe den Ablauf für die Herstellung eines Elektromagneten!

12. Fertige einen Elektromagneten an! Prüfe, an welchen Stellen der Schraube die Magnetkraft am höchsten ist, indem du kleine Nägel anziehen lässt!

Bei handelsüblichen Elektromagneten wird der Draht noch viel öfter um einen Spulenkern aus Kunststoff gewickelt. Eine noch höhere Magnetkraft wird mit **Topfmagneten** erreicht. Dies kannst du auf dem Schrottplatz beobachten, wo Kräne mit **Lasthebemagneten** Schrott oder Autos anheben können (↗ Abb. 2).

13. Zeichne den Schaltplan für einen einfachen Stromkreis mit Elektromagnet!

2 Topfmagneten heben schwere Lasten.

Die elektrische Klingel

Auch bei der **elektrischen Klingel** wirkt ein Elektromagnet. Wenn du auf den Klingeltaster drückst, schließt du den Klingelstromkreis. Der Elektromagnet zieht den Klöppel an, der gegen eine Glocke schlägt. Gleichzeitig öffnet er einen Schalter. Der Stromkreis wird unterbrochen und der Elektromagnet nicht mehr vom Strom durchflossen. Der Klöppel wird nun nicht mehr angezogen und fällt mit Federkraft in seine Ausgangslage zurück.
Genauso ist ein **Summer** aufgebaut. Der Unterschied ist die fehlende Glocke.

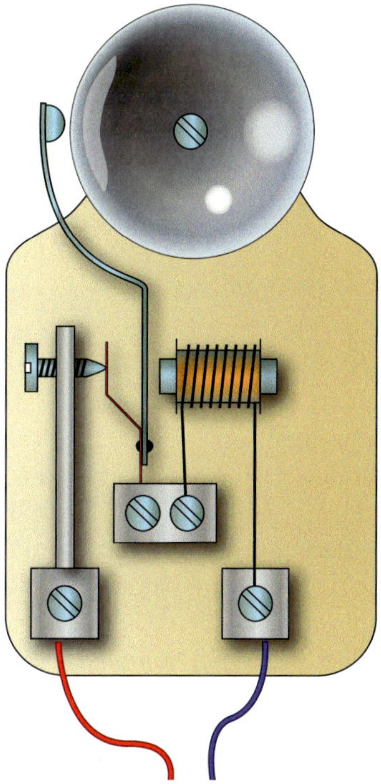

14. Verfolge mit dem Finger auf der Abbildung den Stromfluss durch die Klingel!

Der elektrische Motor

Ein **Elektromotor** dient dem Antrieb von Maschinen. Er wandelt elektrische Energie in mechanische Energie, eine Drehbewegung. Der Motor besteht aus zwei Hauptbestandteilen.

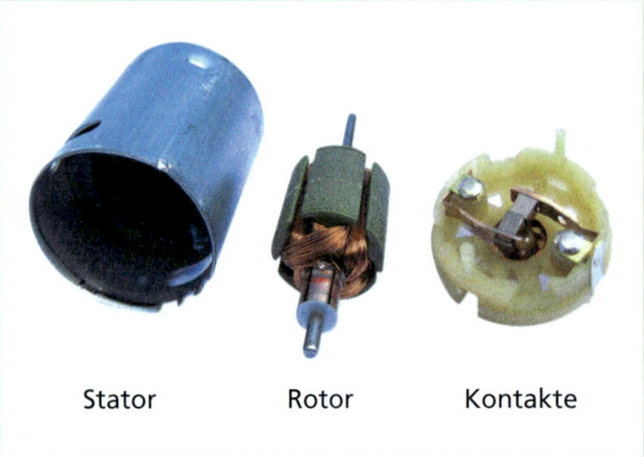

1 Eisenankermotor

Der fest stehende Teil mit Gehäuse und den beiden Anschlüssen wird **Stator** genannt. Der drehbare Teil mit der **Motorwelle** ist der **Rotor** (↗ Abb. 1).
Auf dem Rotor ist auch ein Elektromagnet. Der Strom fließt von den Anschlüssen des Stators über Schleifkontakte und Schleifring durch den Elektromagneten. Je nach Anschlussrichtung dreht sich der Rotor links- oder rechtsherum.

Je nach Bauart haben Elektromotoren sehr hohe **Drehzahlen. Spielzeugmotoren** (↗ Abb. 2) haben Drehzahlen von ca. 6 000 Umdrehungen in einer Minute (U/min). Damit würde dein Modellauto ganz schön schnell davonflitzen. Darum werden besondere Motoren mit innerem Getriebe hergestellt, dessen Drehzahlen bis auf 100 U/min zurückgehen. Sie haben mehr Kraft, wie du sie z. B. für den Modellkran benötigst.

2 Miniaturgetriebemotor

Schaltungsarten

Elektrische Bauelemente können in zwei unterschiedlichen **Schaltungsarten** geschaltet werden. In den auf S. 105 folgenden Schülerexperimenten wollen wir sie genauer untersuchen und ihren Zweck erkennen.

Die Reihenschaltung

Wie der Name es schon erkennen lässt, sind die Bauelemente hintereinander in einer Reihe geschaltet. Angewendet haben wir die **Reihenschaltung** schon bei unserem Monozellenturm auf S. 98. Dort wollten wir die Spannung erhöhen, um die Glühlampe heller leuchten zu lassen. Im Schaltplan sieht das dann so aus:

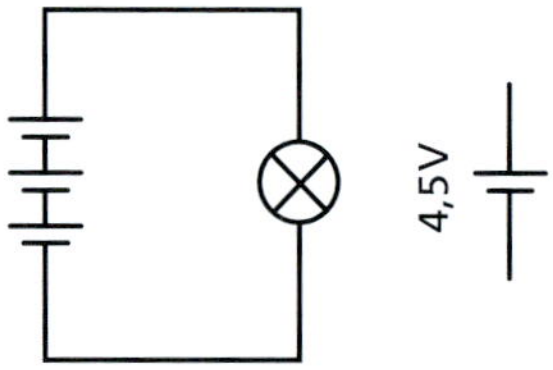

Um dir den Zeichenaufwand für drei Monozellen zu sparen, reicht es, eine Monozelle zu zeichnen und sie als Batterie durch die Spannungsangabe zu kennzeichnen.

Mit der Reihenschaltung von Stromquellen wird die Spannung erhöht.

Die Parallelschaltung

Bei **parallel geschalteten Bauelementen** verzweigt sich der Stromkreis. Der Strom fließt verteilt durch beide Bauelemente.

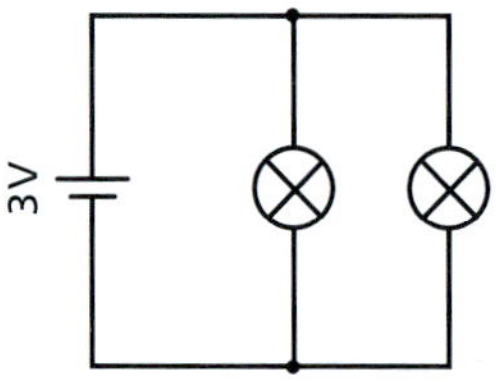

Schülerexperiment

Schaltungsarten
Führe folgende Experimente in Partnerarbeit durch! Schreibe ein eigenes Protokoll!

Aufgabe:
Vergleicht die Parallel- und Reihenschaltung von je zwei Glühlampen!

Versuchsmaterialien:
- 2 Batteriekästen für 3 V
- ... (Anzahl) Monozellen
- ... (Anzahl) Glühlampen 3 V
- ... (Anzahl) Fassungen
- ... (Anzahl) Leitungen
- 2 Grundbretter

Versuchsskizzen: selbstständig

Versuchsdurchführung:
Baut beide Schaltungsarten gleichzeitig auf! Lasst euren Versuchsaufbau vom Fachlehrer abnehmen und beginnt erst dann mit dem Experiment! Vergleicht die Helligkeiten der Glühlampen! Schraubt in beiden Schaltungen je eine Glühlampe heraus! Notiert eure Beobachtungen!

Auswertung:
Findet gemeinsam Erklärungen für eure Beobachtungen! Lest euch den Text über die Reihen- und Parallelschaltung noch einmal durch!

15. *Eine Lichterkette soll mit 3-V-Glühlampen für eine Stromquelle von 18 V angefertigt werden. Berechne, wie viele Glühlampen bei maximaler Helligkeit in Reihe geschalten werden können!*

16. *Entwickle einen Schaltplan, um 9 Glühlampen mit 3 V gleichzeitig an einer Stromquelle von 9 V zu betreiben!*

Handbetätigte Schalter

Schalter öffnen oder schließen den Stromkreis. Den Ausschalter haben wir bereits verwendet. Er bleibt in der Lage, in die du ihn geschaltet hast. Bei einer Klingelanlage wäre das unerwünscht. Dort soll der Stromkreis selbsttätig wieder geöffnet und damit der Klingelton unterbrochen werden.
Solch eine Funktion übernimmt der **(Ein-)Taster.** Das Schaltzeichen des Tasters sieht dem des Schalters sehr ähnlich. Der Unterschied ist die fehlende Raste.

Eintaster   Schalter

17. *Vervollständige den Schaltplan für eine Klingelanlage in deinem Hefter!*

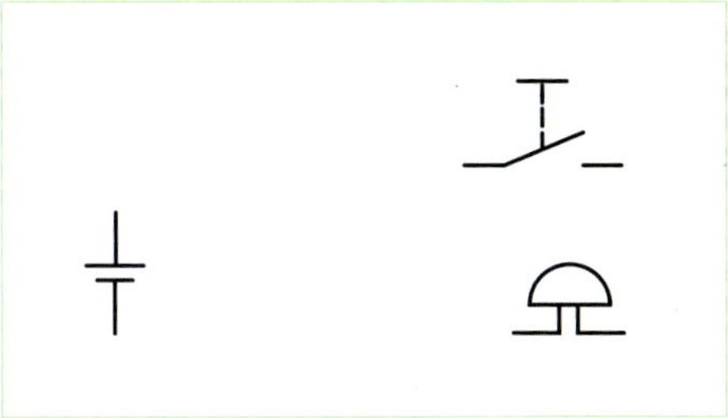

18. *In einem Mehrfamilienhaus soll die Klingel von der Hauseingangstür und der Wohnungstür betätigt werden können. Erweitere dazu deinen Schaltplan!*

Wenn es einen Eintaster gibt, dann muss es auch einen **Austaster** geben. Meist wird er als **Wechseltaster** hergestellt. An der Kühlschranktür heißt er **Mikrotaster** (↗ Abb. 1, S. 106).

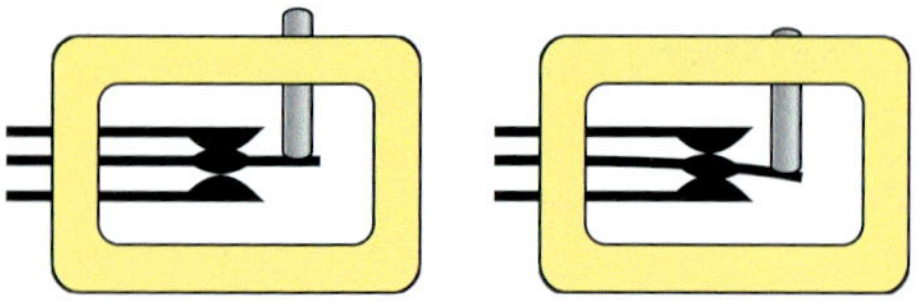

1 Aufbau eines Mikrotasters

Der mittlere **Umschaltkontakt** ist aus Federstahl. Besondere Bauformen haben über den Umschaltstößel noch einen längeren Federarm, oft mit Rolle. Sie werden als Kontakte für Rolltüren verwendet.

Austaster Wechseltaster

19. Vervollständige den Schaltplan für eine Kühlschrankbeleuchtung! Bedenke, dass Schalter immer im unbetätigten Zustand gezeichnet werden. Die Kühlschranktür ist gerade offen.

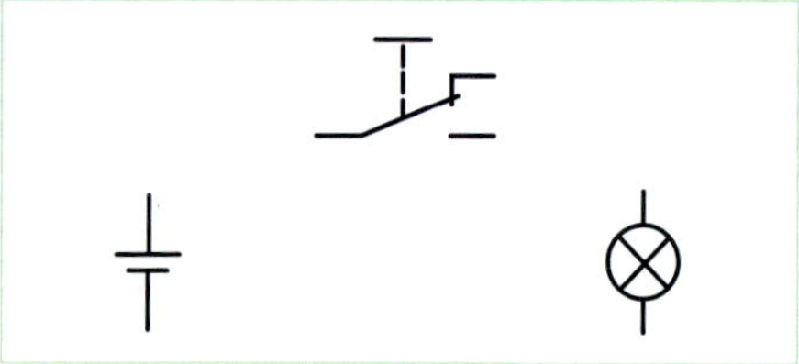

Bestimmt hast du in deiner Schule an einigen Türen **Alarmkontakte** entdeckt. Innerhalb eines Glasröhrchens befinden sich **Magnetkontakte**. Sie schließen, wenn der Magnet anliegt (↗ Abb. 2).

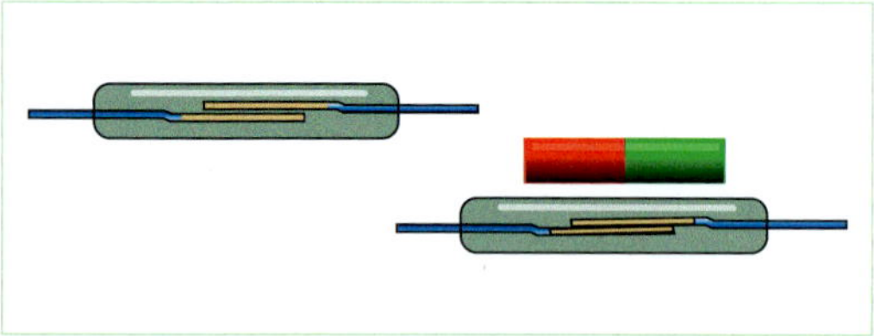

2 Offener (links) und geschlossener (rechts) Schutzgaskontakt

Polwendeschaltung

Um die Last an einem Kran heben und senken zu können, muss sich der Motor in beide Richtungen drehen. Die Stromrichtung muss umgekehrt werden. Ein **Umschalter** erfüllt diese Funktion.

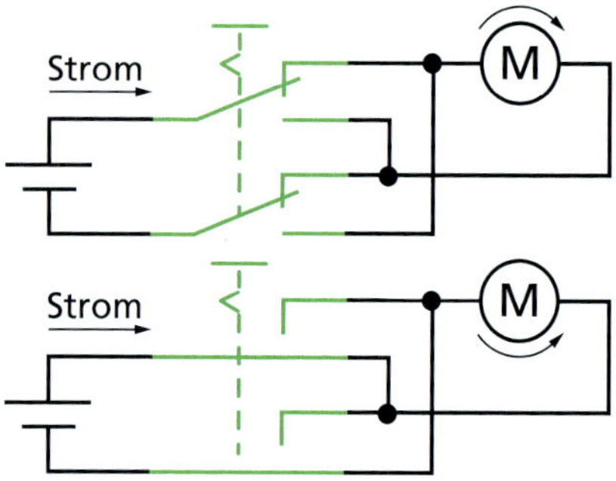

20. Verfolge den Stromfluss in beiden Schaltplänen! Begründe die unterschiedlichen Drehrichtungen des Motors!

21. Der Umschalter kann nur die Drehrichtung ändern, jedoch nicht den Motor schalten. Ergänze in deinem Hefter die Schaltung mit einem Eintaster zu einer funktionsfähigen Kransteuerung!

Ein Kranführer benutzt zur Steuerung nur einen **Joystick.** Er hat im Gegensatz zum Umschalter drei Schaltstellungen. In der mittleren Schaltstellung ist der Stromkreis unterbrochen.

22. Zeichne den Schaltplan für eine Kransteuerung mit dreistufigem Schalter!

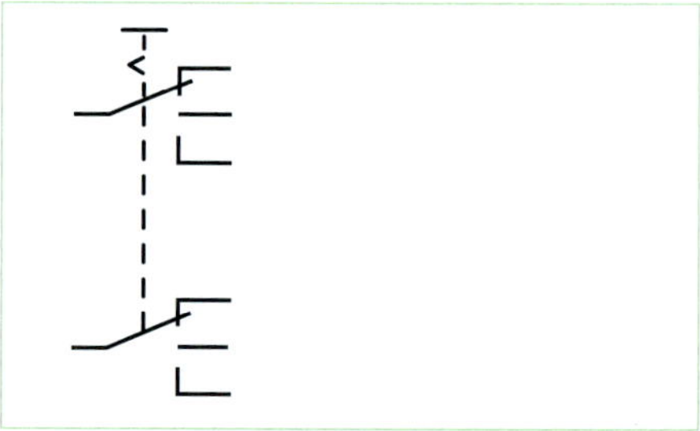

Weitere Stromquellen

Akkumulatoren

Bisher hast du bei deinen Experimenten Batterien verwendet. Eine solche Energiequelle ist recht teuer und es ist schwierig, sie umweltgerecht zu entsorgen. Eine Lösung für dieses Problem sind **Akkumulatoren,** weil sie sehr oft wiederaufgeladen werden können. Du findest sie im MP3-Player oder in deinem Handy. Sie werden mit Steckernetzteilen oder über den USB-Anschluss deines Computers geladen. Bei beiden Energiequellen wird chemische Energie in elektrische Energie umgewandelt.
Bei dem **Batteriemodell** in Abb. 1 siehst du deutlich zwei unterschiedliche Metalle in der Zitrone stecken. Zitronen sind sauer. Ihre Säure zersetzt langsam die Metalle. Zwischen den Metallen Zink und Kupfer baut sich eine kleine Spannung auf, die du zum Antrieb eines sehr empfindlichen Motors nutzen kannst. Der **Glockenankermotor** arbeit schon mit Spannungen ab 0,1 V.

23. *Untersuche weitere Metalle auf ihre Eignung für eine Batterie!*

24. *Erhöhe die Spannung durch Reihenschaltung solcher Metallpaare! Schaffst du es, eine Leuchtdiode zum Leuchten zu bringen?*

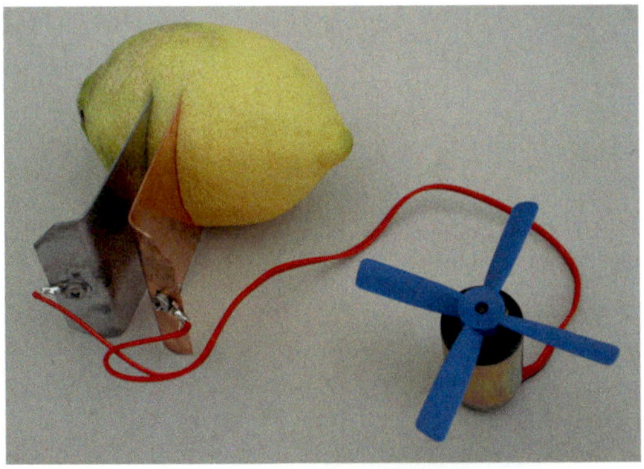

1 Das Batteriemodell mit einem Zink/Kupfer-Metallpaar kann einen kleinen Motor antreiben.

Solarzellen

Bei einigen Taschenrechnern brauchst du keine Batterie mehr zu wechseln. Solche Rechner haben als Energiequelle eine **Solarzelle.** Sie funktionieren daher nur bei ausreichender Helligkeit.

Solarzellen wandeln Lichtenergie in elektrische Energie um.

Die Solarzelle ist eine sehr dünne Scheibe aus Silizium. In dieser Form ist sie zu zerbrechlich, um mit ihr Experimente durchzuführen.

Die Solarzelle muss gekapselt werden. Dazu wird die Zelle auf einen stabilen Träger geklebt und mit einem transparenten Deckel versehen. Mit Fingerfertigkeit und ein wenig Hilfe des Lehrers kannst du das auch selbst. Mehrere miteinander verbundene Zellen werden als **„Solarmodul“** bezeichnet (↗ Abb. 2).

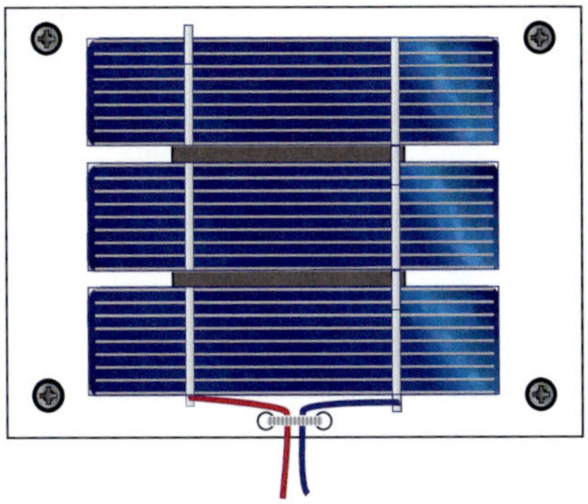

2 Solarmodul aus drei in Reihe geschalteten Solarzellen zwischen zwei Acrylglasplatten

Die Spannung einer Solarzelle beträgt nur 0,6 V. Das Solarmodul mit drei Zellen hat eine Spannung von 1,8 V. Damit können schon kleinere Motoren angetrieben werden. Für Experimente gibt es fertige Module mit Anschlussleitungen.

Solarzellen gewinnen die elektrische Energie aus Licht. Je größer die beleuchtete Fläche ist und je heller das Licht, mit dem sie bestrahlt wird, umso größer wird die Energieausbeute sein.

Solarmodule können auch flexibel hergestellt werden. Weil sie bruchsicher sind, können sie z. B. in Kleidungsstücken als Stromquelle für MP3-Player eingenäht sein.

25. Ein Elektromotor soll mit Solarzellen betrieben werden. Schalte so lange mehrere Solarzellen in Reihe, bis der Motor sich gleichmäßig dreht! Fertige einen Schaltplan an!

26. Überlege dir weitere Anwendungen für Solarmodule!

Mit Solarmodulen lassen sich interessante Modellprojekte verwirklichen.

27. Schau dir die folgenden Abbildungen an! Ermittle die Funktion und den Aufbau!

Für Solarzellen werden spezielle Elektromotoren **(Solarmotoren)** angeboten. Sie arbeiten schon mit niedrigen Spannungen und niedriger Stromaufnahme. Der auf S. 107 erwähnte Glockenankermotor eignet sich hier besonders.

Auf vielen Dächern in deinem Heimatort siehst du **Solarmodule** (↗ Abb. 1). Ihre Fläche ist so groß, dass es sich lohnt, die Energie in unser Stromnetz einzuspeisen.

Die **Fotovoltaik** – die Umwandlung von Sonnenenergie in elektrische Energie – wird von unserem Land speziell gefördert. Damit sollen nicht erneuerbare Energieträger, wie Kohle, Gas und Öl, gespart werden. Gleichzeitig entstehen weniger Abgase und die Umwelt wird geschont.

1 Solarmodule auf einem Hausdach

Generator

Im Baumarkt kannst du merkwürdige **Taschenlampen** erwerben. Bei einigen musst du kurbeln, bei anderen einen Ratschenhebel betätigen oder einfach nur schütteln, um die Lampe zum Leuchten zu bringen. Allen gemeinsam ist, dass du mechanische Energie aufwenden musst, die in der Lampe in elektrische Energie umgewandelt wird.

Am Fahrrad übernimmt diese Aufgabe der **Dynamo** (↗ Abb. 2). Die Dynamowelle wird über das Antriebsrad und den Reifen zum Drehen gebracht, wodurch elektrische Energie entsteht.

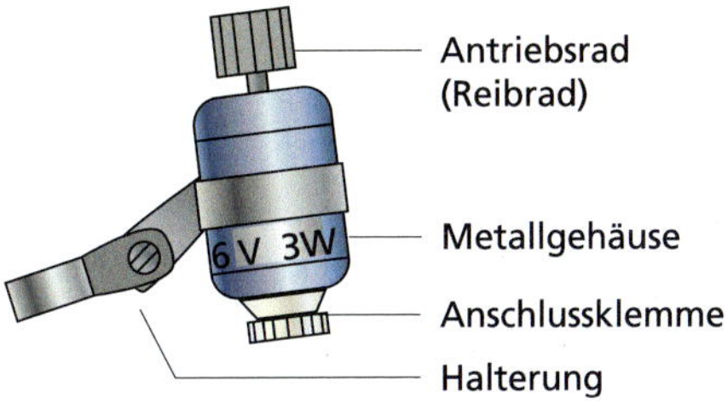

2 Dynamo am Vorderrad eines Fahrrades

Der Dynamo gehört, wie auch die **Lichtmaschine** im Kraftfahrzeug, zur Gruppe der **Generatoren.**
Riesige Generatoren erzeugen im Kraftwerk elektrische Energie, die in das Energienetz eingespeist wird. Über Hochspannungsleitungen wird sie zu uns nach Hause übertragen. Nach mehreren Spannungsanpassungen steht uns die elektrische Energie über die Steckdose zur Verfügung. Sie hat eine Spannung von 230 V.

Der Generator wandelt mechanische Energie in elektrische Energie um.

Das Schaltzeichen des Generators ist dem des Elektromotors ähnlich.

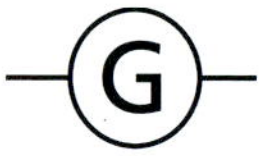

Wenn du den Rotor des Elektromotors zum Drehen bringst, kannst du ihn auch als Generator betreiben und damit z. B. eine Lampe zum Leuchten bringen.

28. Erkläre die Funktionsweise der besonderen Leuchte, die das Mädchen in Abb. 1 in den Händen hält!

29. Zeichne den dazugehörigen Schaltplan!

1 Mädchen mit Leuchte

Der **Dynamo** für die **Fahrradbeleuchtung** ist die Energiequelle für den Frontscheinwerfer und das Rücklicht. Beide Leuchten sind parallel geschaltet und mit dem Dynamo verbunden.

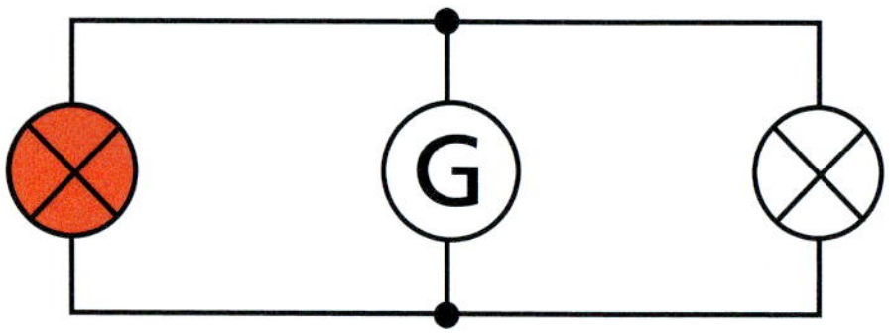

Bei vielen Fahrrädern wird der elektrisch leitfähige Rahmen als ein Leiter im Stromkreis genutzt.
Das Metallgehäuse des Dynamos, mit dem er am Metallrahmen befestigt ist, ist gleichzeitig der eine **Pol** der Energiequelle. Der zweite Pol befindet sich am unteren Ende des Dynamos an der Anschlussklemme.

Die vereinfachte Darstellung zeigt nur noch den Metallrahmen sowie die Schaltzeichen der beiden Lampen und des Generators. Alle Bauelemente sind durch eine Leitung mit dem Rahmen verbunden.

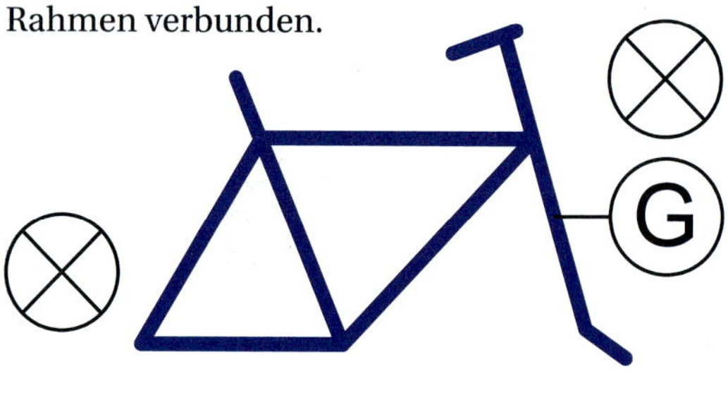

30. Übernimm die Zeichnung des Rahmens von der vorhergehenden Seite (S. 110 unten) in deinen Hefter und vervollständige den Stromkreis!

Um die Beleuchtung einzuschalten, muss der Dynamo an den Reifen gekippt werden, bis er einrastet. Weil durch die Reibung zwischen dem Reifen und dem Antriebsrad des Dynamos der Fahrwiderstand zunimmt, benötigst du beim Fahren mehr Kraft. Je größer die Helligkeit (Leistung) der Lampen, umso mehr bremst dich dein Dynamo.

Der modernere **Nabendynamo** ist fest mit dem Vorderrad verbunden (↗ Abb. 1). Wegen seines geringen Laufwiderstandes kann sich der Rotor des Nabendynamos ständig mit dem Vorderrad mitdrehen. Der Stromkreis wird bei diesem Dynamo über einen Schalter am Frontscheinwerfer unterbrochen.

Die Spannung der Lampen beider Leuchten darf nicht die maximale Spannung des Dynamos überschreiten. Sie beträgt in den meisten Fällen 6 V.

Überprüfe stets deine Beleuchtung auf Funktionsfähigkeit.

1 Nabendynamo an einem Fahrrad

31. Raik möchte mehrere Leuchten an seinem Fahrrad montieren. Dabei stellt er fest, dass er beim Fahren sehr viel Kraft aufwenden muss, damit sie hell leuchten. Kannst du das erklären?

Das Licht leuchtet nur beim Fahren. Wenn du aber an der Ampel warten musst, bist du nachts schlecht zu sehen. Dafür haben moderne Rücklichter eine **Fahrrad-Standlicht-Automatik.** Im Rücklicht befinden sich eine Leuchtdiode mit geringer Stromaufnahme und ein Energiespeicher. Damit können kurze Standzeiten überbrückt werden: Das Rücklicht leuchtet noch eine Weile weiter, wenn du dein Fahrrad angehalten hast.

Natürlich kannst du auch eine Fahrradbeleuchtung mit **Batterie** nutzen. Nur solltest du aus Umweltschutzgründen **Akkumulatoren** verwenden und immer den Ladezustand kontrollieren. Allerdings gilt das nur für Rennräder mit einer Masse unter 11 kg. An anderen Fahrrädern sind Batterieleuchten verboten.

Projekte mit elektrischer Energie

Der heiße Draht

Bestimmt kennst du den **„heißen Draht"**. Bei diesem Spiel musst du versuchen, mit einer Drahtschlinge einem Drahtweg zu folgen, ohne ihn zu berühren. Kommst du unterwegs an den Draht, ertönt ein Alarm.

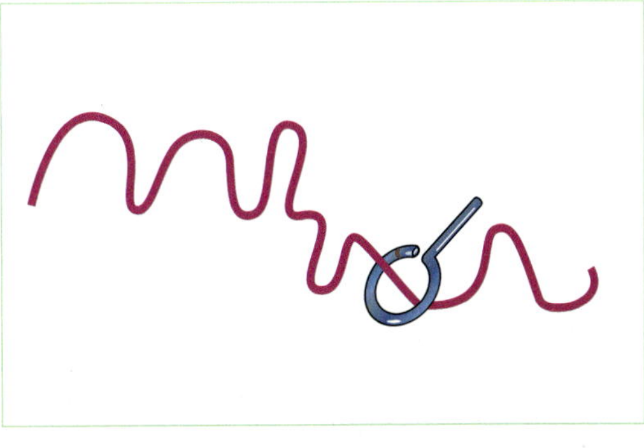

Eine andere Version siehst du auf dem unteren Bild. Mit dem Kupferstab kannst du versuchen, durch die Ringschrauben den hinteren Nagel zu treffen. Dabei darfst du die Ringe nicht berühren. Wenn du den Nagel triffst, soll eine Signallampe leuchten.

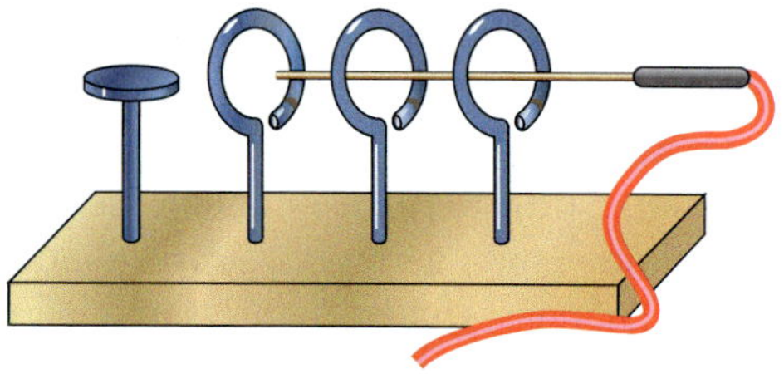

32. Entwirf einen Schaltplan und die Fertigungsunterlagen, um dieses Spiel zu bauen! Der Alarmgeber könnte ein Summer sein.

Der Regenbogengeist

Acrylglas kann wunderbar Licht leiten. Wenn die Kanten angeraut werden, streut sich dort das Licht und wird sichtbar. Mit einer **RGB-Leuchtdiode (RGB-LED)** soll eine Skulptur beleuchtet werden. Die Leuchtdiode wechselt selbstständig ihre Farben. Wenn du gleich zwei verwendest, entstehen interessante Lichtmischungen. Das folgende Bild zeigt die **Lichtskulptur** von vorn und von der rechten Seite.

In der Seitenansicht wurde eine Schnittdarstellung verwendet, die es dir ermöglicht, in den Holzquader hineinzuschauen. Die geschnittene Fläche ist schraffiert dargestellt. In der Bohrung, die bis in die Acrylglasplatte reicht, steckt die RGB-LED. Je nach Leuchtdiode ist ein Widerstand mit ihr in Reihe zu schalten. Die Anzahl der Monozellen und damit die Größe des Batteriekastens sind auch von der LED abhängig. Da weiß dein Lehrer bestimmt Rat. Natürlich kannst du dir ganz andere Skulpturen ausdenken. Vielleicht möchtest du einen Weihnachtsbaum zu Weihnachten verschenken?

Eine weitere Besonderheit ist der Einschaltmechanismus. Auf der Rückseite der Lichtskulptur siehst du den uns bekannten **Mikrotaster.** Die Lichtskulptur schaltet sich ein, wenn sie auf der Unterlage steht. Legst du sie hin, schaltet sich das Licht aus.

33. Überlege dir, wie du den Mikrotaster anschließen musst, damit die Lichtskulptur beim Hinlegen erlischt! Fertige einen Schaltplan an!

34. Entwickle die Planungsunterlagen für die Fertigung einer Lichtskulptur!

Geräte der Informationsübertragung

Mit einem Handy bist du heute fast überall erreichbar. Es muss keine Leitung in der Nähe sein und trotzdem könntest du dich jederzeit mit einem Bekannten in Australien unterhalten. Das war nicht immer so.
Vielleicht hast du die Verfilmung von „Der Herr der Ringe“ gesehen? Um für die entscheidende Schlacht Hilfe zu erbitten, wurden auf hohen Bergen **Signalfeuer** entzündet. Sie wurden von anderen Aussichtspunkten gesehen, wo dann ebenfalls Holzstapel entzündet wurden. So konnte allerdings nur der eine Wunsch - die Bitte um Verstärkung - übermittelt werden. Das **Feuerzeichen** war ein **Signal** für eine vorher vereinbarte **Information.**
Der Begriff „Signal“ ist dir auch schon in verschiedenen Wortkombinationen begegnet. So gibt es z. B. Schall-, Funk- und Ampelsignale oder Signaltafeln. Der Autofahrer warnt dich mit einem Hupsignal. Du erkennst dieses Signal als Gefahrenzeichen und stellst dein Handeln darauf ein. Bist du aber auf dem sicheren Gehweg, könnte es auch ein Gruß für dich sein. Mit komplizierten Lichtsignalbildern der Eisenbahn dagegen kennst du dich wahrscheinlich nicht aus. Sie haben für dich keine Bedeutung und geben dir damit auch keine Information.

Signale vermitteln Informationen, wenn der Empfänger die Bedeutung der Signale kennt.

1 Zugführer kennen die Bedeutung dieser Signale.

Schallsignale

Dein ganzes Leben lernst du ständig neue Signale zu verstehen. Das fing schon mit deiner eigenen **Sprache** an. Oder konntest du gleich sagen: „Ich habe Hunger“? Heute lernst du in der Schule noch andere Sprachen, die dir vorher vollkommen fremd waren.

Sprache wird mit Schallsignalen übertragen. So lassen sich Informationen austauschen.

Mit **Schallsignalen** können keine zu großen Entfernungen verständlich überbrückt werden. Wenn du es dennoch probieren möchtest, musst du kräftig schreien oder versuchen, die Schallenergie zu bündeln. Eine technische Hilfe dafür ist das offene **Sprachrohr** (**Megafon,** ↗ Abb. 2). Noch besser geht es mit dem geschlossenen Sprachrohr, wie es auf manchen Schiffen verwendet wird. Der Kapitän spricht in einen Trichter. Dieser ist an ein Rohrsystem angeschlossen, das zum Maschinenraum führt. Am anderen Ende ist wiederum ein Trichter, über den der Maschinist antworten kann.

1. *Begründe, warum ein Sprachrohr, das trichterförmig ist, Schallsignale weiter übertragen kann! Führe dazu Experimente durch!*

2. *Prüfe mit einem Partner, ob sich auch ein Gartenschlauch als geschlossenes Sprachrohr eignet! Erkläre dessen Vorteile!*

2 Ein Sprachrohr bündelt die Schallenergie.

Ganz anders funktioniert ein **Büchsentelefon.** Zwischen zwei Büchsen ist ein Faden gespannt.

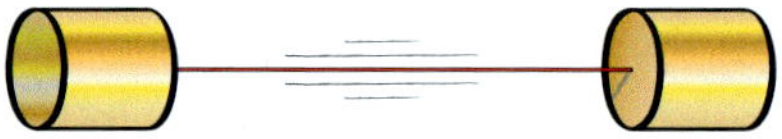

Sprichst du in die offene Büchse, wird der Büchsenboden zum Schwingen angeregt. Der daran befestigte straffe Faden überträgt die **Schwingungen** zur anderen Büchse. Diese wandelt die Schwingungen zurück in hörbare Schallsignale. Der Schall wird im Gegensatz zum Sprachrohr nicht direkt übertragen, sondern umgewandelt als Schwingung über den Faden. Der Faden ist der **Übertragungskanal** des Signals.

Ein Übertragungskanal leitet Signale weiter.

Signalübertragung	Übertragungskanal
Büchsentelefon	Faden
Telefon	elektrische Leitungen
Mobiltelefon	Funkwellen

Auf dem Foto in Abb. 1 spricht Raik in das Büchsentelefon. Er ist der **Sender** der Information.

1 Der Sprecher ist der Sender der Information.

Am anderen Ende des Büchsentelefons hört der **Empfänger.** Wenn der Empfänger antworten möchte, müssen beide die Übertragungsrichtung ändern. Raik horcht dann an der Büchse, wie du es in Abb. 2 siehst. Nun ist er der Informationsempfänger.

Projekt Büchsentelefon

- Baue mit einem Partner ein Büchsentelefon! Erprobt verschiedene Büchsendurchmesser sowie Fadendicken und -längen!
- Begründet die unterschiedliche Verständlichkeit! Überlegt euch eine Konstruktion, um den Faden umzulenken!
- Erweitert das Büchsentelefon zur Konferenzschaltung, damit ein Dritter mithören kann!

Codeknacker

Wenn bei großen Entfernungen eine sprachliche Verständigung nicht mehr funktioniert, müssen die Informationspartner andere Signale vereinbaren, z. B. **Lichtsignale.**

2 Der Hörer ist der Empfänger der Information.

Sicher hast du schon einmal einen **Leuchtturm** gesehen. Jeder Leuchtturm blinkt in einem bestimmten Rhythmus und/oder einer bestimmten Farbe. Die Bootsführer erkennen daran ihren Weg und die Häfen. Dazu müssen sie die Signale den jeweiligen Türmen zuordnen können. Sie müssen den **Code** kennen.

Ein Code ist eine verschlüsselte Information.

Einen deiner ersten umfangreichen Codes hast du in der Grundschule gelernt. Es ist die **Schrift** aus Buchstaben und Zahlen. Bei manchen Fremdsprachen, wie z. B. Englisch, musst du einen neuen Zeichencode erlernen.

Schrift ist ein Code für unsere Sprache.

Wenn du einem Partner eine geheime Information mitteilen möchtest, müsst ihr euch einen eigenen Code vereinbaren. Ihr könntet euch für jeden Buchstaben ein Zeichen ausdenken. Nun kann ein uneingeweihter Leser euren Brief nicht mehr verstehen. Er kennt den Code nicht und kann die Information nicht entschlüsseln. Die Entschlüsselung wird in der Fachsprache als **Decodieren** bezeichnet. Die Zuordnung der Zeichen mit einer **Codetabelle** wird auch **Schlüssel** genannt.

Den ältesten bekannten Code nutzte JULIUS CÄSAR (110–44 v. Chr.), um gesendete Schreiben vor neugierigen Blicken zu schützen. Der **Cäsarcode** ist ein recht einfacher Verschiebecode. Zwei aufgeschriebene Alphabete werden nebeneinander gelegt und um eine Anzahl von Buchstaben verschoben. Die Verschiebung ist durch einen Buchstaben gekennzeichnet. Ein „A“ steht für eine Verschiebung um eine Position, ein „B“ für eine Verschiebung um 2 Positionen, ein „C“ für eine Verschiebung um 3 Positionen usw. Auf dem nachfolgenden Bild ist eine C-Codierung dargestellt. Der Geheimtext „URP“ bedeutet mit dieser **Codierung** im Klartext „rom“.

Klartext	a	b	c	d	e	f	g	h	i
Geheim	D	E	F	G	H	I	J	K	L
Klartext	j	k	l	m	n	o	p	q	r
Geheim	M	N	O	P	Q	R	S	T	U
Klartext	s	t	u	v	w	x	y	z	
Geheim	V	W	X	Y	Z	A	B	C	

Projekt Geheimschrift

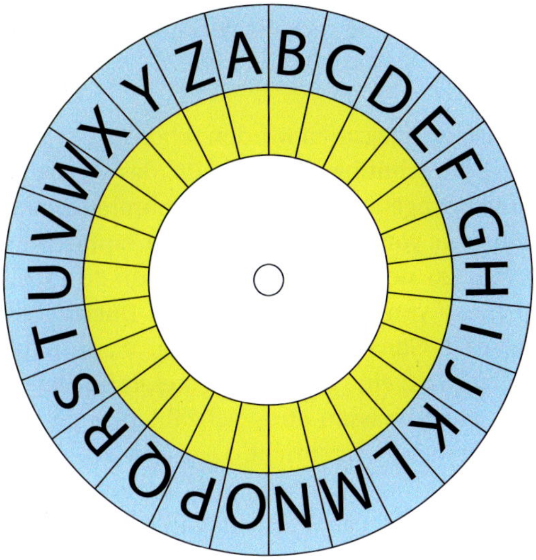

- Kopiere die Codescheibe zweimal!
- Schneide sie einmal am blauen und einmal am gelben Rand aus, klebe die beiden Scheiben auf je eine Pappscheibe und füge sie mit einer Musterklammer zu einer Drehscheibe zusammen!
- Trage in den leeren Feldern das Alphabet ein!
- Nun kannst du mit einem Partner geheime Botschaften verfassen, indem ihr die gleiche Verschiebung benutzt.

3. *Entschlüssle den Geheimtext XGTTCV (B-Codierung)!*
4. *Codiere deinen Vor- und Nachnamen in D-Codierung!*
5. *Verändere das Projekt auf S. 115, indem du auf der leeren Scheibe eigene Zeichen verwendest!*

Optische Telegrafie

Telegrafie ist die Informationsübertragung über größere Entfernungen. „Tele“ stammt aus der griechischen Sprache und bedeutet „fern“ oder „weit“. Du kennst es in diesem Zusammenhang von „Teleskop“ oder „Telefon“.

Telegrafen sind technische Geräte zur Informationsübertragung.

Optische Telegrafen wurden schon vor Beginn der Zeitrechnung genutzt. Um das Alphabet zu übertragen, brauchen wir mehrere Kombinationen von **Lichtsignalen.** Am einfachsten wären 26 nebeneinander angeordnete Lichtquellen, von denen jede einen Buchstaben darstellt. Ganz schön aufwendig. Wenn dann in der Mitte ein Licht aufleuchtet, müsstest du sehr gut aufpassen und nachzählen, welchem Buchstaben es entspricht.
Ein Code muss wieder her! POLYBIOS (200 bis 120 v. Chr.), ein griechischer Geschichtsschreiber, beschrieb den nach ihm benannten Fackelcode. Mit nur zehn Fackeln - aufgeteilt in zwei Gruppen zu je fünf Fackeln - konnten alle Buchstaben übertragen werden.

Linke Mauer Rechte Mauer

Der Schlüssel für diese Codierung war eine **Buchstabentafel.** Auf je fünf Zeilen und Spalten innerhalb eines Quadrates waren die Buchstaben der Reihe nach eingetragen. Um den Buchstaben zu codieren, gab die Anzahl der Fackeln auf der linken Seite die Zeilenzahl und auf der rechten Seite die Spaltenzahl an. Solch eine **Codetabelle** wird auch als **Matrix** bezeichnet.

Fackelzeichen rechte Mauer

Fackelzeichen linke Mauer	1	2	3	4	5
1	A	B	C	D	E
2	F	G	H	I	K
3	L	M	N	O	P
4	Q	R	S	T	U
5	V	X	Y	Z	

Ein „J“ und ein „W“ waren zur damaligen Zeit nicht bekannt. Das Wort „Los“ wurde nach dieser Buchstabentafel wie folgt übertragen:

Buchstabe	Fackeln links	Fackeln rechts
L	3	1
O	3	4
S	4	3

Wenn auf den Signaltürmen die Positionen der Fackeln erkennbar waren, funktionierte die Übertragung auch mit nur einer Fackel je Seite.

Die **Polybios-Matrix** wird auch heute noch für einfache Codierungen verwendet.
Der Code für den Klartext „Hallo“ lautet dann also: 23 11 31 31 34.

6. *Codiere mit der Polybios-Matrix den Klartext „Feuer“!*

Eine weitere Entwicklung der optischen Telegrafen fand erst wieder im 18. Jahrhundert statt. Der Franzose CLAUDE CHAPPE (1763–1805) erfand den **Zeigertelegrafen.** Verschiedene Zeigerstellungen codierten die Information (↗ Abb. 1).
In einer Telegrafenstation arbeiteten zwei Bedienstete. Einer stellte die Zeiger ein und der andere beobachtete mit einem Fernrohr die vorhergehende Station. Diese Übertragungslinien konnten sehr lang sein. So wurde die 225 km lange Strecke von Paris nach Lille mit 25 Telegrafenstationen versehen. Dazu mussten die Stationen auf hohen Gebäuden wie Kirchtürmen oder eigenen Türmen errichtet sein. Eine Informationsübertragung dauerte gerade mal 2 bis 6 Minuten. Jeder Buchstabe hatte eine eigene Zeigerkombination. Zum Glück brauchst du diese nicht zu lernen.

1 Zeiger- oder Balkentelegraf

7. *Wie viele Personen waren an einer Übertragung von Paris nach Lille beteiligt?*

Flügelsignale der Eisenbahn sehen dem Zeigertelegrafen ähnlich. Der Flügel kann aber nur zwei Positionen einnehmen und signalisiert dem Lokführer, ob der Fahrweg frei ist.

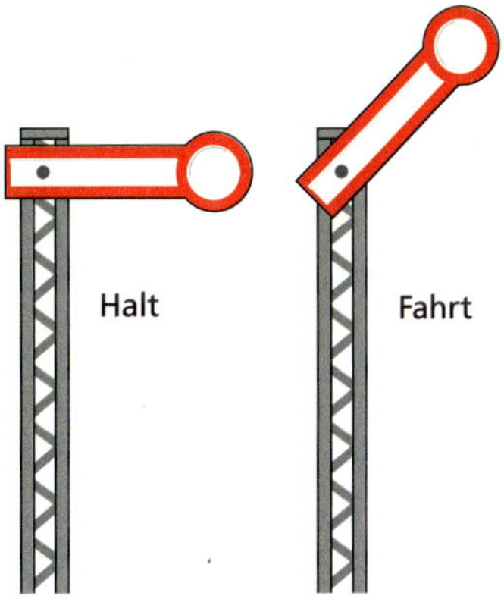

8. *Fertige aus Halbzeugen oder Modellbauteilen ein Funktionsmodell des Flügelsignals! Der Antrieb soll am Signalfuß möglich sein.*

Elektrische Telegrafie

Schon mit der einfachen **elektrischen Klingelanlage** in deiner Wohnung können Signale gesendet werden. Der Paketbote, der den Klingeltaster drückt, möchte eingelassen werden. Er ist der **Sender** des Signals.
In unserer Wohnung ertönt die Klingel. Sie gibt dir die Information, dass jemand vor der Eingangstür steht. Du bist der **Empfänger** des Signals.
Im Kapitel „Elektrische Energie bereitstellen und nutzen“ haben wir die Klingel als Beispiel für einen **Elektromagneten** kennengelernt (↗ S. 103). Nun nutzen wir die magnetische Wirkung des elektrischen Stromes zur Informationsübertragung. Mit dem Elektromagneten wird der Klöppel gegen die Glocke geschlagen, um ein Schallsignal zu erzeugen.

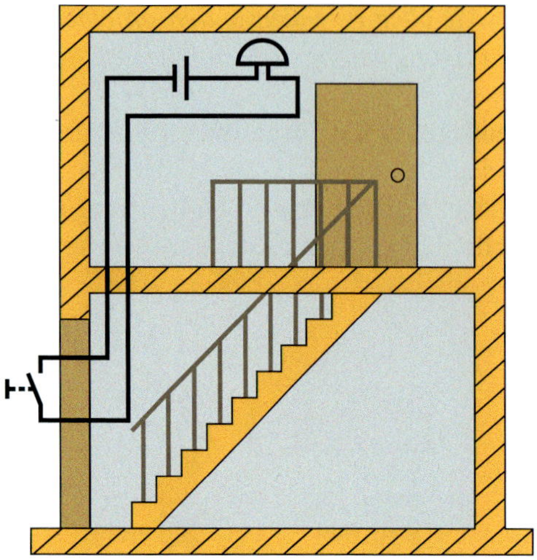

1 Hausklingelanlage

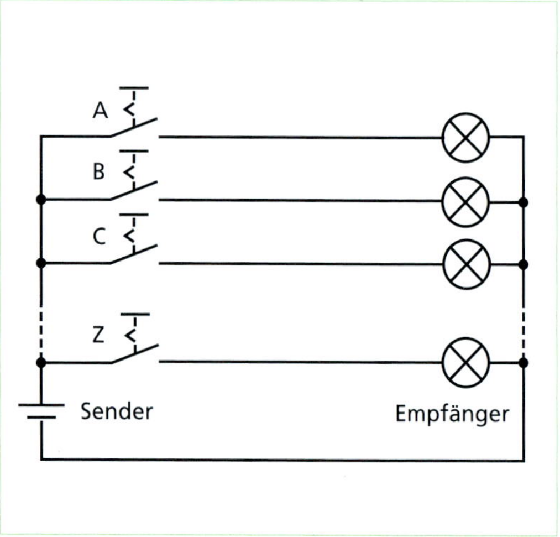

2 Schaltplan einer einfachen Signalanlage

9. Erkläre die Funktionsweise der Hausklingelanlage!

10. Überlege dir andere Signalgeber anstelle der Klingel! Denke dabei an die unterschiedliche Wirkung des Stromes!

11. Überlege dir einen Klingelcode und weihe einen Freund ein!

Vorteile einer elektrischen Signalanlage sind:

- Der Sender und der Empfänger brauchen keinen Sichtkontakt.
- Die elektrische Leitung kann sehr lang sein.
- Es können verschiedene Wirkungen des elektrischen Stromes genutzt werden.

Die erste **elektrische Signalanlage** wurde 1809 in München getestet. SAMUEL THOMAS VON SOEMMERING (1755–1830) konstruierte einen **elektrischen Telegrafen,** bei dem jedem Zeichen eine eigene Leitung zugeordnet war. Signalwandler des elektrischen Stromes war die elektrochemische Zersetzung von Wasser, es entstanden für das Auge sichtbare Bläschen. Das nächste Bild zeigt den Schaltplan für eine modernere Lösung.

12. Wie viele Leitungen müssen in Abb. 2 zwischen Sender und Empfänger gezogen werden, um das Alphabet zu übertragen? Berechne die Gesamtleitungslänge, wenn Sender und Empfänger einen Kilometer weit voneinander entfernt sind!

13. Beschreibe den Vorteil der modernen Anlage in Abb. 2 gegenüber der Anlage von SOEMMERING!

14. Recherchiere Entdeckungen, die für die Nutzung der elektrischen Energie für Signalzwecke nötig waren!

Elektrische Signalanlagen übertragen elektrische Signale, die beim Empfänger in wahrnehmbare Signale (z. B. Licht) umgewandelt werden.

Der Morsetelegraf

Der Leitungsaufwand des elektrischen Telegrafen von SOEMMERING war viel zu groß und die Übertragung zu zeitaufwendig, um damit größere Entfernungen sinnvoll zu überbrücken. Daher wurden andere Lösungen gesucht.

Der entscheidende Durchbruch in der Entwicklung der Informationsübertragung für große Strecken kam erst 1837 mit der Erfindung des **Morsetelegrafen.**

SAMUEL MORSE (1791–1872) konstruierte ein Schreibgerät mit einem **Elektromagneten** und einem Schreibstift. Der Sender drückte eine Taste und schloss damit den Stromkreis. Dadurch bewegte im Empfangsgerät ein Elektromagnet den Schreibstift auf den Papierstreifen.

Eine Schrift kann daraus nicht entstehen. Punkte und Striche aber schon. Dazu musste gleichzeitig ein Papierstreifen mit gleichbleibender Geschwindigkeit unter dem Stift hindurchgeführt werden. Den Antrieb übernahm meist ein Federzuguhrwerk, das sich mit dem ersten elektrischen Signal selbsttätig einschaltete. Die Lösung brachte auch hier wieder eine Darstellung der Zeichen mithilfe eines Codes, dem **Morsecode.**

> *15. Schau dir genau die Prinzipdarstellung des Morsetelegrafen an! Erkläre seine Funktionsweise! Gehe auf Details ein!*

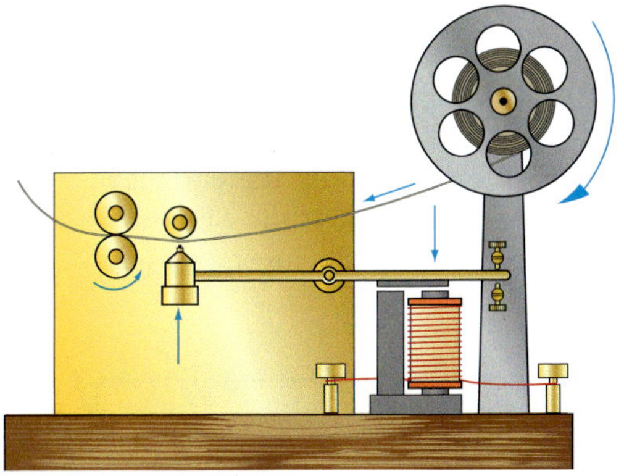

Nun stand dem weltweiten Informationsaustausch nichts mehr im Wege. Es mussten nur Leitungen verlegt werden. Doch das war gar nicht so einfach. Das erste funktionierende **Seekabel** ging nach mehreren kostspieligen Fehlversuchen im Jahre 1866 von Irland nach Neufundland in Betrieb.

Dit Dit Dah Dah Dah – Der Morsecode

Wer kennt es nicht, das Notsignal **„S-O-S“**. Es ist eine Abkürzung für „save our soules“ (auf Deutsch: „Rettet unsere Seelen“). Es ist verschlüsselt mit dem Morsecode.

Den **Morsecode** oder das **Morsealphabet** kannst du leicht erlernen und nutzen. Es wird mit kurzen und langen Licht- oder Tonsignalen codiert, aber auch mithilfe des Morsetelegrafen mit Strichen und Punkten. Die Signale haben unterschiedliche Längen. Das kurze Signal wird als „Dit“ und das lange Signal als „Dah“ bezeichnet. Das „Dah“ ist dreimal so lang wie das „Dit“. Ein Buchstabe besteht aus mehreren Dits und Dahs (außer das „e“ und das „t“) und den dazwischenliegenden Pausen mit der Länge von je einem Dit.

Den Morsecode lernst du am besten mit Merkwörtern. Sieh dir die Tabelle auf der S. 120 genau an. Sie zeigt die Morsezeichen für die einzelnen Buchstaben und Zahlen und für alle Buchstaben jeweils ein Merkwort. Die Großbuchstaben in den Merkwörtern entsprechen einem langen Ton, die kleinen einem kurzen. Versuche, die Silben des Wortes auch lang und kurz zu sprechen!

> *16. Codiere deinen Vor- und Nachnamen mit dem Morsealphabet!*
>
> *17. Erläutere, warum z. B. für „e“, „i“, „a“ und „n“ ein kurzer Code verwendet wird!*
>
> *18. Finde weitere Auffälligkeiten im Morsecode!*
>
> *19. Begründe, warum ein Klopfcode, wie er gern in Spielfilmen verwendet wird, wenig Sinn macht!*
>
> *20. Kennst du Lieder, in denen ein Morsecode vorkommt?*

	Code	Merkwort
A	•–	A larm
B	–•••	BO na par te
C	–•–•	CO ca CO la
D	–••	DRO ge rie
E	•	ei
F	••–•	fen ster BO gen
G	––•	GROSS ON kel
H	••••	hin ter ach se
I	••	i gel
J	•–––	jagd MO TOR BOOT
K	–•–	KOM man DO
L	•–••	li MO na de
M	––	MAR TA
N	–•	NOR den
O	–––	OST NORD OST
P	•––•	phi LO SO phie
Q	––•–	QUO KO ri KO
R	•–•	re VOL ver
S	•••	sel le rie
T	–	TOR
U	••–	un ter ROCK
V	•••–	ven ti la TOR
W	•––	wert STOFF HOF
X	–••–	OH ne xe NON
Y	–•––	YO shi MO TO
Z	––••	
0	–––––	
1	•––––	
2	••–––	
3	•••––	
4	••••–	
5	•••••	
6	–••••	
7	––•••	
8	–––••	
9	––––•	
	••••••••	Fehler
@	•––•–•	(AC)

Projekt Morsetelegraf

Eine Morseverbindung selbst aufbauen und mit ihr geheime Botschaften austauschen? Die Elemente dafür finden wir im Technikraum oder müssen sie uns selbst anfertigen.
Als Signalgeber eignet sich ein Tongenerator, ein Summer oder eine Lampe.

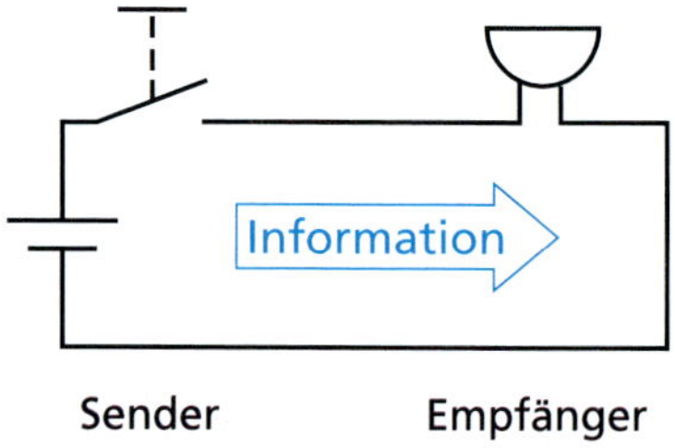

Der Schaltplan zeigt einen einfachen Stromkreis mit Stromquelle, Taster und Summer. Zwischen Sender und Empfänger sind zwei Leitungen gezogen. Der Sender kann nur senden und der Empfänger kann nur hören. So eine einseitige Informationsübertragung wird als **Simplexbetrieb** bezeichnet.

Im Simplexbetrieb können Informationen nur in eine Richtung gesendet werden.

Wenn der Empfänger aber auch antworten möchte, brauchen wir die gleiche Schaltung für die Gegenrichtung. Bei diesem sogenannten **Duplexbetrieb** können die Stationen gleichzeitig senden und empfangen.

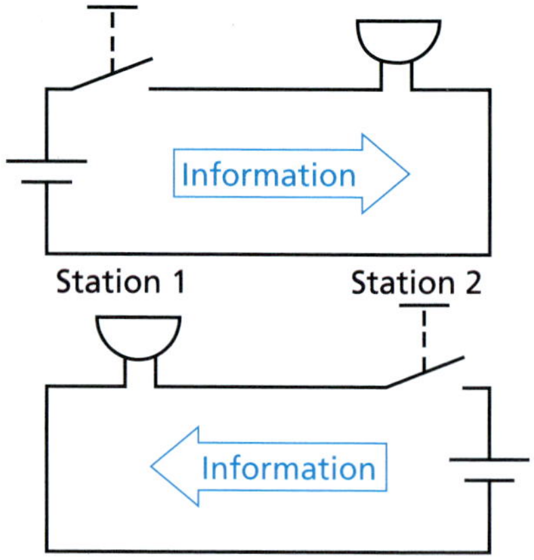

21. Wie viele Leitungen und Bauelemente werden für den Duplexbetrieb benötigt?

Natürlich ist kein Mensch in der Lage, gleichzeitig zu senden und den Empfang mitzuschreiben. Es genügt der **Halbduplexbetrieb.** Der Schaltungsaufwand lässt sich reduzieren. Die Information kann immer noch in beide Richtungen ausgetauscht werden, allerdings nur im wechselseitigen Betrieb.

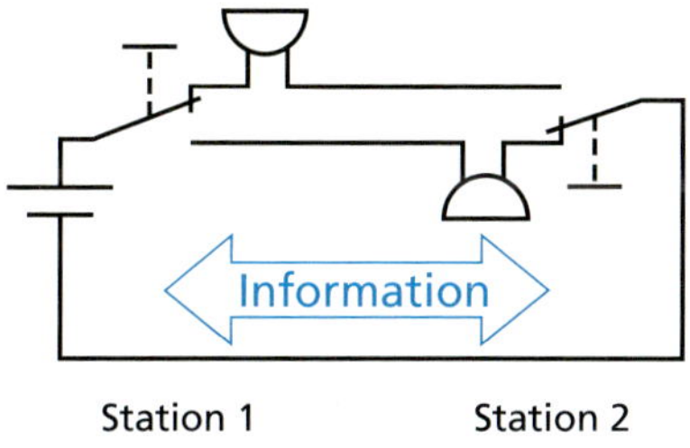

Du wirst sicherlich den Wechseltaster von S. 106 wiedererkennen. Dort setzten wir ihn für die Kühlschrankbeleuchtung ein.

Der Halbduplexbetrieb erlaubt einen wechselseitigen Informationsaustausch.

22. Schau dir den Schaltplan für den Halbduplexbetrieb genau an und beschreibe die Funktionsweise!

Einen **Morsetaster** kannst du leicht selbst anfertigen, z. B. so:

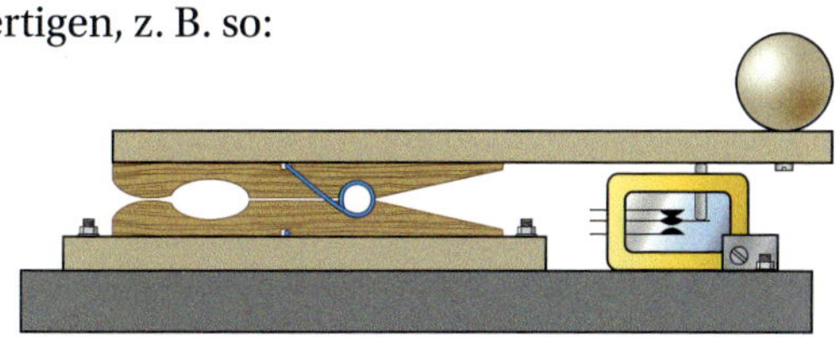

- Zwei nebeneinanderliegende Klammern dienen als Gelenk und Feder, ein Mikrotaster als Wechseltaster.
- Die Hebellänge solltest du in einem Versuch ermitteln, damit du dich beim Morsen nicht so anstrengen musst. Die Kugel bekommst du auf dem Baumarkt (Schrankknauf).
- Die Höhe der Grundplatte unter den Klammern ist von der Höhe des Mikrotasters abhängig.
- Sorge für einen sauberen Anschluss der Leitungen und eine Zugentlastung!

Projektdurchführung Halbduplex

Stückliste:
Fertige eine Stückliste mit der Anzahl der jeweils benötigten Teile an! So kannst du rechtzeitig fehlende Teile besorgen und hast auch gleich eine Übersicht über die Maße der einzelnen Teile. Manche Maße kannst du erst nach den Versuchen eintragen.

Arbeitsablaufplan:
Den Arbeitsablaufplan (↗ S. 30) stellst du vor Beginn der Fertigung auf. Er hilft, alle notwendigen Arbeitsschritte und Arbeitsmittel zu planen. So kann man Wartezeiten an den Maschinen vermeiden.

Projektgruppe:
Eine Projektgruppe sollte aus mindestens zwei Schülern bestehen. Ihr benötig für einen Halbduplexbetrieb ja auch zwei Morsetaster. Plant den Aufbau beider Stationen. Denkt an die Anordnung der Bauelemente und daran, bei welcher Station die Stromquelle ist. Als Verbindungsleitung zwischen den Stationen eignen sich zwei verdrillte Litzen. Sie sind flexibel und führen damit nicht so schnell zu Leitungsbruch.

Stationsbetrieb:
Ordnet beide Stationen in größerer Entfernung oder mit einer zwischenliegenden Tür an, um einen realen Morsebetrieb zu erleben. Testet eure Verbindung. Solltet ihr ein Zeichen nicht verstehen oder euch beim Senden vertan haben, antwortet mit dem Fehlerzeichen!

23. Skizziere den Anschluss der Mikrotaster!

24. Ermittelt den schnellsten Sender!

Aufgaben

Mechanische Energie bereitstellen

1. Vervollständige die Tabelle! Bestimme dazu die Funktionselemente der Elektrohaushaltsgeräte (Arbeitselement = AbE, Antriebselement = AnE, Übertragungselement = ÜbE, Trägerelement = TrE)!

	Waschmaschine	Kaffeemühle	Akkuschrauber
AbE	Trommel		
AnE		Elektromotor	
ÜbE			
TrE			

2. Bestimme für fünf Transportmittel das Antriebselement und die Energieart, aus der mechanische Energie umgewandelt wird! Notiere alles in einer Tabelle!

3. Bestimme aus Abb. 1 von S. 77 die Funktionselemente einer Windkraftanlage (WKA) und stelle sie in einer Tabelle zusammen! Zeichne ein einfaches Schema des Windkonverters und trage den Energiefluss ein!

4. Nenne die Standortfaktoren für das Aufstellen einer Windkraftanlage auf dem Festland und auf dem Meer! Vergleiche für beide Standorte die Auswirkungen auf die Natur und auf den Menschen!

5. Ermittelt experimentell in der Gruppe wichtige Standortbedingungen einer WKA in eurer Nähe! Nutzt dazu einen Windmesser und eine Karte mit Höhenangaben! Erkundet beim Betreiber der WKA die Daten in Nabenhöhe! Protokolliert eure Ergebnisse! Begründet die Standortwahl!

6. Benenne alle Teile des abgebildeten Wasserkraftwerkes und beschreibe seine Funktionsweise Schritt für Schritt!

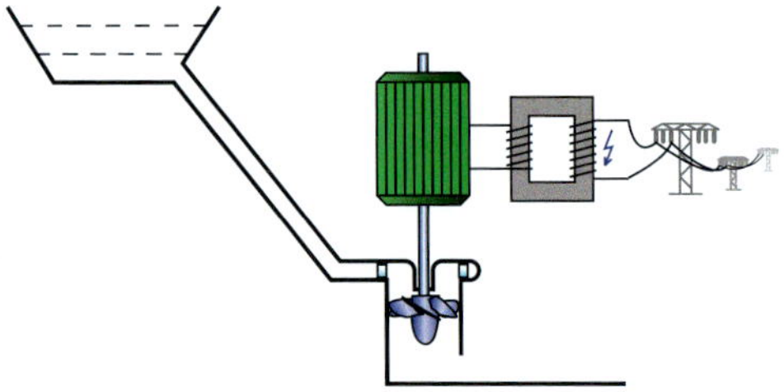

7. Recherchiere, bei welchen natürlichen Wasserverhältnissen die Turbinenarten Francisturbine, Peltonturbine und Kaplanturbine (↗ S. 83) eingesetzt werden! Stelle deine Ergebnisse in einer Übersicht dar!

8. Baue das Funktionsmodell eines Hammerwerkes! Nutze auch die Grafik auf S. 81!

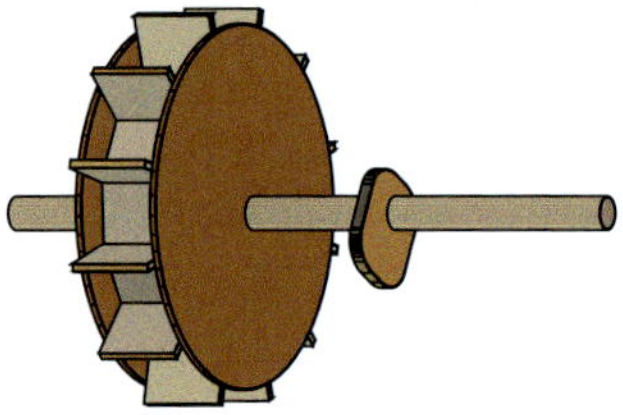

9. **Komplexaufgabe Wasserkraftwerk:** Baue und teste ein Modell eines Wasserkraftwerkes zur Erzeugung von elektrischer Energie! Verwende dafür deine Kenntnisse aus den Kapiteln zur mechanischen und elektrischen Energie (S. 73–112)!

Modell des Wasserkraftwerkes im Test

a) Stelle die Teile des Wasserkraftwerkes zusammen! Du kannst sie aus verschiedenen Materialien herstellen, z. B.:
- aus Holz- und Kunstwerkstoffresten oder aus Baukastenbauteilen, die du zu Hause oder bei Freunden findest,
- aus Bauteilen aus dem Bastelladen (dein Techniklehrer kann dir Tipps für einen kostengünstigen Einkauf geben).

Für das abgebildete Wasserkraftwerk brauchst du ein Wasserrad aus Kunststoffhalbzeugen und verschiedene Einzelteile, wie sie in der Abb. unten zu sehen sind.

b) Übertrage diese Zusammenbauzeichnung auf ein Zeichenblatt!

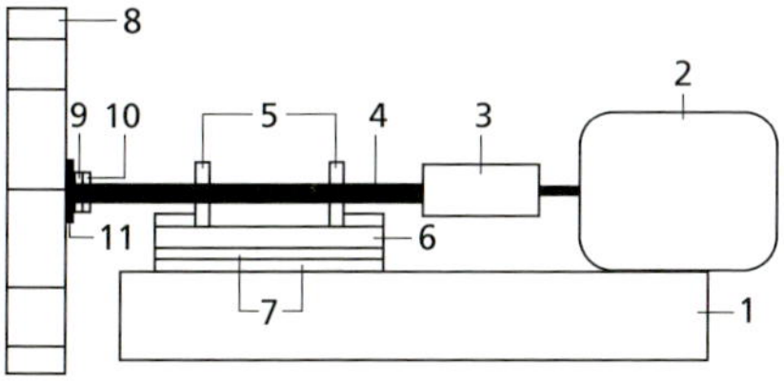

c) Ergänze sie durch eine Stückliste, wie sie auf S. 32 besprochen wurde:
1 Grundplatte
2 Generator
3 Kupplung
4 Welle
5 Lager
6 Lochstreifen Kunststoff
7 Lochstreifen Metall
8 Schaufelrad
9 Sechskantmutter
10 Kontermutter
11 Unterlegscheibe!

d) Baue dein Wasserkraftwerk zusammen! Beachte dabei, dass der Generator ein elektrisches Bauteil ist und vor Wasser geschützt werden muss. Baue einen Spritzschutz!

e) Teste dein Wasserkraftwerk! Nutze dafür deine Erfahrungen aus Aufgabe 27, S. 83. Teste das Kraftwerk mit einer LED!

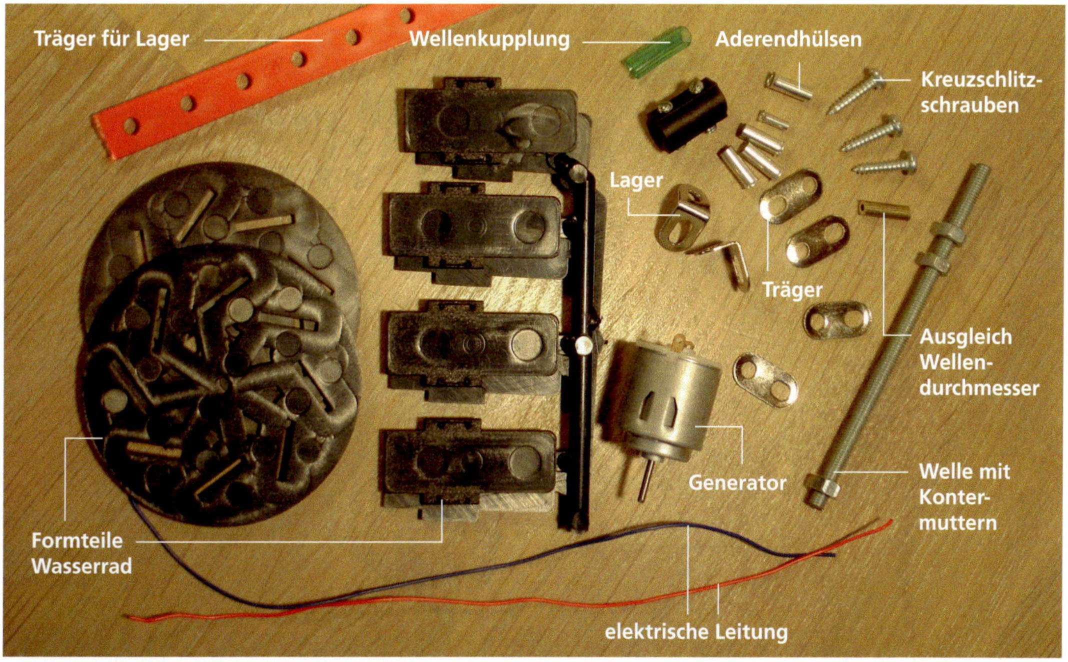

Informationsübertragung

1. Vergleiche das Stethoskop mit einem Sprachrohr!

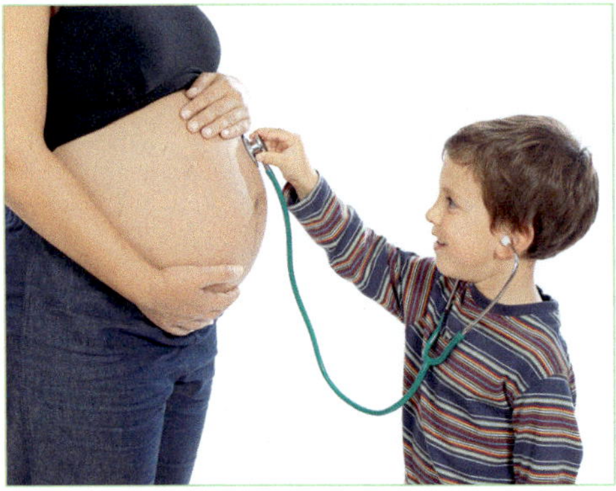

2. **Projekt geschlossenes Sprachrohr:**

a) Fertigt aus HT-Rohr (Hochtemperatur-Abflussrohr) eine Sprechanlage! Nutzt dazu unterschiedliche Formstücke, um den Schall umzulenken oder zu verteilen!

b) Verknüpft zum Tag der offenen Tür unterschiedliche Konstruktionen, ähnlich einem Labyrinth! Eure Gäste müssen dann die zueinandergehörenden Öffnungen finden.

3. Entwickelt zu zweit eine Informationsübertragungsanlage mit Licht! HT-Rohre, Linsen und Spiegel könnten euch dabei behilflich sein. Beachtet:

- Das Lichtsignal soll über eine große Entfernung sichtbar sein.
- Die Anlage soll nicht so einfach „abhörbar“ sein, d.h., fremde Beobachter sollten das Licht nicht sehen können.

4. Piktogramme sind codierte Informationen in Form von aussagekräftigen Bildern.

a) Fertige Piktogramme mit Sicherheitshinweisen für den Technikraum an!

b) Konstruiere weitere lustige Piktogramme!

5. Recherchiere den Begriff SMS!

- Welche Bedeutung hat er?
- Wer hat die SMS erfunden?
- Was versteht man unter der Erweiterung MMS?

6. Erläutere die Folgen des Codiergerätes „Enigma“ für den Verlauf des Zweiten Weltkrieges!
Recherchiere im Internet!

7. Überlege dir mit einem Partner, wie du mithilfe der Polybios-Matrix (↗ S. 116) Klopfsignale austauschen könntest!

8. Alarmanlagen werden sehr oft mit einem Codeschlüssel geschaltet. Dabei darf der Alarmstromkreis nur mit dem passenden Schlüssel geschaltet werden. Schau dir das Bild an und versuche, die Funktionsweise zu ergründen!

- Welche Taster werden gedrückt, wenn der Schlüssel aufgelegt wird?
- Zeichne den Schaltplan für die drei kombinierten Wechseltaster!

9. Betrachte den Morsetelegrafen von S. 118! Erkläre die Aufgaben der Justierschrauben rechts neben dem Elektromagneten!

10. Verändere den Code der Codierscheibe von S. 115, indem du das Alphabet rückwärts aufschreibst! Nutze dazu die Rückseite der Scheibe, um zwei Codes vorrätig zu haben!

3 Einführung in die Arbeit mit dem PC

Das Arbeitsgerät Computer

Auf den ersten Blick

Wer vor einem PC sitzt, der sieht zunächst nur ein Gerät, das aus verschiedenen Teilen besteht. Sichtbar sind im Allgemeinen:

- eine Tastatur mit allen Buchstaben und Ziffern, verschiedenen Sondertasten und sogenannten Funktionstasten;
- ein grauer Kasten, das sogenannte Grundgerät, das u. a. den „eigentlichen“ Computer enthält;
- ein Bildschirm (meist über oder neben dem Grundgerät);
- ein kleines Gerät, die sogenannte Maus, mit der Eingaben am Bildschirm genau positioniert werden können;
- verschiedene Verbindungskabel, mit denen die Einzelteile untereinander verbunden sind oder die zu einer Steckdose führen;
- ein Drucker, mit dem du das ausdruckst, was du auf Papier lesen möchtest (↗ Abb. 1).

Ein Computer ist also nichts anderes als eine Maschine, die aus einer Reihe von Einzelteilen zusammengesetzt ist. Diese Einzelteile gehören zur Hardware eines Computers.

„Computer“ stammt aus dem amerikanisch-englischen Wortschatz. Es kommt von dem Tätigkeitswort „to compute“, was so viel heißt wie „rechnen“ im Sinne von „etwas berechnen“. Ein „Computer“ ist also nichts anderes als ein „Rechner“.
Die Engländer übernahmen das Wort allerdings zuerst von den lateinisch sprechenden Römern. Auf Lateinisch heißt „computare“ so viel wie „zusammenrechnen“ bzw. „berechnen“. Wo die Römer das Wort nun wieder herhatten, darüber streitet man sich heute noch. Möglicherweise kommt es von dem griechischen Wort „computere“ und das heißt „sich verrückt benehmen“.

„PC“ ist die Abkürzung der englischen Wörter „personal computer“. Das heißt so viel wie der „persönliche Computer“ (nicht der „Personal-Computer“ zur Überwachung des Personals). PC – der Computer fürs individuelle Arbeiten, für die individuelle Hilfe, aber auch das Gerät, auf dem Computerspiele laufen.

1 Aufbau eines PC-Arbeitsplatzes

Hardware und Software

Die **Hardware** ist grundsätzlich zur Bedienung des Computers da. Das, was der Computer tut, soll mindestens am Bildschirm gezeigt werden.

Als Hardware werden alle sichtbaren technischen Gegenstände bezeichnet, die zu einem Computer gehören.

Allerdings wäre ein Computer nichts anderes als ein Haufen Schrott, wenn er nur aus Hardware bestünde. Selbst wenn man ihm Strom zuführen und ihn einschalten würde, hätte er höchstens die Funktion eines Autos, das mit gefülltem Benzintank in der Garage stünde: Er wäre zu nichts nutze. Deshalb gehören zum Computer zusätzlich zur Hardware (↗Abb. 1) immer Programme **(Software),** die der Computer ausführen kann (↗Abb. 2).

Hardware + Software = Computer

Ein Computerarbeitsplatz funktioniert erst durch die Software richtig. Hardware und Software zusammen bewirken, dass ein Computer tatsächlich in Betrieb gesetzt werden und das ausführen kann, was von ihm erwartet wird.

Als Software werden alle Programme bezeichnet, die zur Benutzung eines Computers verwendet werden können.

Zur Software zählen Betriebssysteme, Programmiersprachen, Anwenderprogramme und Spiele. Ob du Anwenderprogramme (zur Textverarbeitung, Tabellenkalkulation, Bildbearbeitung, Präsentation, ...) oder Spiele nutzt, immer musst du auch Fragen des **Softwarerechts** beachten.

Die Nutzungsrechte für Software werden im Allgemeinen durch Kauf erworben. Es ist erlaubt, für den eigenen Bedarf eine Sicherheitskopie anzufertigen. Raubkopien und deren Weitergabe sind verboten.

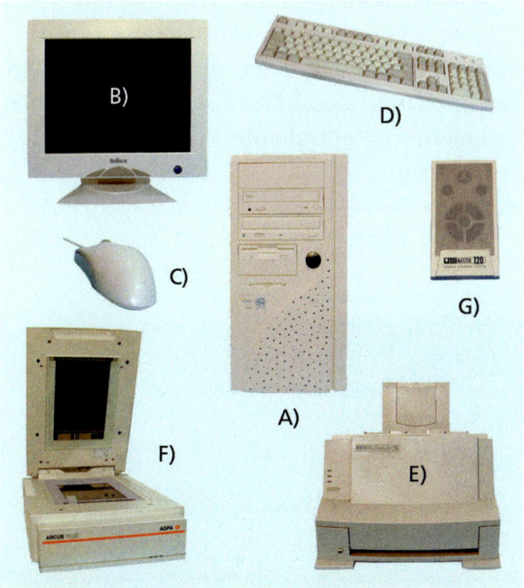

1 A) Computergrundgerät, B) Bildschirm, C) Maus, D) Tastatur, E) Drucker, F) Scanner, G) Lautsprecher – all das gehört zur Hardware.

2 Programmiersprachen, Anwenderprogramme, Spiele, Betriebssysteme – all das gehört zur Software.

Eingabe – Verarbeitung – Ausgabe

Die Hardware ist grundsätzlich dazu da, um den Computer bedienen und um Daten in den Computer *eingeben* zu können. Mithilfe der Software werden diese Daten *verarbeitet* und dann werden die Ergebnisse wieder über die Hardware *ausgegeben.*
Jeder Computer arbeitet nach diesem „Eingabe – Verarbeitung – Ausgabe"-Grundsatz, dem **EVA-Prinzip** (↗ Abb. 1).

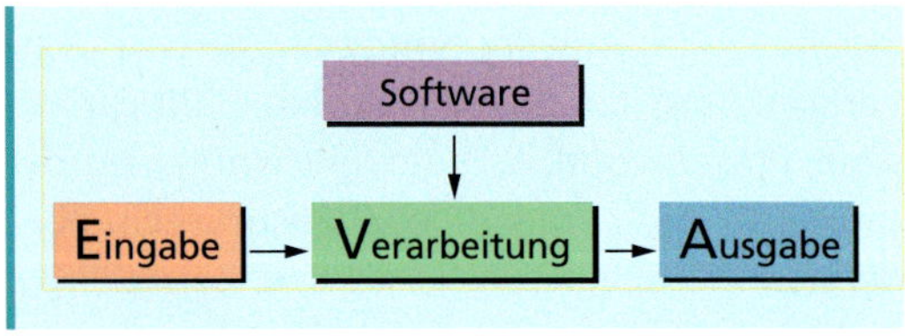

Bei der Verarbeitung ist die **Zentraleinheit** das Kernstück eines jeden Computers. Hier wird alles verarbeitet, was an Programmen und Daten in den Computer eingegeben wird. Alle Arbeiten, alle Vorgänge, die mit einem Computer durchgeführt werden sollen, müssen von dieser Zentraleinheit gesteuert und bearbeitet werden. Heutzutage besteht eine Zentraleinheit aus winzigen Schaltkreisen, den **ICs.** Dazu gehören der **Prozessor** (der „eigentliche" Computer), der auch als **CPU** (**C**entral **P**rocessing **U**nit) bezeichnet wird, und der **Arbeitsspeicher** (↗ Abb. 2). Im Arbeitsspeicher werden die Daten bei der Verarbeitung zwischengespeichert.

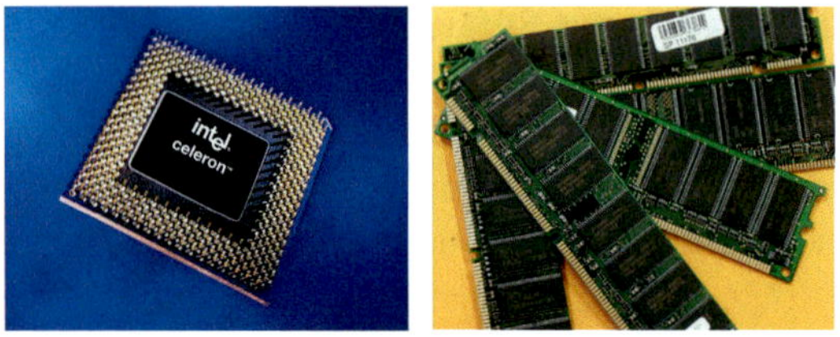

2 Der Mikroprozessor (CPU) und der Arbeitsspeicher (RAM) gehören zur Zentraleinheit.

Zur **Eingabe von Daten** in einen Computer werden vor allem folgende Geräte benutzt:
- die **Tastatur** und
- die **Maus,**

für die **Ausgabe von Daten** hauptsächlich:
- der **Bildschirm,** der wie ein Fernseher aussieht (und auch als **„Monitor"** bezeichnet wird), und
- der **Drucker,** mit dem man alles ausdrucken kann, was man „schwarz auf weiß getrost nach Hause tragen" möchte.

Daneben gibt es noch viele andere Ein- und Ausgabegeräte: Scanner, Joystick, Mikrofon, Lautsprecher, Kopfhörer, ... Übrigens: Alles, was nicht zur Zentraleinheit gehört, nennt man **Peripherie.**

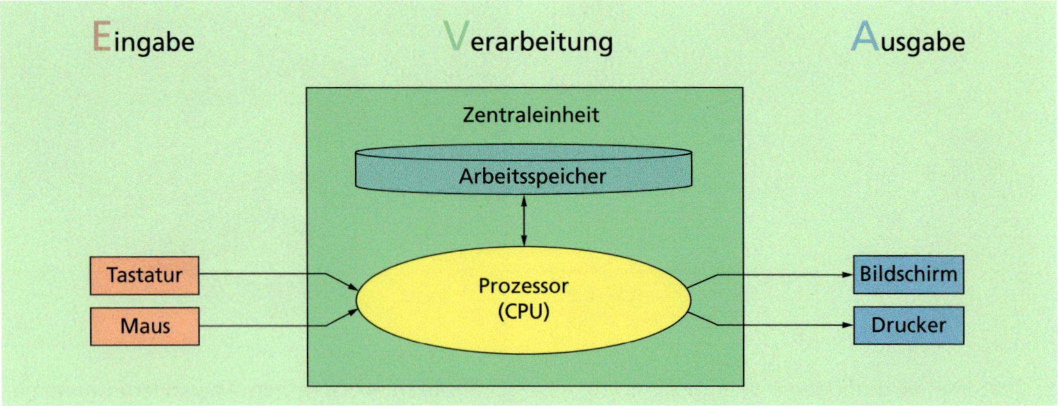

1 EVA – das Grundprinzip der Arbeit aller Computer

Speichern von Daten und Programmen

Bei den allerersten Computern mussten die Daten und Programme, die der Computer brauchte, immer wieder von Neuem eingegeben werden. Und wenn etwas ausgegeben wurde, dann musste es schnell abgelesen und auf einem Stück Papier eigenhändig aufgeschrieben werden (↗ Abb. 1).
Das ist zum Glück heute anders! Neben besseren Bildschirmen gibt es auch **Speicher,** mit denen alle Ein- und Ausgaben aufgehoben werden können. Sie sind sozusagen das dauerhafte Gedächtnis eines Computers.

> **Die wichtigsten Speicher für einen PC sind zurzeit: Festplatte, USB-Stick, CD-ROM und DVD.**

Die **Festplatte** (↗ Abb. 2) enthält alle Daten und wichtigen Programme, die zur Arbeit mit dem PC benötigt werden. Die Festplatte ist im Allgemeinen im Grundgerät eingebaut. Dieses enthält als speziellen Chip auch die Zentraleinheit, den eigentlichen Computer.

Die Festplatte befindet sich in einem Gehäuse, dem Festplattenlaufwerk. Mit dem Schreib-/Lesekopf dieses Laufwerks können Programme und Daten magnetisch auf die Festplattenoberfläche aufgetragen (geschrieben) sowie bereits magnetisierte Stellen gelesen werden.

2 Festplatte

Beim **USB-Stick** (↗ Abb. 3, unten) wird auf einem Flash-Speicher elektronisch alles abgespeichert, was zum Aufheben wichtig sein könnte.

Bei Festplatten und USB-Sticks kann der Computer über die Software dazu gebracht werden:

- einerseits die auf ihnen stehenden Daten zu lesen – d. h., sie für die Verarbeitung *abzurufen,* und
- andererseits neue Daten, die gespeichert werden sollen, an sie zurückzugeben – d. h., auf sie zu *schreiben.*

1 Die Konstrukteure Tom Kilburn (1921–2001) und Frederick Williams (1911–1977) im Jahr 1948 am Bedienungsfeld ihres Computers „MARK I"

3 Datenträger (Speicher) werden benutzt, um wichtige Daten aufzuheben oder schnell jemand anderem zu geben.

Umgang mit Computern

Die erste Frage, die sich ein Benutzer stellt, wenn er vor einem PC sitzt, ist: Wie kann der **Computer in Betrieb** genommen werden?

Beim PC ist es recht einfach:

- Zuerst muss der Stecker zur Stromversorgung in die Steckdose gesteckt werden. Dann kann der PC eingeschaltet werden. Vorher ist er nur ein „leeres" Gehäuse, aber jetzt ist die Zentraleinheit betriebsbereit.
- Nach dem Einschalten des PCs startet die Computer-Elektronik. Durch sie wird das Betriebssystem (meist von der Festplatte) in die Zentraleinheit (genauer: in den Arbeitsspeicher) gebracht.
  Dieser Vorgang wird als **„Laden" des Betriebssystems** bezeichnet. Zugleich beginnen die Befehle des Betriebssystems im Computer wirksam zu werden.
- Erst jetzt steht der Computer für die eigentliche Arbeit, für das Bearbeiten eines aktuellen Problems bereit.
  Das hierzu notwendige spezielle Programm, ein sogenanntes **Anwenderprogramm** (z. B. zur Textverarbeitung oder zur Präsentation), kann aufgerufen werden. Damit wird es ebenfalls in den Arbeitsspeicher geladen und gestartet.
- Damit ein Programm aber auch das tut, was ein Benutzer will, müssen dem Anwenderprogramm noch die für den Benutzer wichtigen **Daten** mitgeteilt werden. Beispielsweise kann über ein Textverarbeitungsprogramm ein Text geladen und auch ausgedruckt werden.

Die folgende Abbildung soll diese vier Arbeitsschritte mit einem PC verdeutlichen:

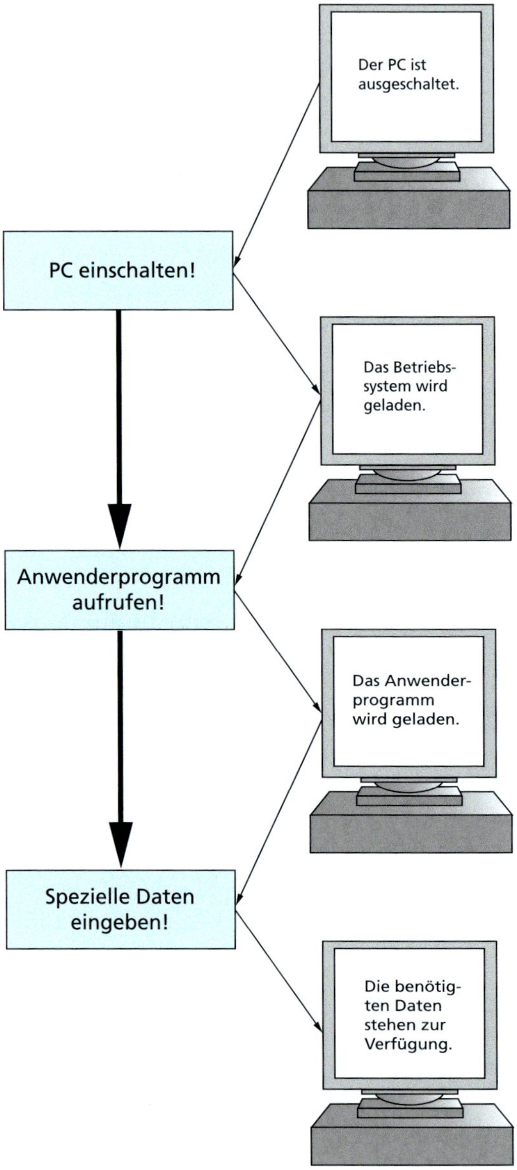

1 Das sind die Arbeitsschritte, die vom ausgeschalteten PC bis zur Eingabe der Benutzerdaten führen.

Die Abbildung zeigt den grundsätzlichen Arbeitsablauf an einem PC bis zur Dateneingabe. Was im Inneren eines Computers passiert, sieht man äußerlich nicht.

Der Kontakt zwischen dem betriebsbereiten Computer und dem Menschen, der ihn nutzen will, wird über eine sogenannte **Benutzeroberfläche** hergestellt.

Heutzutage sind **grafische Benutzeroberflächen** üblich. Die Arbeit damit kann man sich so vorstellen, als ob man einen Schreibtisch (englisch: **desktop)** vor sich hätte – das ist dann der Monitor. Auf diesem Schreibtisch sind die Anwenderprogramme als kleine grafische Symbole (englisch: **icons)** „abgelegt". Klickt man mit der linken Maustaste beispielsweise zweimal schnell hintereinander **(Doppelklick)** auf ein solches Symbol, dann wird ein Fenster geöffnet.

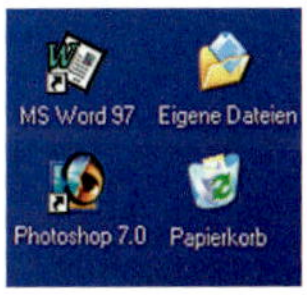

In diesem **Fenster** werden die Anwendungen ausgeführt, also z. B. ein Text geschrieben (mit einem Textverarbeitungsprogramm) oder ein Bild gezeichnet (mit einem Grafikprogramm).

Wie ein solches Fenster aussieht und was man alles damit machen kann, zeigt die Abb. 1. Die Fenster lassen sich verschieben, verkleinern, vergrößern und natürlich auch wieder schließen (damit wird dann auch die Anwendung, also das Programm, beendet). Man kann auch mehrere Fenster zur gleichen Zeit öffnen und bei der Arbeit zwischen ihnen hin und her springen.

In fast allen Fenstern steht zum Arbeiten die Menütechnik zur Verfügung. Ein **Menü** ist eine Liste von Befehlen, die in der aktuellen Situation möglich sind. Die Abb. 1 zeigt, dass beim Anklicken des Menüs „Einfügen" die Befehlsliste (die Untermenüs) wie ein Rollladen „heruntergelassen", also geöffnet, wird. Deshalb heißt ein solches Menü auch **Pull-down-Menü** (englisch für: „herunterziehen"). Manchmal werden neben einem Untermenü eines Pull-down-Menüs noch weitere Unter-Untermenüs angezeigt. Das nennt man dann ein **Pop-up-Menü** (englisch für: „aufspringen").

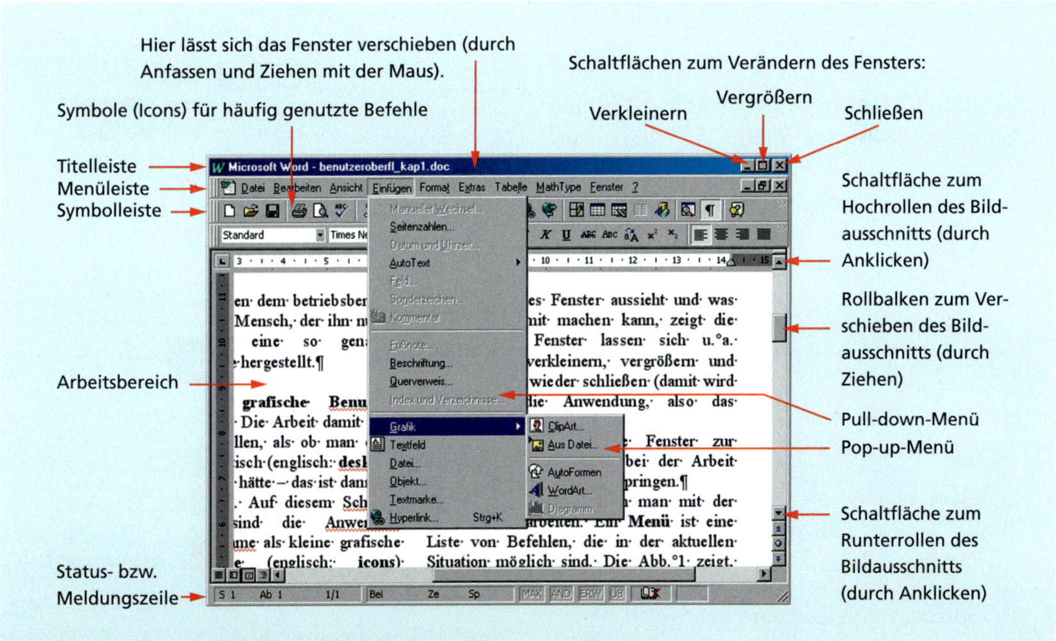

1 Grundlegender Aufbau des Fensters eines Anwenderprogramms

Dateiverwaltung

Dokumente verschiedener Anwendungen werden in **Dateien** aufbewahrt (gespeichert). Diese Dateien können über das Dateiverwaltungsprogramm eines Betriebssystems angezeigt werden.

Dateibezeichnungen bestehen aus zwei Teilen:
- dem eigentlichen Dateinamen (z. B. „Glueckwunsch") und
- und einer Dateinamenserweiterung (z. B. „txt" für Textdatei).

Der Dateiname und die Dateinamenserweiterung sind durch einen Punkt „." getrennt.

Für den Namen einer Datei solltest du möglichst keine Sonderzeichen verwenden.

An der Dateiendung erkennt das Betriebssystem, mit welchem Programm die Datei erstellt wurde. Es kennzeichnet die Datei mit einem kleinen Bildchen, dem **Icon.**

Auf deinem Computer sind unzählige Dateien gespeichert. Damit du nicht im Chaos versinkst, musst du von Anfang an Ordnung schaffen. Dabei hilft dir das Betriebssystem.

1 Mithilfe des Betriebssystems kann auch die Ablage von Dateien in einem Computer geordnet durchgeführt werden.

Wie in jedem Büro gibt es auch auf einem Computer sogenannte **Ordner.** Sie können wie Container leer sein oder etwas enthalten, nämlich Dateien oder noch weitere Ordner (Unterordner). Ordner werden auch als **„Verzeichnis"** bezeichnet.

Das Symbol eines Ordners auf der Festplatte eines Computers, das vom Betriebssystem auf dem Bildschirm gezeigt wird, kann z. B. wie nebenstehend aussehen.

Um den Inhalt eines Ordners anzusehen, muss er mit der Maus angeklickt werden: Der Ordner wird dann „geöffnet".

Wie das folgende Beispiel zeigt, kann die Ordnerstruktur geschachtelt sein:

Es muss aber nicht gleich immer so strukturiert sein, es geht auch anders, mit gleichberechtigten Unterordnern, wie die folgende Abbildung zeigt:

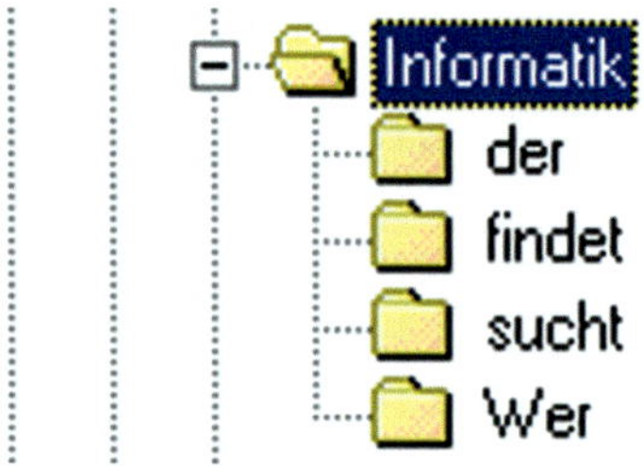

Das Betriebssystem gibt die Namen der Ordner alphabetisch geordnet wieder.

Grafikprogramme

Ein Bild besteht aus Pixeln

Wenn du die Bildschirmfläche deines Monitors von Nahem betrachtest, wirst du feststellen, dass das Bild aus lauter kleinen Punkten besteht. Diese Objekte nennt man **Pixel.**

Jeder einzelne Bildpunkt (Pixel) auf dem Monitor (oder auf einem ausgedruckten Blatt Papier) ist durch seine vertikale Lage (senkrecht, Spalten) und horizontale Lage (waagerecht, Zeilen) eindeutig festgelegt.

Übliche Bildschirmauflösungen sind 800 (Spalten) × 600 (Zeilen) oder 1024 × 768 (Pixel). Man kann aber auch 640 × 480 einstellen, dann sieht man die Pixel sehr deutlich. Bei 1280 × 1024 sind die Bildpunkte so klein, dass sie nicht mehr zu erkennen sind.

Jedes Pixel ist also durch seine Lage eindeutig bestimmt. Und noch ein Attribut kennzeichnet das Objekt Pixel: seine Farbe.

Grafiken, die so beschrieben werden, nennt man auch **Pixelgrafiken.**

> **Eine Pixelgrafik (Bitmap, Punktgrafik) setzt sich aus einzelnen Bildpunkten (Pixeln) zusammen.**
> **Jedes Pixel wird durch die Werte zweier Attribute bestimmt: Position (Lage) und Farbe.**

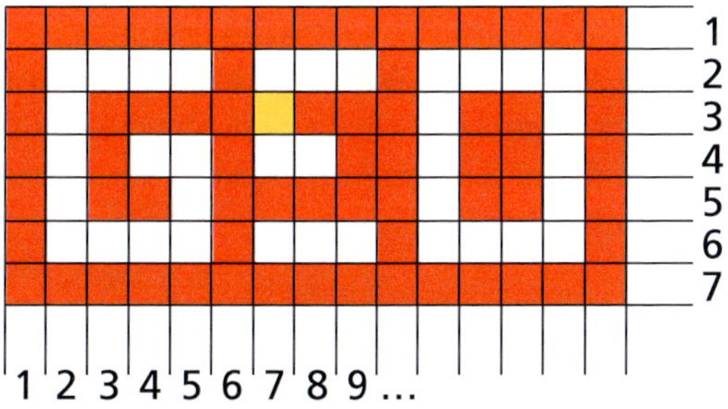

1 Pixelgrafik auf dem Bildschirm. Jeder Punkt ist durch seine Spalten- und Zeilennummer bestimmt. Das gelbe Pixel liegt in der 7. Spalte und 3. Zeile (gezählt von der linken oberen Ecke der Grafik an).

Anwenderprogramme, mit denen man Pixelgrafiken erstellen kann, heißen **Malprogramme.**

Den Namen „Malprogramme" hat man deshalb gewählt, weil solche Programme eher für künstlerische Darstellungen geeignet sind.

Werkzeuge in Malprogrammen

Auch die Werkzeuge, die von Malprogrammen bereitgestellt werden, erinnern ans Malen:

Der **Pinsel** malt dicke Linien.
Die Form der Linien kannst du einstellen (↗ Abb 2, Kasten links unter den Werkzeugen). Die Farbe kannst du unten auswählen.

Der **Stift** malt dünne Linien.
Hier kannst du unten gleichfalls die Farbe einstellen.

2 Ein typisches Malprogramm ist *Paint.* Du kannst es unter Windows mit dem Menü „Start ⟶ Programme ⟶ Zubehör ⟶ Paint" aufrufen. Links siehst du die Werkzeuge zum Malen, unten die zur Verfügung stehenden Farben.

Der **Sprayer** funktioniert wie eine reale Farbspraydose: Je langsamer er bewegt wird, umso dichter liegen die aufgetragenen Farbpigmente.

Mit der **Pipette** wird eine Farbe direkt aus dem gemalten Bild ausgewählt, um zum Beispiel mit genau dieser Farbe eine neue Linie zu zeichnen oder zu sprayen.

Der **Farbfüller** gießt eine ausgewählte Farbe in ein Feld, welches lückenlos von einer anderen Farbe (einem Rand) umschlossen wird. Hiermit kannst du z. B. ein Rechteck umfärben.

Der **Radierer** entfernt Bildteile bis zur Hintergrundfarbe (die meist weiß ist). Die Stärke des Radierers kann eingestellt werden.

Neben diesen Werkzeugen zum Freihandmalen gibt es einige **geometrische Figuren.** Diese Objekte verschmelzen nach dem Malen mit dem Hintergrund und sind nur noch Pixel.

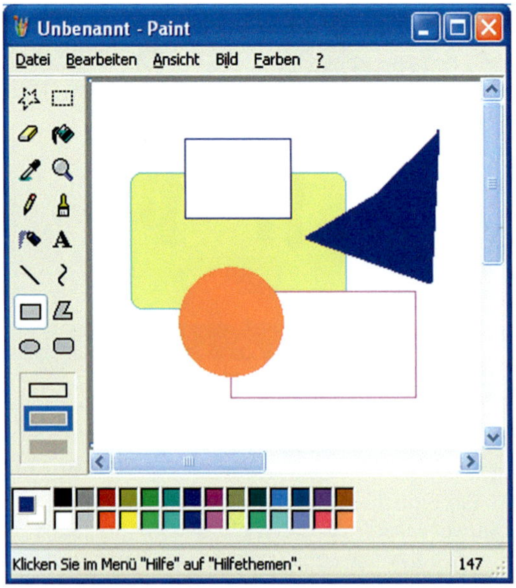

1 Grafikobjekte in *Paint*

Um ein Rechteck zu zeichnen, wählst du zuerst eine Farbe für den Rand aus. Dann klickst du auf das Rechtecksymbol (↗Abb 1). Nun überstreichst du mit gedrückter linker Maustaste die Fläche auf dem Zeichenblatt, wo das Rechteck erscheinen soll. Willst du ein Quadrat malen, dann hältst du beim Überstreichen zusätzlich die Umschalt-Taste gedrückt!

Mit dem Farbfüller kannst du der Fläche des Rechtecks bzw. Quadrats eine andere Farbe zuweisen.

Beim Zeichnen eines Vielecks malst du die erste Seite (Linie) mit gedrückter Maustaste. Dann klickst du mit der Maus nur noch dorthin, wo die anderen Eckpunkte liegen sollen. Ein Doppelklick beendet das Zeichnen.

Mit diesem Symbol kannst du Ellipsen zeichnen. Mit gedrückter linker Maustaste entsteht ein Kreis.

Mit diesem Symbol entsteht ein abgerundetes Rechteck. Mit dem Farbfüller kannst du der Fläche eine andere Farbe geben.

Wenn du Änderungen an deinem Bild vornehmen willst, helfen **Auswahlwerkzeuge:**

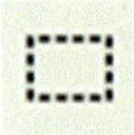

Mit diesem Werkzeug kannst du eine rechteckige Fläche auswählen, die du dann z.B. mit gedrückter Maustaste verschieben kannst.

Mit diesem Werkzeug kannst du unregelmäßige Formen mit gedrückter Maustaste auswählen.

Schließlich kannst du über das Menü „Farben ⟶ Palette bearbeiten..." zusätzliche Farben festlegen.

Zeichenprogramme

Bei **Zeichenprogrammen** sind die grundlegenden Objekte nicht Pixel, sondern geometrische Figuren (Linien, Rechtecke, Ellipsen, Vielecke, ...).
Die Objekte können jederzeit verschoben, kopiert oder gelöscht werden. Du kannst sie einzeln bearbeiten (z. B. eine neue Farbe zuweisen) oder auch gruppieren. Du kannst sie anders anordnen, z. B. ein Objekt in den Hintergrund stellen.
Es gibt hier noch viel mehr Objekte als in Malprogrammen, dafür werden aber keine Werkzeuge wie Pinsel, Sprayer oder Radierer benötigt.

Grafiken, die mit Zeichenprogrammen erstellt wurden, heißen **Vektorgrafiken.**
Der große Vorteil von Vektorgrafiken ist, dass sie verlustlos vergrößert oder verkleinert **(skaliert)** werden können.

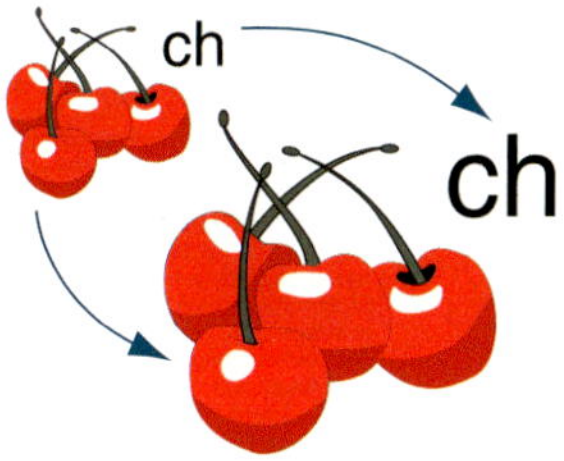

Im Unterschied dazu werden bei der Vergrößerung von Pixelgrafiken die Pixel als Quadrate sichtbar.
Man nennt das auch **Treppeneffekt.** Bei Verkleinerungen verschwinden etliche Pixel einfach.

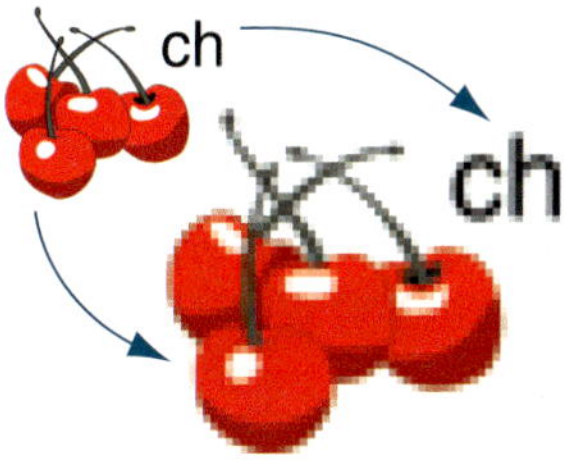

**Eine Vektorgrafik setzt sich aus geometrischen Objekten zusammen, die durch Randlinien und Flächen beschrieben sind.
Für Randlinien können Attribute wie Linienart (z. B. gestrichelt), Linienfarbe und Linienbreite festgelegt werden.
Für die Flächen können Attribute wie Farbe und Füllmuster bestimmt werden.**

Die Objekte kannst du anfassen (einfach draufklicken) und mit ihnen Bewegungen ausführen:
- drehen,
- spiegeln (kippen),
- verschieben (einfach anfassen und mit der Maus an den gewünschten Ort ziehen),
- skalieren (vergrößern oder verkleinern, mit der Maus einen „Anfasser" anklicken und daran ziehen, mit gedrückter Umschalt-Taste erreichst du eine gleichmäßige Skalierung).

Kleine Zeichenprogramme sind in Anwenderprogrammen wie dem Textverarbeitungsprogramm *Word* oder dem Präsentationsprogramm *PowerPoint* eingebunden.
In *Word* kann man sich eine Zeichnen-Symbolleiste an den unteren Rand des Bildschirms legen und so auf vielfältige Objekte zugreifen. Diese Objekte heiße **Autoformen.**

Ein richtiges, allen kostenlos zugängliches Zeichenprogramm ist *Draw* als Bestandteil des Büro-Pakets *OpenOffice.*

Schließlich gibt es für technische Zwecke, z. B. für technische Zeichnungen, sogenannte **CAD-Programme,** die auch zu den Zeichenprogrammen zählen.

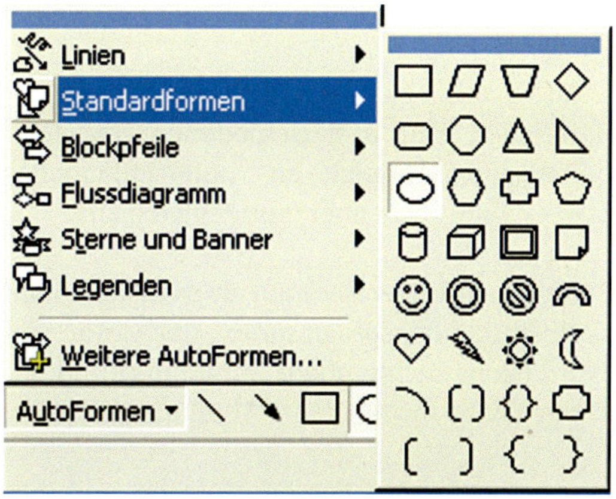

1 Autoformen in *Word* und in *PowerPoint*

Textverarbeitungsprogramme

Von Zeichen, Absätzen und Dokumenten

Wenn du ein **Textverarbeitungsprogramm** wie *Word* von Microsoft oder *Writer* unter OpenOffice öffnest, erscheint sofort ein leeres DIN-A4-Dokument, in das du hineinschreiben kannst.

> **Ein Textverarbeitungsdokument ist in Absätze (gedankliche Einheiten) gegliedert, die wiederum aus Zeichen bestehen.**
> **Die Zeichen werden über die Tastatur eingegeben.**

Der Wortzwischenraum wird mit der **Leerzeichen-Taste** (oder kurz: **Leer-Taste)** erzeugt.

Das ist die einzige Taste auf der Tastatur, die keine Beschriftung hat.

Auf dem Bildschirm ist der Wortzwischenraum als Zeichen „·“ zu sehen.

Sichtbar ist dieses Zeichen aber nur, wenn im Textverarbeitungsprogramm das Einblenden von **Sonderzeichen** eingeschaltet wurde.

Dieses Einblenden (und auch das Ausblenden) macht man im Allgemeinen bei allen Textverarbeitungsprogrammen, indem man das Symbol ¶ auf der sogenannten **Symbolleiste** anklickt.
Dieses Symbol zum Sichtbarmachen von Sonderzeichen kann in verschiedenen Textverarbeitungsprogrammen an unterschiedlicher Stelle stehen, sieht aber immer gleich aus.

Deshalb ein kurzer Blick auf zwei verschiedene Textverarbeitungsprogramme, und zwar auf *Word* (siehe rechte obere Abbildung) und auf *Writer* (siehe rechte untere Abbildung).

Wer einen Text auf Papier ausdruckt und diesen Ausdruck mit der Ansicht des Textes auf

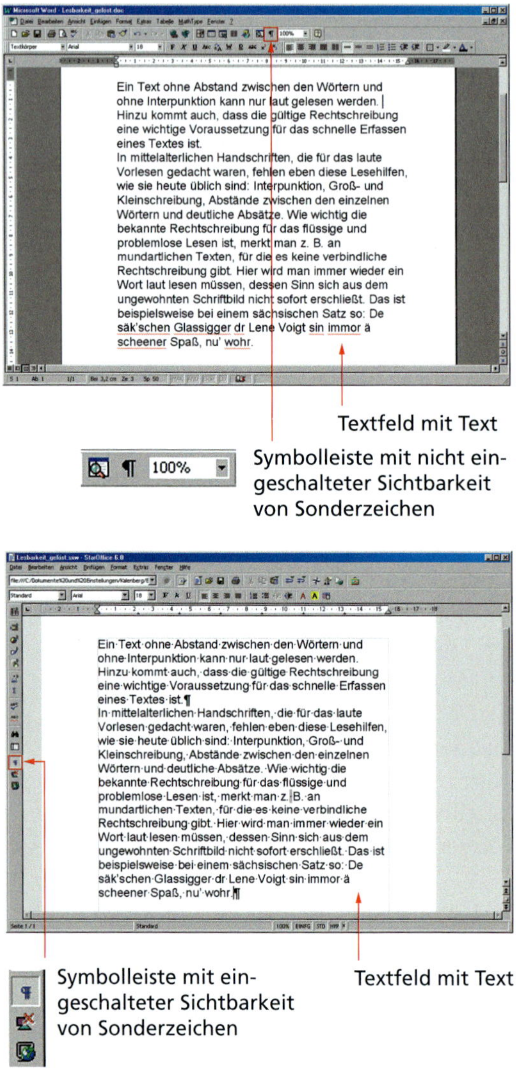

1 Sonderzeichen ein- und ausschalten in *Word* (oben) und *Writer* (unten)

dem Bildschirm vergleicht, wird Folgendes feststellen: Die Wortzwischenräume sind zwar vorhanden, aber sie sind nicht – wie am Bildschirm – als Punkte zu sehen.

Das liegt daran, dass für den Computer die Symbole für Wortzwischenräume zwar Zeichen sind, aber (da es Sonderzeichen sind) nicht ausgedruckt werden.

> Ein Text ohne Abstand zwischen den Wörtern und ohne Interpunktion kann nur laut gelesen werden. Hinzu kommt auch, dass die gültige Rechtschreibung eine wichtige Voraussetzung für das schnelle Erfassen eines Textes ist.
> In mittelalterlichen Handschriften, die für das laute Vorlesen gedacht waren, fehlen eben diese Lesehilfen, wie sie heute üblich sind: Interpunktion, Groß- und Kleinschreibung, Abstände zwischen den einzelnen Wörtern und deutliche Absätze. Wie wichtig die bekannte Rechtschreibung für das flüssige und problemlose Lesen ist, merkt man z. B. an mundartlichen Texten, für die es keine verbindliche Rechtschreibung gibt. Hier wird man immer wieder ein Wort laut lesen müssen, dessen Sinn sich aus dem ungewohnten Schriftbild nicht sofort erschließt. Das ist beispielsweise bei einem sächsischen Satz so: De säk'schen Glassigger dr Lene Voigt sin immor ä scheener Spaß, nu' wohr.

Selbst, wenn nichts am Bildschirm oder auf dem Papier zu sehen ist, sind doch **Wortzwischenräume** im Computer als Sonderzeichen vorhanden (dann eben nur nicht eingeschaltet). Und ein solcher Wortzwischenraum kann genauso behandelt werden wie ein normaler Buchstabe: Er kann beispielsweise eingefügt, aber auch gelöscht werden.
Es gibt noch ein weiteres wichtiges Zeichen dieser Art: ¶
Es ist das Zeichen für das Ende eines Absatzes (und es ist genau das gleiche Zeichen, das auf der Symbolleiste zu finden ist!).

> **Ein Absatz besteht aus Zeichen, die sich zu Wörtern und Zeilen zusammensetzen, die inhaltlich zusammengehören.**
> **In Textverarbeitungsprogrammen steht am Ende eines Absatzes eine Absatzendemarke, die durch Drücken der „Eingabe-Taste" (auch „Enter-Taste" oder „Return-Taste" genannt) erzeugt wird.**

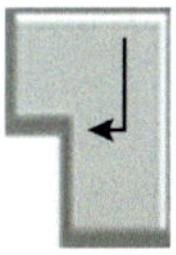

Diese Taste bewirkt in einem Textverarbeitungsprogramm bei der Bearbeitung eines Textes das Einfügen einer **Absatzmarke ¶**. Dort, wo die Absatzmarke eingefügt wird, endet der Text in der Zeile. Und das erste Wort des nächsten Absatzes steht am Beginn der nächsten Zeile.

> **Dort,·wo·die·Absatzmarke·eingefügt·wird,·endet·der·Text·in·der·Zeile.¶**
> **Und·das·erste·Wort·des·nächsten·Satzes·steht·am·Beginn·der·nächsten·Zeile.¶**

Auch diese Absatzmarke kann auf dem Computerbildschirm sichtbar oder wieder unsichtbar gemacht werden – ebenfalls mit dem Symbol für Sonderzeichen auf der Symbolleiste. Denn auch die Absatzmarke ist ein Sonderzeichen, das man am Bildschirm sichtbar machen kann, das aber beim Ausdruck auf Papier nicht zu sehen ist.

> **Bei Textverarbeitungsprogrammen für Computer werden alle Zeichen gleich behandelt. Es gibt:**
> - **Buchstaben von „A" bis „Z",**
> - **Satzzeichen wie „." oder „!",**
> - **Ziffern von „0" bis „9",**
> - **bestimmte Sonderzeichen, wie das Zeichen „·" als Leerzeichen oder „¶" als Absatzmarke.**

Das Sichtbarmachen von Sonderzeichen hilft auch dabei, den zu bearbeitenden Text besser zu gestalten. Denn das richtige Gestalten ist für das Verständnis eines Textes von großem Gewinn. So sollten Absätze z. B. eine gedankliche Einheit bilden.
Mit der Absatzmarke kann man einen langen Text so einteilen, dass er viel übersichtlicher, lesbar und begreifbar wird.

Will man einen Text korrigieren, z. B. Zeichen löschen oder durch andere ersetzen, benötigt man eine weitere Taste. Dies ist die Taste zum Löschen bzw. Entfernen von Zeichen. Sie wird meist als **Lösch-Taste** bezeichnet.

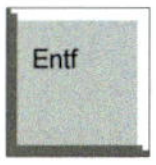

oder

Sie kann mit:

- **„Entf"** (von „Entfernen") oder mit
- **„Del"** (vom englischen Wort „to delete" – Deutsch: „löschen") beschriftet sein.

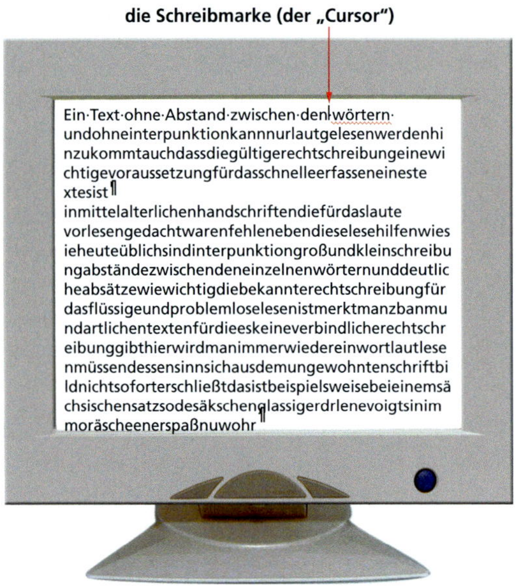

1 Im Allgemeinen hat die Schreibmarke (Cursor) die Form eines blinkenden Striches.

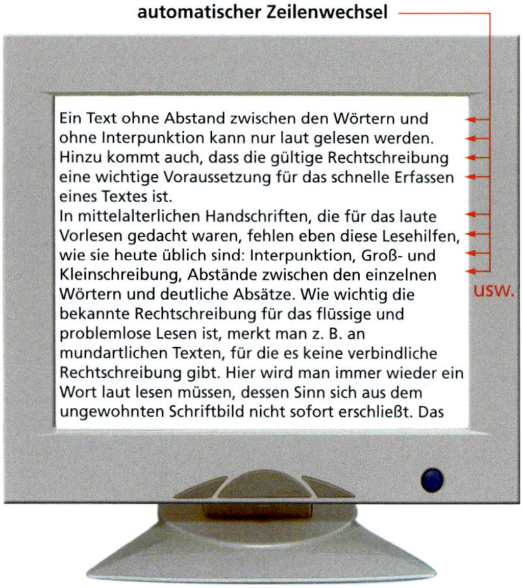

2 Mit einem Textverarbeitungsprogramm kann man nicht „über den Rand" schreiben.

Das Löschen mit der Lösch-Taste funktioniert nur, wenn die Schreibmarke, der **Cursor** (↗ Abb. 1), direkt vor dem zu löschenden Zeichen steht. Denn es wird immer das Zeichen rechts von der Schreibmarke gelöscht.

Textänderungen (z. B. das Einfügen oder das Löschen von Zeichen) können bei einem Textverarbeitungsprogramm nur dort vorgenommen werden, wo die Schreibmarke (Cursor) steht.

Und noch etwas wird beim Bearbeiten eines Textes auffallen: Vom Textverarbeitungsprogramm wird der Text automatisch in Zeilen eingeteilt. Man spricht von einem Zeilenumbruch oder Zeilenwechsel, wenn z. B. bei einem Satz eine Zeile auf dem Papier (oder auf dem Bildschirm) zu Ende ist und der Satz in der nächsten Zeile links weitergeht (↗ Abb. 2).

Textverarbeitungsprogramme teilen die Zeilen automatisch ein. Deshalb spricht man von automatischem Zeilenwechsel.

Man kann auch mehrere Zeichen oder Absätze ausschneiden und an anderer Stelle wieder einfügen (verschieben) oder kopieren.
Der Text wird hierzu vorher markiert (mit der Maus überstrichen). Dann kann man z. B. das Menü „Bearbeiten ⟶ Kopieren" aufrufen. Der markierte Text wird in die sogenannte „Zwischenablage" des Betriebssystems geholt. Nun setzt du den Cursor an die Stelle, wo der Text eingefügt werden soll, und nutzt das Menü „Bearbeiten ⟶ Einfügen".
Das alles geht auch mit Schaltern oder Tastenkombinationen.

Text kann man löschen (ausschneiden), kopieren und einfügen:

Schalter in der Symbolleiste:

Tastenkombinationen:

- **Ausschneiden** <Strg> + <x>
- **Kopieren** <Strg> + <c>
- **Einfügen** <Strg> + <v>

Diese Methoden gelten auch für Objekte in anderen Anwenderprogrammen.

Rechtschreibhilfe und Textkorrektur

Wer heutzutage eine Zeitung aufschlägt, dem werden ziemlich schnell eine Menge **Druckfehler** auffallen. Weshalb ist das so?
Zeitungen werden heute nur noch am Computer gemacht. Jemand, der den Text für eine Zeitung schreibt, hat den Beruf eines Redakteurs bzw. einer Redakteurin.
Redakteure müssen dafür sorgen, dass das, was sie schreiben, der Wahrheit entspricht und auch ohne Rechtschreibfehler ist.

Aber jeder weiß: Immer fehlerfrei zu schreiben, ist nicht so einfach. So gibt es immer wieder Rechtschreibfehler in den Zeitungen.

Moderne Textverarbeitungsprogramme geben allerdings Hilfen. Und zwar kann ein Text mit einer **Rechtschreibhilfe** auf richtige Rechtschreibung überprüft werden (↗ Abb. 1).

Das·falche·Wort·wird·im·Allgemeinen·mit·einer·roten·Welenlinie·unterstrichen.¶

Soll das Textverarbeitungsprogramm nach Rechtschreibfehlern suchen, so muss man das vorher in einem besonderen Optionen-Fenster des Programms einstellen (↗ Abb. 2).

Wenn man mit einem Computer arbeitet, gibt es oft verschiedene Wege, ein Problem zu lösen.

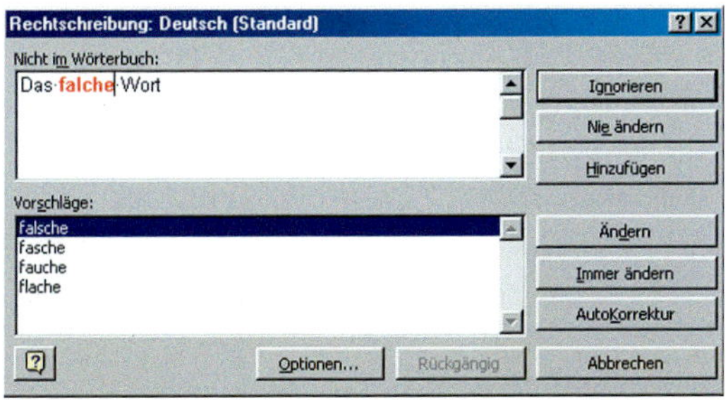

1 Die Rechtschreibhilfe bietet Vorschläge, wie ein falsch geschriebenes Wort richtig heißen könnte.

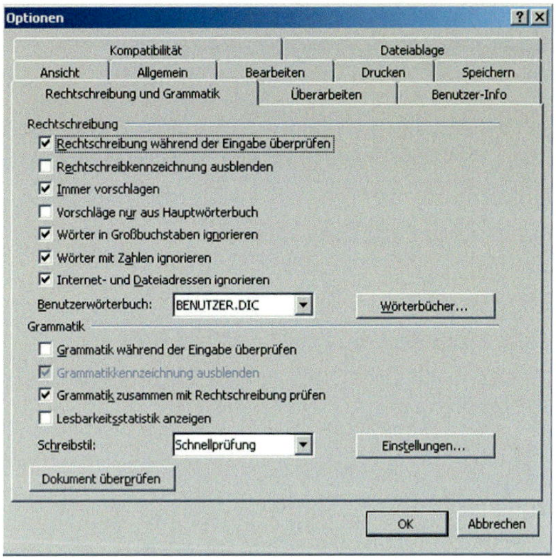

2 In Textverarbeitungsprogrammen ist einstellbar, wie die Rechtschreibung geprüft werden soll.

Sollen einzelne **Buchstaben gelöscht** werden, gibt es zwei unterschiedliche Möglichkeiten:

1. Die eine Möglichkeit ist das Löschen mit der **Lösch-Taste.**

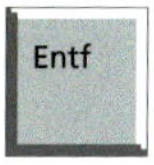

Die·Schreibmarke·muss·dabei·*vor*·dem·Zeichen·stehen,·dass·gelöscht·werden·soll.¶

2. Eine andere, weniger bekannte Möglichkeit, ist das Löschen mit der **Rückschritt-Taste.**

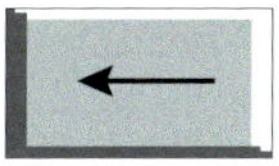

Die· Schreibmarke· muss· dabei· *hinter* dem· Zeichen· stehen,· dass· gelöscht· werden·soll.¶

Im Englischen heißt diese Taste **„Backspace“,** was so viel wie „zurück um eine Position“ bedeutet. Mithilfe dieser Taste wird sozusagen von rückwärts her gelöscht. Oder mit anderen Worten: Es wird das Zeichen gelöscht, das links von der Schreibmarke steht.

Schrittfolge zum Arbeiten mit Textverarbeitungsprogrammen

Mit einem Textverarbeitungsprogramm kannst du vorbereitete, auf Datenträgern gespeicherte Dokumente öffnen und korrigieren, Texte ergänzen oder auch verändern.

Aber was ist zu tun, wenn man einen **neuen Text eingeben** möchte – einen Text also, der bisher noch nicht auf einem USB-Stick, einer CD-ROM oder auf der Festplatte des Computers existiert?

Alles das, was zu tun ist, um die Arbeit mit einem neuen Text und einem Textverarbeitungsprogramm zu beginnen, soll jetzt näher erläutert werden.

Der erste Schritt: Die Arbeit vorbereiten

Wer einen Text mit einem Computer schreiben möchte, sollte sich erst einmal überlegen, was denn wirklich geschrieben werden soll.

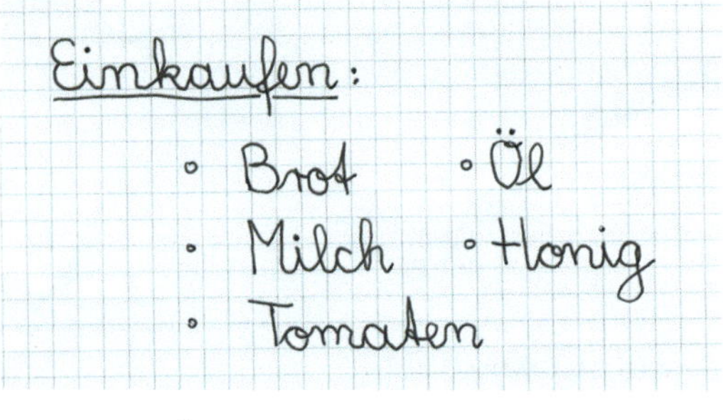

Einen Einkaufszettel mit fünf Posten kann man ruhig immer noch mit der Hand schreiben und muss nicht gleich den Computer benutzen.

Aber es kann durchaus viele Vorteile haben, einen längeren Text mithilfe eines Computers zu erstellen:

- Erstens kann man einen Text, z. B. eine Einladung zum Geburtstag, der mit dem Computer geschrieben ist, auch mehrfach ausdrucken. Man kann also für jeden, den man einladen will, eine eigene Einladung drucken.
- Zweitens kann man mithilfe des Computers den Text so lange bearbeiten, bis er fehlerfrei ist.
  Beispielsweise kann man falsche Zeichen löschen und fehlende neue Zeichen einfügen.
- Und drittens kann mit dem Computer ausprobiert werden, wie der Text am besten gestaltet werden kann oder noch Bilder eingefügt werden können. Gerade dafür ist auch bei Texten ein Entwurf ein wichtiges Hilfsmittel.

Und das alles geht, ohne dass der Text ein Dutzend Mal oder noch öfter neu geschrieben werden muss.

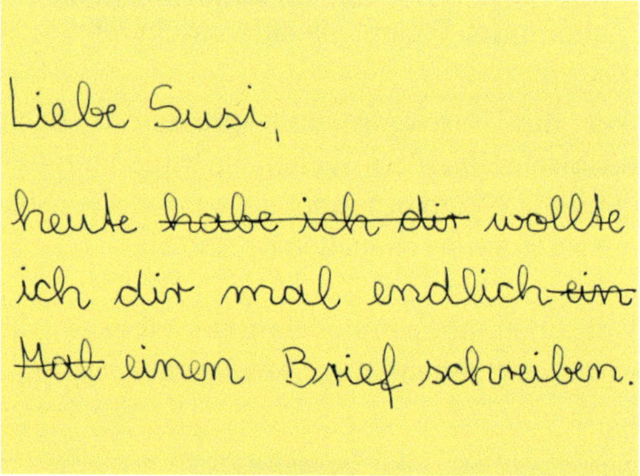

Vor allem das Gestalten eines Textes soll im Folgenden mit einem neuen Text ausprobiert werden.

Bevor der Text eingegeben werden kann, muss natürlich auch der Computer einwandfrei funktionieren.
Deshalb gehört zu diesem Schritt unbedingt auch, dass der Computer eingeschaltet und das Betriebssystem gestartet wird.

Der zweite Schritt: Das Textverarbeitungsprogramm starten

Der nächste Schritt scheint einfach: Das Textverarbeitungsprogramm muss gestartet werden. Doch ganz so einfach ist es manchmal nicht. Das liegt daran, dass es unterschiedliche Textverarbeitungsprogramme für unterschiedliche Zwecke gibt.

Im Allgemeinen sind sich die verschiedenen Textverarbeitungsprogramme sehr ähnlich. Deshalb gibt es auf den meisten Rechnern auch nur ein Textverarbeitungsprogramm.

Aber manchmal braucht man noch ein anderes, weil es auch Texte gibt, die nicht mit jedem Programm bearbeitet werden können. Zum Beispiel können das Texte sein, in die komplizierte mathematische oder chemische Formeln einzugeben sind. Dann muss man sich vorher überlegen, welches Programm jetzt aufzurufen und zu benutzen ist (↗ Abb. 1).

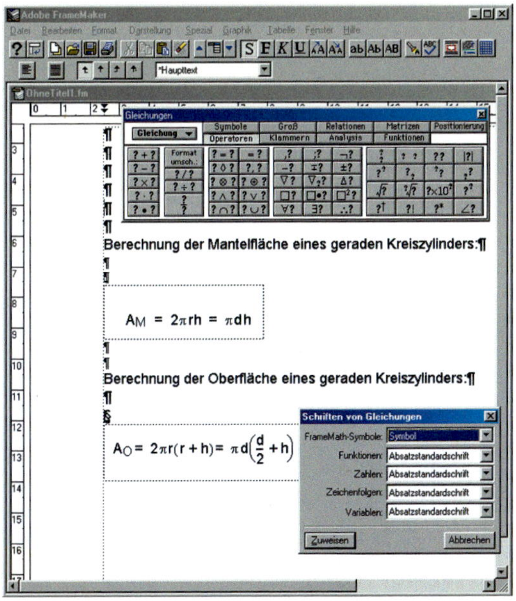

1 Manchmal, z. B. für die Formeleingabe, braucht man spezielle Textverarbeitungsprogramme.

Der dritte Schritt: Den Text eingeben

Nachdem das Textverarbeitungsprogramm gestartet worden ist, wird am Bildschirm das leere Textfeld zu sehen sein. Die Schreibmarke blinkt, und der Text kann eingetippt werden. Hier ist der einzugebende Text:

> Maßstab
>
> Alle Dinge unseres Alltags, die hergestellt werden, muss man vorher zeichnen. Ein großes Haus würde aber nicht auf ein DIN-A4-Blatt passen – es muss verkleinert werden. Und den Schaltplan eines kleinen Schaltkreises muss man so groß zeichnen, dass man ihn lesen kann – er muss vergrößert werden. Dazu muss dann immer der Maßstab angegeben werden.
>
> Verkleinerung
> 1:20
> 1 cm in der Zeichnung = 20 cm am Gegenstand
>
> natürlicher Maßstab
> 1:1
> 1 cm in der Zeichnung = 1 cm am Gegenstand
>
> Vergrößerung
> 10:1
> 10 cm in der Zeichnung = 1 cm am Gegenstand

Der vierte Schritt: Den Text speichern

Nachdem der Text eingegeben wurde und auch auf dem Bildschirm zu sehen ist, sollte er spätestens jetzt gespeichert werden. Das Speichern eines Textes ist wichtig, denn:

- Erstens kann danach die Arbeit unterbrochen und der Computer ausgeschaltet werden. Der Text kann ja nun jederzeit von seinem Speicherplatz wieder in das Textverarbeitungsprogramm geladen werden.

- Und zweitens kann der gespeicherte Text wieder neu geladen werden, wenn beispielsweise aus Versehen am Bildschirm wesentliche Teile völlig verändert wurden und es schwer möglich ist, sie wieder in den gewünschten Ursprungszustand zurückzubringen.

Der Text wird in eine Datei gespeichert. Um den Text später wiederzufinden, ist es notwendig, dieser Datei einen eindeutigen Namen zu geben.
Man speichert einen neuen Dateinamen im Menü „Datei" mit dem Befehl „Speichern unter...".

Das muss man sich beim Speichern einer Datei merken:
1. den Dateinamen,
2. den Namen des Laufwerks (z. B. C: für Festplatte),
3. den Namen des Ordners, in dem die Datei abgelegt wurde.

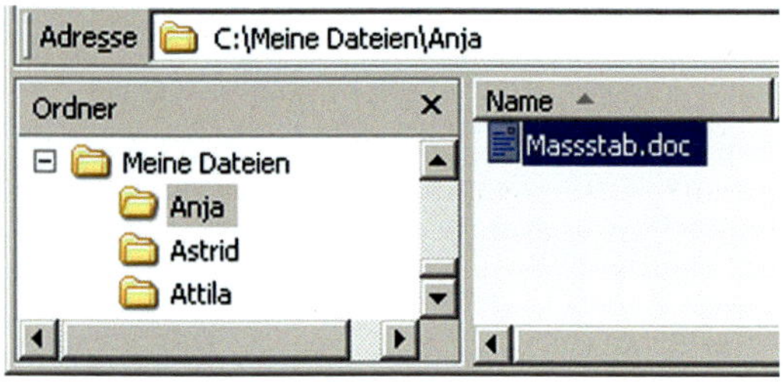

Gegebenenfalls sollte man sich diese Angaben aufschreiben. Dann ist die Datei auch wiederzufinden.

Der fünfte Schritt: Den Text bearbeiten

Nachdem der Text eingegeben und die Datei gespeichert wurde, sollten - spätestens jetzt - die Tippfehler korrigiert werden.
Der Text zum Maßstab auf der vorhergehenden Seite könnte nun so gestaltet werden, dass er übersichtlicher aussieht.

Beispielsweise kann die Überschrift „Maßstab" in die Mitte gesetzt werden oder die einzelnen Möglichkeiten einer Maßstabsangabe könnten besser hervorgehoben werden.

Das Mittigsetzen von Absätzen nennt man „Zentrieren".
Wie so oft bei der Arbeit mit Computern kann das auf zweierlei Weise durchgeführt werden. Einzig wichtig dabei ist, dass sich die Schreibmarke vor der Absatzmarke am Ende des Absatzes, der ausgerichtet werden soll, befindet.

- Entweder man wählt auf der Menüleiste die Auswahl „Format" und danach „Absatz" und klickt dann bei „Ausrichtung" auf das Wort „Zentriert". Zum Schluss wird auf den OK-Knopf geklickt.

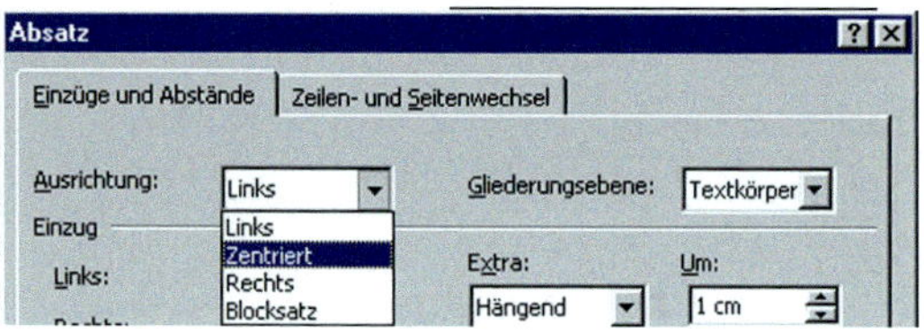

- Oder man klickt ganz einfach auf der Symbolleiste auf das Symbol für „Zentriert". 

Folgende Absatzattribute können in Textverarbeitungsprogrammen u. a. zugewiesen werden:
- **Ausrichtung (links, zentriert, rechts, Blocksatz),**
- **Zeilenabstand (einzeilig, zweizeilig, ...),**
- **Abstand vor dem Absatz,**
- **Abstand nach dem Absatz,**
- **linker Einzug,**
- **rechter Einzug,**
- **Einzug der ersten Zeile (z. B. 3 cm oder −0,5 cm bei einem linken Absatzeinzug von 0,5 cm = „hängender Einzug").**

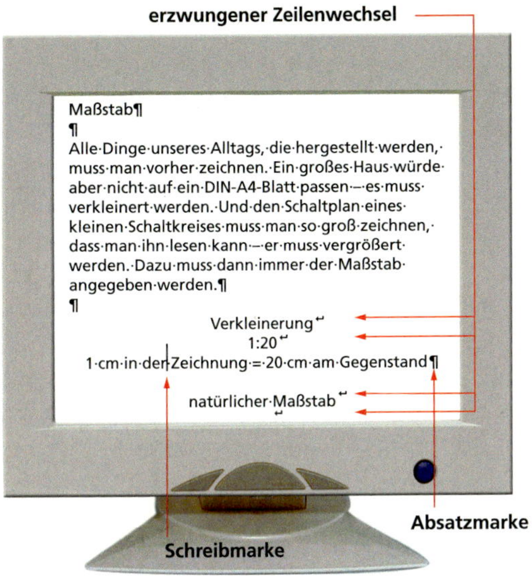

1 So sieht der Text nach dem Zentrieren der letzten Absätze aus.

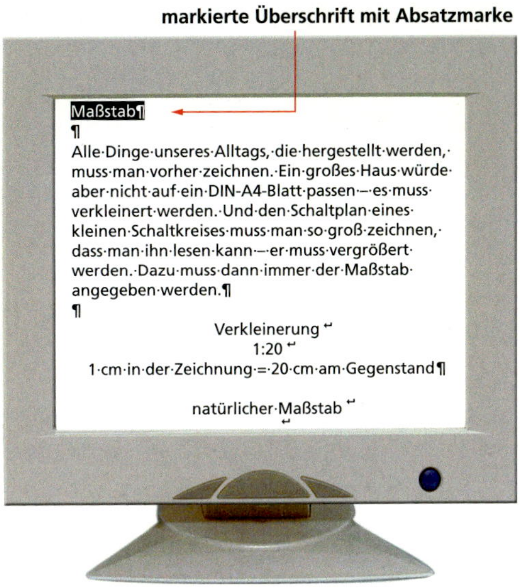

2 Um einen Text zu gestalten, muss er markiert werden.

Ein kleiner Tipp: Wenn alles in Ordnung ist, sollte das Ergebnis gleich wieder gespeichert werden. Da der Dateiname aufgrund des ersten Speicherns ja schon bekannt ist, kann das einfache **„Speichern"** der Menüauswahl „Datei" gewählt oder auf der Symbolleiste dieses Symbol benutzt werden: 

In Abb. 1 wurden die letzten Absätze zentriert. Jetzt sieht die Überschrift des Textes im Verhältnis zum restlichen Text noch sehr merkwürdig aus. Deshalb soll die Überschrift ebenfalls in die Mitte gerückt und zur Unterscheidung vom normalen Text mit fetten Buchstaben gekennzeichnet werden. Dazu ist der Text der Überschrift (also das Wort „Maßstab") mit der Maus zu markieren, indem der Mauszeiger mit gedrückter linker Maustaste über den betreffenden Text bewegt wird. Das sieht dann so wie in Abb. 2 aus. Ist der Text markiert, dann kann:

1. die Überschrift – wie bereits bekannt – zentriert und
2. jeder markierte Buchstabe der Überschrift in sogenannte fette Buchstaben umgewandelt werden.

Das Umwandeln von „Standard"-Buchstaben in „Fett"-Buchstaben bzw. „Fett"-Zeichen ist eine Änderung des **Schriftschnitts.**
Auch das kann auf zweierlei Wegen erreicht werden:

- Entweder man wählt auf der Menüleiste die Auswahl „Format", danach „Zeichen" und klickt dann bei „Schriftschnitt" auf das Wort „Fett". Zum Schluss wird auf den OK-Knopf geklickt.

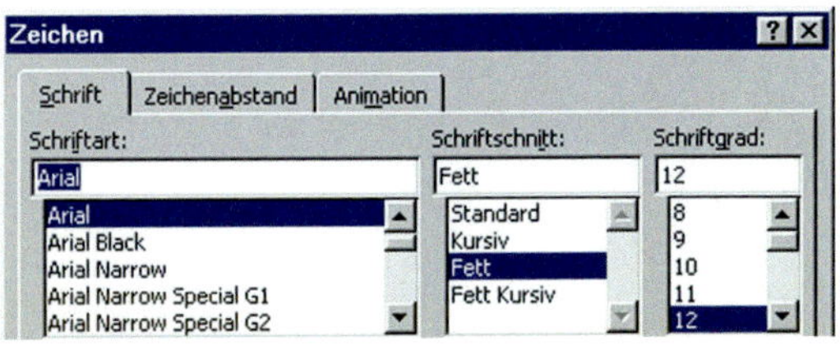

- Oder man klickt auf der Symbolleiste auf das Symbol für „Fett". 

Am besten ist es, sofern alles richtig ist, die Datei wieder zu speichern. Nun könnten auch die Zwischenüberschriften „Verkleinerung“, „natürlicher Maßstab“ und „Vergrößerung“ formatiert werden. Man könnte sie beispielsweise „Fett Kursiv“ gestalten, wobei „Kursiv“ bedeutet, dass die Buchstaben in einem Text schräg gestellt werden. „Fett Kursiv“ bedeutet also, dass der Text mit dicken Buchstaben geschrieben ist, die zugleich auch schräg gestellt sind.

Folgende Zeichenattribute sind u.a. möglich: Schriftart, Schriftschnitt, Schriftgrad (Schriftgröße).

Wenn Texte in ihrem Aussehen umgestaltet werden, spricht man auch vom **Formatieren** des Textes (z.B. Text zentrieren, Buchstaben in fette Schrift umwandeln).
Deshalb ist auf der Menüleiste auch immer die Auswahl „Format“ dafür benutzt worden.

Der sechste Schritt: Textdokument drucken

Dies ist wieder ein einfacher Arbeitsschritt. Das Ergebnis wird ausgedruckt (↗ Abb. 2):

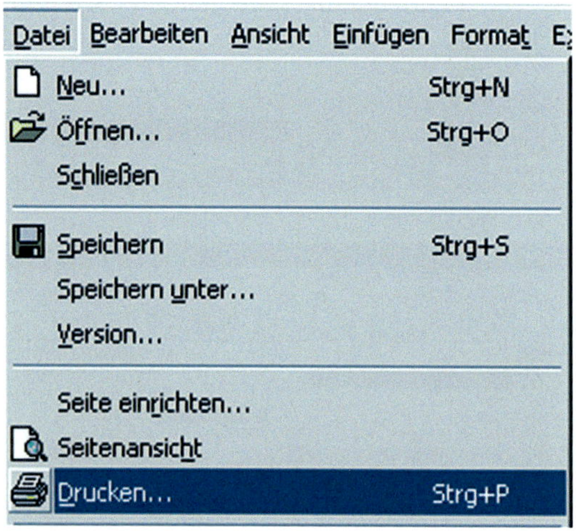

1 Menü zum Drucken eines Dokuments

Maßstab

Alle Dinge unseres Alltags, die hergestellt werden, muss man vorher zeichnen. Ein großes Haus würde aber nicht auf ein DIN-A4-Blatt passen – es muss verkleinert werden. Und den Schaltplan eines kleinen Schaltkreises muss man so groß zeichnen, dass man ihn lesen kann – er muss vergrößert werden. Dazu muss dann immer der Maßstab angegeben werden.

Verkleinerung
1:20
1 cm in der Zeichnung = 20 cm am Gegenstand

natürlicher Maßstab
1:1
1 cm in der Zeichnung = 1 cm am Gegenstand

Vergrößerung
10:1
10 cm in der Zeichnung = 1 cm am Gegenstand

2 Der fertige Ausdruck – die Aufgabe ist gelöst.

Der siebente Schritt: Die Arbeit beenden

1. Möglicherweise muss ein letztes Mal der bearbeitete Text gespeichert werden.
2. Dann ist die Datei zu schließen und das Textverarbeitungsprogramm zu beenden.

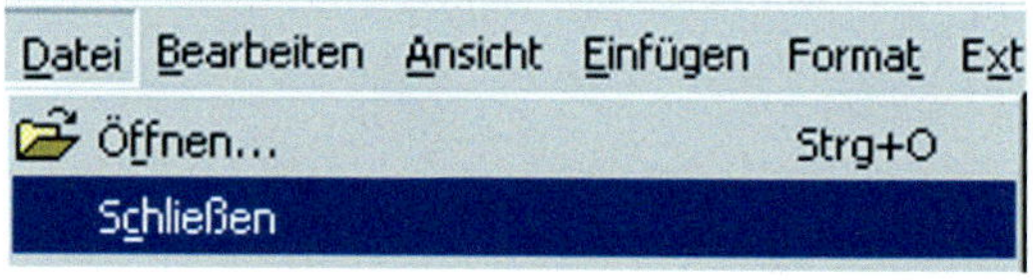

3. Nun muss – sofern einer benutzt wurde – der externe Datenträger entfernt werden.
4. Danach kann das Betriebssystem des Computers heruntergefahren und das Gerät gegebenenfalls ausgeschaltet werden.

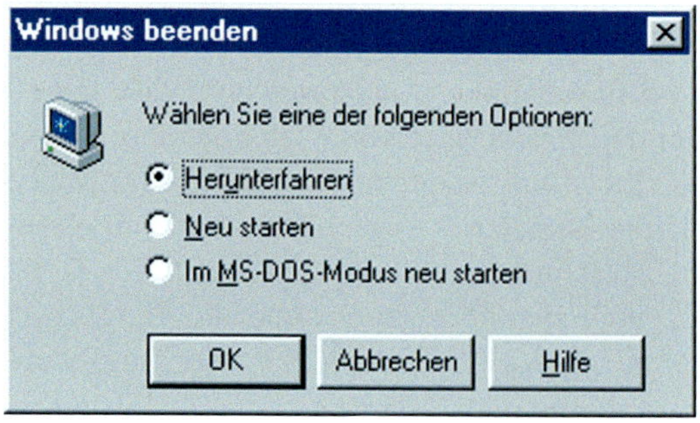

Präsentationsprogramme

Objekte in Multimediadokumenten

Willst du einen Vortrag halten, kannst du deine Rede mit einer Präsentation unterstützen. Präsentieren heißt so viel wie „vorzeigen“ oder „vorlegen“. Einen anschaulichen Vortrag kann man also auch als **Präsentation** bezeichnen. **Präsentationsprogramme** gehören meist zu Softwarepaketen wie *Microsoft Office* oder *StarOffice*. Die in diesem Abschnitt gezeigten Abbildungen und aufgeführten Menüfolgen beziehen sich auf *PowerPoint*, dem Präsentationsprogramm von *Microsoft Office*.

Mithilfe von Präsentationsprogrammen kannst du Multimediadokumente erstellen. Der Name sagt es schon: Ein **Multimediadokument** besteht aus verschiedenen Medien, wie zum Beispiel Text, Bild und Ton.

Ein Multimediadokument enthält Folien. Folien sind einzelne abgeschlossene Seiten, auf denen insbesondere folgende Objekte positioniert werden können:
- **Textfelder,**
- **Bilder,**
- **Linien und andere Autoformen,**
- **Tabellen und Diagramme,**
- **Klänge (Töne, Melodien und Audios),**
- **Filme (Videos und Animationen).**

1 Folienvorlagen in *PowerPoint*

Wir erstellen eine Präsentation

Für den Biologieunterricht soll Nina einen Vortrag zum Thema „Wellensittich“ erarbeiten. Diesen Vortrag möchte sie durch ein Multimediadokument unterstützen. Wie sie dabei vorgehen kann, wird hier beispielhaft dargelegt:

Nach dem Start des Präsentationsprogramms kannst du ein leeres Multimediadokument öffnen oder aber eine vorgefertigte Vorlage auswählen. Vorhandene Vorlagen tragen oft die Datei-Endung „.pot“. Hiermit wird ein einheitlicher Hintergrund für alle Folien bereitgestellt – je nachdem, welches Thema die Präsentation haben soll.
Die meisten der mit dem Präsentationsprogramm gelieferten Vorlagen sind für Büro- und Geschäftsanwendungen gedacht. Sie nutzen uns für das Thema „Wellensittich“ nichts. Deshalb wählen wir eine leere Präsentation (und evtl. sogar eine leere Folie) und legen den **Hintergrund** selbst fest (Menü „Format ⟶ Hintergrund...“, ↗ Abb. 2).

2 Hintergrund festlegen in *PowerPoint*

Hier (↗ Abb. 2, S. 145) wurde als Hintergrund ein schlichtes Grün gewählt. Über „Fülleffekte..." kannst du Farbverläufe (Schattierungen, hier von links oben nach rechts unten), Strukturen und Muster auswählen.
Du kannst auch richtige Bilder einfügen, solltest dabei aber beachten, dass diese Bilder sehr hell und kontrastarm sein müssen. Denn mit den Folien soll ja etwas präsentiert werden. Die Hintergrundinformation ist dabei eher unwichtig. Die Grafik dient als Schmuck.

Auch wenn du bisher nur eine einzige Folie vor dir hast - der ausgewählte Hintergrund sollte für alle weiteren Folien gelten. Also wirst du den Schalter „Allen zuweisen" auswählen (↗ Abb. 2, S. 145).

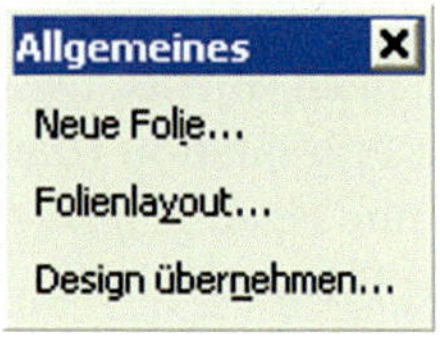

Nun kannst du die Objekte, die du benötigst, in deine eigentlich noch leere Folie einfügen. Dabei hilft dir ein kleines Fenster, welches standardmäßig immer da ist. Wenn du hier auf „Folienlayout..." klickst, kannst du aus mehreren Folienvorlagen diejenige auswählen, die dir gerade am besten passt (↗ auch Abb. 1, S. 145).
Auf der ausgewählten Folienvorlage werden Rahmen vorgegeben, in die du die entsprechenden Objekte einfügen kannst.
Natürlich kannst du auf einer leeren Folie auch selbst Textfelder oder Grafiken platzieren. Was ist dabei alles möglich?
Im Folgenden werden die wichtigsten Objekte und die zugehörigen Attribute (Formatierungsmöglichkeiten) vorgestellt.

Textfelder

Textfelder werden mithilfe des Menüs „Einfügen ⟶ Textfeld" erzeugt. Ein entsprechendes Symbol gibt es auch auf der Zeichnen-Leiste, die standardmäßig auf dem Bildschirm unten angeordnet ist.

Du klickst mit dem Cursor auf die Stelle auf der Folie, wo dein Text beginnen soll, und gibst den gewünschten Text ein.
Ein selbst eingefügtes Textfeld ist immer erst einmal so groß, dass der Text genau hineinpasst. Schreibst du weiter, wird es größer.

Textfelder enthalten Absätze, Absätze wiederum Zeichen. Attribute für Absätze und Zeichen sind die gleichen wie in der Textverarbeitung. Du kannst hier also all das anwenden, was du zu Textverarbeitungsprogrammen gelernt hast.

Absätze werden wie immer mit <Enter> abgeschlossen. Absatzattribute wie „Aufzählung", „Ausrichtung" und „Zeilenabstand" kannst du im Menü „Format" oder über Schalter in der Format-Leiste ändern.

Werte für Zeichenattribute kannst du im Menü „Format" ⟶ „Zeichen..." ändern.
Auch gibt es wieder Schalter in der Format-Leiste.

Es kann sein, dass dein Vortrag schon „digital" vorliegt, du ihn zum Beispiel mit einem Textverarbeitungsprogramm geschrieben hast. Dann war diese Arbeit nicht umsonst.
Gewünschte Textpassagen kannst du nämlich durch Kopieren übernehmen:
Du öffnest das Textdokument im Textverarbeitungsprogramm, markierst den entsprechenden Text, kopierst ihn mit <Strg> + <c> in die Zwischenablage und holst ihn von dort mit <Strg> + <v> in dein Multimediadokument. Vorher musst du den Cursor an die Stelle ins Textfeld setzen, wo der Text eingefügt werden soll.

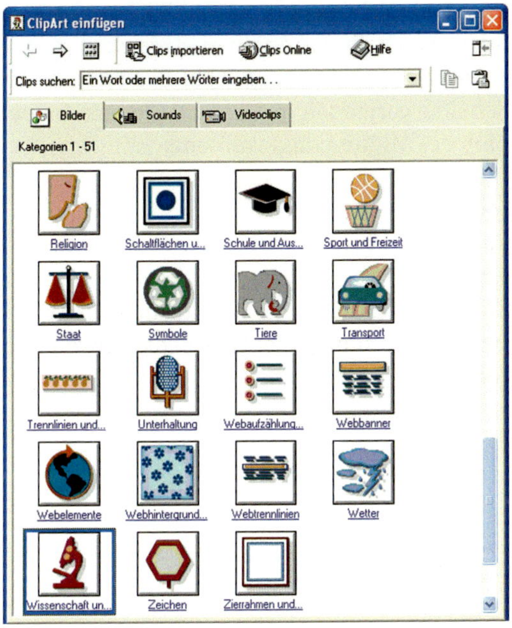

1 Clip-Art-Kategorien unter *PowerPoint*

2 In eine Folie wurde hier ein WordArt-Schriftzug und ein Clip-Art eingefügt. Durch Ziehen an den quadratischen „Anfassern" der Grafik kann man sie vergrößern, verkleinern oder verzerren. Ziehst du an einem Eckpunkt bei gedrückter Umschalt-Taste, so wird die Grafik gleichmäßig skaliert.

Grafiken

Über das Menü „Einfügen ⟶ Grafik" können **Bilder** (z.B. ein Wellensittich, den du mit *Paint* selbst gemalt hast) importiert werden.

Mithilfe des gleichen Menüs oder über einen entsprechenden Schalter in der Zeichnen-Leiste können **Clip-Arts** - das sind kleine Vektorgrafiken - auf die Folie geholt werden.

Text, der mit **WordArt** gestaltet wurde, ist letztlich auch eine Grafik und kann wie eine Grafik behandelt werden. Das entsprechende Fenster erreichst du über „Einfügen ⟶ Grafik ⟶ WordArt...".

Autoformen

Autoformen sind Vektorgrafik-Objekte wie Linien, Pfeile, Kreise, Ellipsen, Rechtecke, Vielecke usw. (↗ auch S. 135).

Solche Objekte können über das Menü „Einfügen ⟶ Grafik ⟶ AutoFormen" erzeugt werden. Es erscheint eine kleine Leiste mit Schaltern zur Auswahl spezieller Formen. Die gleichen Objekte lassen sich auch mithilfe der Zeichnen-Leiste erstellen (↗ Abb. 1, S. 135).

Die Werte von Attributen wie Linienart, Linienfarbe oder Füllfarbe der gewählten Objekte kannst du gleichfalls in der Zeichnen-Leiste ändern.

Tabellen

Über das Menü „Einfügen ⟶ Tabelle..." kannst du Tabellen einfügen und dabei festlegen, wie viele Zeilen und Spalten diese Tabelle haben soll.

In die Tabelle kannst du nun Text schreiben, den du über Absatz- und Zeichenformatierungen gestalten kannst.

Folien einfügen, verschieben und löschen

Deine Präsentation soll bestimmt aus mehreren Folien bestehen, die nacheinander gezeigt werden.

Eine neue Folie kannst du über das Menü „Einfügen“ in dein Dokument holen. Schneller geht es über einen entsprechenden Schalter.

Hast du schon mehrere Folien erstellt, so kannst du dir in der Foliensortieransicht (Menü „Ansicht ⟶ Foliensortierung“ oder Schalter am linken unteren Rand des Bildschirms) einen Überblick verschaffen. Hier kannst du auch leicht Folien löschen (markieren und Lösch-Taste) oder deren Reihenfolge im Multimediadokument ändern (markieren und mit der Maus an die gewünschte Stelle ziehen).

Am linken Rand des Bildschirms wird ebenfalls die Reihenfolge der Folien (untereinander) angezeigt.
Markierte Folien können mit <Entf> gelöscht oder durch Ziehen mit der Maus verschoben werden. Steht der Cursor „am Ende“ einer Folie, so kann mit <Enter> eine neue Folie eingefügt werden.

Schaltflächen auf Folien

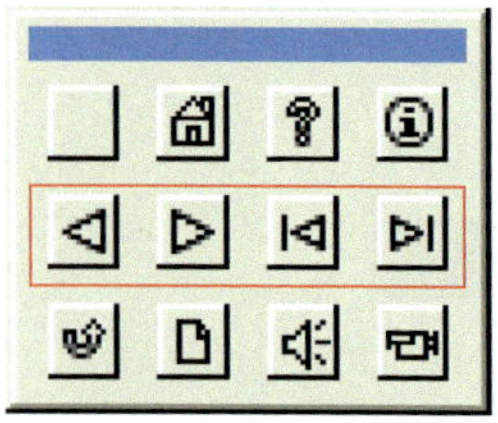

Schaltflächen sind Objekte, mit deren Hilfe man innerhalb einer Präsentation vor- und zurückblättern, Klänge oder Filme einblenden und weitere Aktionen auslösen kann.

Eine Übersicht über die Schaltflächen erhältst du, wenn du in der Zeichnen-Leiste auf „AutoFormen ⟶ Interaktive Schaltflächen“ gehst. Schalter verweisen auf andere Objekte innerhalb des Multimediadokuments.

Interessant sind vor allem die Schaltflächen, die der Navigation innerhalb des Multimediadokuments dienen. Sie sind in der mittleren Zeile zu finden (im Bild orange umrahmt) und bedeuten in der Reihenfolge von links nach rechts:

- eine Folie zurück,
- eine Folie vor,
- zum Anfang des Dokuments,
- zum Ende des Dokuments.

Präsentation abspielen

Um zu überprüfen, ob du auch alles richtig gemacht hast, gehst du in das Menü „Bildschirmpräsentation ⟶ Bildschirmpräsentation vorführen“.

Gestaltungsregeln für Präsentationen

Du möchtest bestimmt, dass die Informationen, die du durch die Präsentation weitergeben willst, auch wirklich ankommen.
Daher solltest du Folgendes beachten:

1. Benutze für gleiche Sachverhalte die gleichen Farben. Lege so beispielsweise für alle Folien einen einheitlichen Hintergrund (blasse Farben) fest. Gleiches gilt für die Auswahl von Schriftfarben.
2. Weniger ist manchmal mehr. Der Einsatz zu vieler Farben wird meist als störend empfunden und lenkt vom Wesentlichen ab. Vier Farben sind oft ausreichend. Nutze auch Abstufungen einer Farbe.
3. Wähle mindestens die Schriftgröße 24.
4. Wähle auch gut lesbare Schriftarten aus. Nachbildungen von Handschriften sind schwer lesbar.
   Die Schriftart Script ist nicht zu empfehlen.

Aufgaben

Das Arbeitsgerät Computer

1. Erkläre den Unterschied zwischen Hardware und Software!
   Nenne Beispiele: Was gehört zur Hardware, was zur Software?

2. Fertige eine einfache Skizze zum EVA-Prinzip an und ordne Bilder aus Zeitungen, Zeitschriften, Werbeprospekten oder Ähnlichem den einzelnen Bestandteilen zu!

3. Erkläre den Begriff „Speicher"!
   Schreibe in Form einer Tabelle die wichtigsten Speicher für einen PC und ihre Haupteigenschaften auf!

4. Teste deine Kenntnisse zu grafischen Benutzeroberflächen!
   Zeichne dir dazu schematisch das Fenster eines Anwenderprogramms auf und benenne alle Teile, die du kennst!

5. Übe die Schritte vom Einschalten des PCs über das Laden des Betriebssystems und des Anwenderprogramms bis zum Ausschalten des PCs!
   Nutze dazu die Abbildung 1 auf S. 130 des Lehrbuches!
   Führe die Schritte bis zum Ausschalten des PCs selbstständig aus! Notiere dabei, was du tust und was am PC passiert!

6. Zeichne die Struktur des Verzeichnisbaumes (die Ordnerstruktur) auf deinem Computer! In welche Verzeichnisse kannst du Dateien speichern? Wo sollte man nichts verändern?

7. Fertige eine Übersicht von Dateinamenserweiterungen und der dazugehörigen Anwendung an!

Grafikprogramme

1. Zeichne mit dem Malprogramm *Paint* einen Schneemann! Speichere ihn über das Menü „Datei ⟶ Speichern" unter dem Namen Schneemann.bmp auf einen Datenträger!

2. In Malprogrammen können mit einem Auswahlwerkzeug ausgewählte Bereiche bewegt und verändert werden. Experimentiere hierzu mit *Paint* an einem selbst gezeichneten Bild (z. B. Schneemann.bmp)! Probiere Menüs und die Arbeit mit der Maus aus!
   Notiere kurz, wie du in Paint vorgehst, um Folgendes auszuführen:
   a) kopieren,
   b) verschieben,
   c) drehen um 180°,
   d) vertikal spiegeln,
   e) horizontal spiegeln,
   f) gleichmäßig verkleinern.

3. Vergleiche die Arbeit mit Malprogrammen und Zeichenprogrammen.
   a) Zeichne einen Hund mit einem Zeichenprogramm (z. B. mithilfe von Autoformen im Textverarbeitungsprogramm *Word)!*
   b) Zeichne einen Hund mit dem Malprogramm *Paint* und speichere das Bild unter dem Namen Hund2.bmp!
   c) Diskutiere an diesem Beispiel die Arbeit mit Mal- und Zeichenprogrammen!

	Mal-programme	Zeichen-programme
Vor-teile		
Nach-teile		
Ver-wen-dung		

Textverarbeitungsprogramme

1. Mache den folgenden Text lesbar, indem du die fehlenden Wortzwischenräume und Satzzeichen einfügst und, wenn nötig, Klein- in Großbuchstaben korrigierst!

   eintextohneabstandzwischendenwörter
   nundohneinterpunktionkannnurlautge
   lesenwerdenhinzukommtauchdassdie
   gültigerechtschreibungeinewichtigevo
   raussetzungfürdasschnelleerfasseneines
   textesistinmittelalterlichenhandschrif
   tendiefürdaslautevorlesengedachtwa
   renfehlenebendieselesehilfenwiesie
   heuteüblichsindinterpunktiongroßund
   kleinschreibungabständezwischenden
   einzelnenwörternunddeutlicheabsätze
   wiewichtigdiebekannterechtschreibung
   fürdasflüssigeundproblemloselesenist
   merktmanzbanmundartlichentexten
   fürdieeskeineverbindlicherechtschrei
   bunggibthierwirdmanimmerwiederein
   wortlautlesenmüssendessensinnsichaus
   demungewohntenschriftbildnichtsofor
   terschließtdasistbeispielsweisebeieinem
   sächsischensatzsodesäkschenglassigger
   drlenevoigtsinimmoräscheenerspaßnu
   wohr

2. Übe die Arbeitsschritte zum Arbeiten mit Textverarbeitungsprogrammen, wie es ab S. 137 beschrieben ist!

3. Beantworte folgende Frage: „Verändert der Computer das Schreiben?“ Begründe deine Antwort! Löse diese Aufgabe mithilfe eines Textverarbeitungsprogramms. Speichere das Dokument unter dem Namen Aufgabe_3.doc!

4. Öffne das Dokument Aufgabe_3.doc mit deinem Textverarbeitungsprogramm! Gestalte (formatiere) es, indem du Wichtiges fett hervorhebst und Absätze voneinander abhebst!

5. Öffne das Dokument Aufgabe_3.doc mit deinem Textverarbeitungsprogramm! Binde eine sinnvolle Grafik und Autoformen in das Dokument ein.
   a) Zeichne mit dem Malprogramm Paint etwas zum Thema und füge das Bild an geeigneter Stelle in dein Textdokument ein (Menü „Einfügen ⟶ Grafik ⟶ Aus Datei...“)!
   Oder: Nutze eine vorgefertige Zeichnung (Menü „Einfügen ⟶ Grafik ⟶ ClipArt...“)!

   b) Zeichne einen schematischen Computer mit Autoformen (↗ S. 135)!

Präsentationsprogramme

1. Lege den Hintergrund eines Multimediadokuments fest, das deinen Vortrag zum Thema „Wellensittich“ unterstützen soll! Speichere dieses Dokument unter dem Namen „Wellensittich“ (die Datei-Endung vergibt dein Präsentationsprogramm automatisch)!

2. Starte dein Präsentationsprogramm und öffne das Multimediadokument Wellensittich.ppt! Erstelle eine Folie zum Thema „Verhalten des Wellensittichs“! Es sollen mindestens ein Textfeld, eine Grafik und eine Autoform enthalten sein.
   Speichere dein Multimediadokument unter dem gleichen Namen!

3. Öffne das Multimediadokument „Wellensittich“! Gestalte eine Titelfolie und eine Folie mit dem Thema „Aussehen des Wellensittichs“!
   Bringe die Folien in die richtige Reihenfolge und füge Schalter zum Vor- und Zurückblättern ein!
   Speichere die Präsentation und schau sie dir an!

Register

Sinnbilder für Getriebe

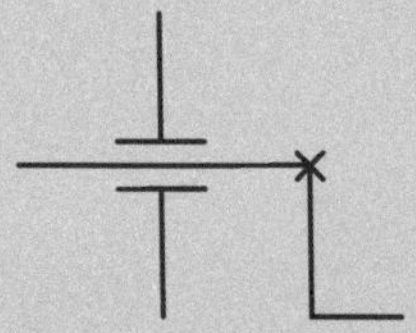

Darstellung eines
Lagers mit Welle
und Kurbel

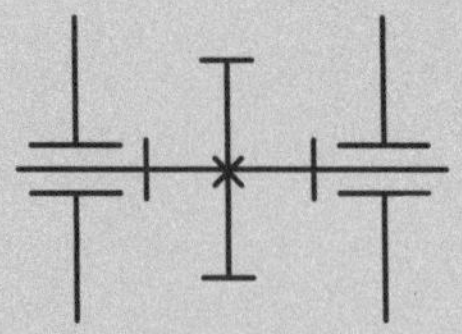

Welle mit einem
Stirnrad, gegen
seitliches Verschieben
gesichert

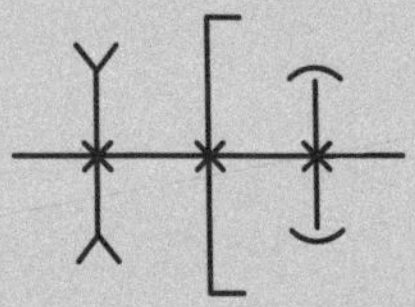

Räder fest mit einer
Welle verbunden

Riemenscheibe,
Planscheibe,
Reibscheibe
(von links nach rechts)

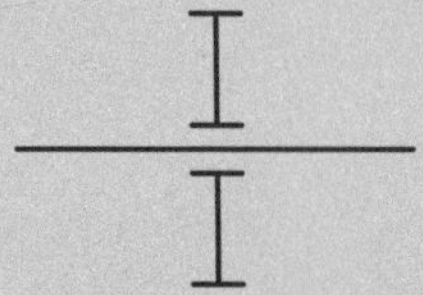

Stirnrad auf einer
Welle, drehbar und
verschiebbar

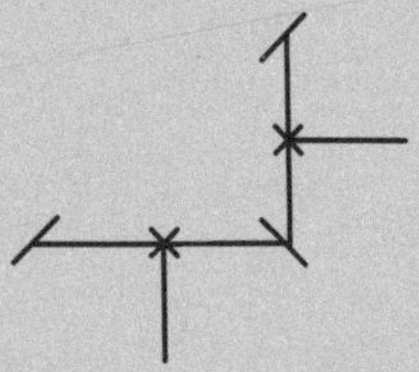

Kegelräder befinden
sich im Eingriff

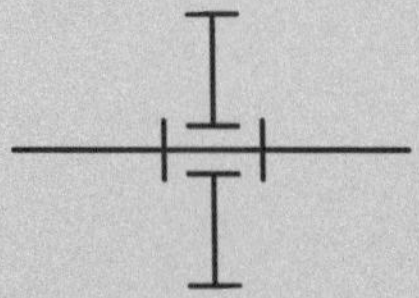

Stirnrad auf einer
Welle, drehbar und
nicht verschiebbar

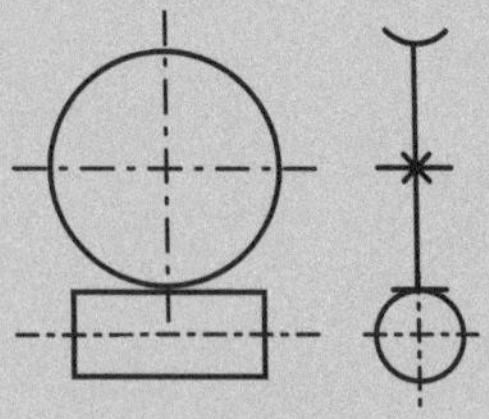

Schnecke und
Schneckenrad
befinden sich im
Eingriff

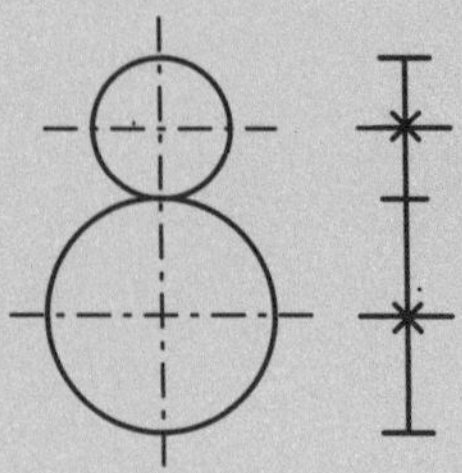

zwei Stirnräder
befinden sich im
Eingriff